U0565929

中国经济转型之路

——基于政府职能转变的视角

赵春荣　著

山西出版传媒集团　　山西人民出版社

图书在版编目（ＣＩＰ）数据

中国经济转型之路：基于政府职能转变的视角/赵春荣著.
—太原：山西人民出版社，2015.12

ISBN 978－7－203－09385－5

Ⅰ．①中…　Ⅱ．①赵…　Ⅲ．①中国经济－转型经济－研究　Ⅳ．①F12

中国版本图书馆 CIP 数据核字（2015）第 286646 号

中国经济转型之路——基于政府职能转变的视角

著　　者：赵春荣
责任编辑：孙　琳
封面设计：徐　晶

出 版 者：山西出版传媒集团·山西人民出版社
地　　址：太原市建设南路 21 号　　　邮编：030012
发行营销：0351－4922220　4955996　4956039　4922127（传真）
天猫官网：http：//sxrmcbs.tmall.com　　电话：0351－4922159
E－mail：sxskcb@163.com（发行部）　　sxskcb@126.com（总编室）
网　　址：www.sxskcb.com

出 版 者：山西出版传媒集团·山西人民出版社
承 印 厂：太原新华印业有限责任公司

开　　本：890mm×1240mm　1/32
印　　张：8.25
字　　数：220 千字
印　　数：1－1800 册
版　　次：2015 年 12 月 第 1 版
印　　次：2015 年 12 月 第 1 次
书　　号：ISBN 978－7－203－09385－5
定　　价：28.00 元

（如有印装质量问题请与本社联系调换）

序一/董小君

新版中国经济转型升级的合理逻辑

1978—2015 年 37 年来中国经济周期经历了四个周期性波动，呈现"W 型"增长，为什么在第四个周期的谷底起不来了？这涉及我国从旧常态向新常态转型的合理逻辑问题。

我国从 90 年代末就开始在转型升级，为什么没有达到预期的效果？这是因为我们只是进行着"程度"的变化，而不是"类别"的变化。

从国际大背景看，世界经济正在发生"类别"的变化，而不是"程度"的变化。从 1782 年工业化到现在，世界经济每隔 50 年到 60 年就会发生一次"类别"的变化。200 多年来，这个世界已经发生了五次的"类别"变化，由此形成了五个长周期。这种"类别"的变化主要是技术创新带动的产业革命推动的。一般规律是一项科技发明酝酿需要 50—60 年。中国上一轮快速增长得益于第二次工业革命和第五次科技革命的技术外溢。目前，世界已经进入到了第二次产业革命和第五次科技革命的尾声。在新一轮长周期中（2020—2080 年），全球正在进行第三次工业革命和第六次科技革命。对中国来说，"十三五"（2015—2020 年）规划是一个非常关键的转型时期。

与旧常态下世界经济相比，新常态下的世界经济正发生着以下四个方面的"类别"变化：

（1）**从生产模式看**。旧常态生产模式主要是大规模的集中制造，无论是 1.0、2.0、3.0 的工业革命，实际上都是围绕着规模经济做文章。传统的制造模式，是在工厂里通过流水线作业，将产品制造出来，然后通过线上的电商平台、线下的销售渠道（批发商、零售商）将产品发送到世界各地的消费者手中。新常态下，由于新的科技发明，未来生产主要表现为分布式制造。3D 打印技术是第三次工业革命最具标志性的生产工具，一旦形成以大数据平台为基础的 3D 打印分布式制造模式，将会产生颠覆性力量，由于生产小型化和智能化，家家都能成为工厂。分布式制造方式的重要意义在于：生产工具（3D 打印机）不再被少数资本家独占，每一个个体劳者拥有极大的生产工业化产品的能力，并且会极大地提升他们的创新创意能力。

（2）**从能源生产与消费模式看**。什么样的生产模式对应什么样的能源生产和消费模式。200 年工业革命历史，能源结构主要是传统的化石能源为主，英国主导的两个长周期，是以煤炭为主导的能源结构，美国和欧洲主导的两个长周期，是以石油主导的能源结构。能源生产模式也是集中生产，如核电、水电都需要大规模集中生产。2004 年以来，美国和加拿大、英国、澳大利亚、丹麦和瑞典、意大利等国相继发生的大停电事故，深刻说明传统能源供应形式存在着严重的技术缺陷。新常态下，世界能源将更加重视非化石能源的开发和运用。未来能源生产方式，主要是分布式生产，是一种建在用户端的分散式供能方式。分布式能源是最能体现节能、减排、安全、灵活等多重优点的能源发展方式。目前丹麦、北欧这些国家清洁能源技术和分布式能源网络走在全球最前列。

（3）**从世界经济发展的阶段看**。由于发达国家能源结构已发生革命性的变化，必然带来世界发展阶段的转变，发达国家正着力推动世界从工业文明阶段向生态文明阶段转变。在这方面，发达国家与发展中国家有着很大的差别。由于欧美发达国家不仅掌握着清洁能源技术，而且早已完成工业化进程，而发展中国家还处于工业化前期和中期，需要更多的碳排放空间。不论发展中国家是否完成工业化，在这场跨世纪的气候谈判博弈中，也不得不顺应这股潮流，进行着低碳经济转型。

（4）**从财富规则看**。发达国家基于发展阶段的转变，必然着力推动世界财富规则的重新修订。在过去三十年，世界财富规则是有形财富的竞争，在旧版 WTO 规则下，所有的商品贸易大国都迅速发展了，在这种规则下中国成了世界加工厂，成了世界第二大经济体。金砖国家也迅速崛起。发达国家发现，这种规则对他们越来越不利，为了获得"持久的竞争优势"，开始重塑世界财富规则。危机后，世界财富规则正从"有形财富竞争"向"无形财富竞争"转变。美国通过"21 世纪铁三角"，试图替代现有的 WTO 规则；欧洲企图利用气候问题力推低碳经济规则。这种新的财富规则对什么样的经济体有利呢？主要是对那些生态文明、知识产权、高标准劳工规则等做得好的国家有利，这些恰恰是中国的短版。

由于世界发生了"类别"的变化，中国经济也必须适应趋势与潮流，发生"类别"的变化，仅仅发生"程度"的变化是不够的。所以三年前国务院提出来"打造中国经济升级版"。刚开始时，大家都不太明白"版"的概念，觉得与过年十多年提的"经济转型升级"没有什么区别。如果理解了世界经济"版"的变化，也就理解了我们必然换"版"，也就是说，在过去世界"旧版"中，中国有自己的优势，但在"新版"中，我们如果不转型升级，就不再有自己的竞争优势了。

那么，新常态下中国经济与旧常态下中国经济有什么区别？也就是说，新版中国经济需要从哪些方面进行转型升级？

这首先需要厘清一下旧常态下中国经济的逻辑起点。1978 年前，世界发达国家收入的平均水平是 8100 美元，发展中国家的平均水平是 520 美元；按当时的汇价计算，中国人均国民生产总值只有 230 美元，与国际发展差距巨大，解决国内"吃不饱饭"的严酷现实，决定了寻求经济增长解决总量问题，是当时发展中的主要矛盾。因此，改革开放的逻辑起点就是为了解决人们的温饱问题，主要是解决总量矛盾问题。基于这样的起点，我们的过程模式和支持模式，都有其自身的合理逻辑。下面从这两个方面，进行新旧常态的对比分析，也就是中国经济如何从旧常态向新常态转型升级。

从过程模式看，主要体现在五方面：

（1）**生产方式需要从大规模的集中生产向分布式生产转变。**强调分布式生产，并不意味着完全否定大规模集中生产的必要，作为工业化还没有完成的中国来说，强调规模经济仍然有其内在价值。只是中国要顺应世界潮流，要关注分布式生产的新动向。我们过去几十年强调规模经济，未来随着新的科技革命出现，分布式生产是很重要的，在生产决策更加民主的情况下，小微企业更能发挥其作用。按照目前美国的"每4公里范围内有一台"3D打印的普及程度，在中国这种人口众多的地方，分布式制造点的辐射范围，会大大缩短。这符合总理说的"大众创业"精神。

（2）**能源消费模式和生产模式，要从传统和化石能源向清洁能源转变，要从大规模集中生产向分布式生产转型。**过去几十年我国能源是以煤炭为主导的，煤炭占整个能源67%左右。能源生产是集中生产，大规模建设核电、水电。未来，我国要着力提高清洁能源的比重，2015年我国非化石能源消费占比仅11.4%，"十三五"规划明确提出，以实现2020年非化石能源消费占比15%和2030年非化石能源消费占比20%为目标。分布式能源生产在我国已如火如荼出现。"十二五"期间，我国已建设1000个左右天然气分布式能源项目，建设了10个左右各类典型特征的分布式能源示范区域。到2020年，在全国规模以上城市推广使用分布式能源系统。目前，浙江等地区已经出现了家庭发电厂，每家都能发电，不仅能够满足自身的需求，而且还能够卖给国家电网。

（3）**商业模式要从重资产向轻资产转变。**与生产过程大规模集中生产和能源集中生产相对应的是，过去30年我国企业商业模式主要是重资产，大型企业固定资产占比非常高，而且追求增量的扩张。未来我们要进行存量的调整，提高轻资产比重。比如说汽车制造业如果市场达到饱和的话，就不要再做增量了，应该更多向市场后端转变，要加快制造业服务业的发展，即生产性服务业发展。

（4）**投资方式要从政府投资为主向民间投资为主转型**。过去30多年，中国经济发展主要是政府驱动模式，政府投资是中国市场上最重要的参与主体。在这种投资方式下，政府扮演的是"援助之手"而非"无形之手"，从而导致了不可持续的土地财政。在这样的体制下，对于地方政府和国企来说，决策者的激励往往只与当期投资行为有关，至于投资结果如何，成本能否收回，那是继任者才要考虑的事情。这种扭曲的激励机制也是导致中国地方政府投资效率低下，折旧率高，重复建设的主要原因。中国经济短期内不太可能摆脱投资倚赖的条件，但投资主体需要发生变化，未来中国经济转型，需要更多围绕民间资本展开，以民间投资为主体，民间资本投资灵活，由于是自负盈亏，企业更讲究回报率。只有民间经济活跃了，民间的财富逐渐积累，消费型社会才有可能出现。

（5）**对外开放方式要从"引进来"向"走出去"转型**。改革开放初期，为了解决技术和资金难题，我国对外开放，主要是"引进来"，在引进投资的同时，也引进了国外的成熟技术。在跨国公司大量拥向中国时，创造了太多的GDP，这些GDP是"财富所在"，有一部分跨国公司是要拿走的。未来我们企业更应该"走出去"，创造更多的GNP。而GNP才是"财富所有"，那才是我们真正的财富。相应的，我国的创新模式也要发生变化，在"引进来"的情况下，创新模式主要是整合式的创新，未来我们如果能够"走出去"的话，一定是原创性的创新，只有拥有自己知识产权的创新，企业才更有能力"走出去"。

从支持模式看，主要表现在以下三个方面：

（1）指导经济发展的理论基础，要从需求管理理论向供给管理

理论转变。宏观经济主要考虑的是总需求和总供给。过去三十年，指导我国经济发展的理论基础，是需求管理理论，强调供求关系的中"需求"一边，即凯恩斯说的"需求创造供给"。斯蒂格利茨说，中国是最大的凯恩斯主义国家或者说是最主要的国家。因为强调需求，政府采取扩张性财政和货币政策，扩大总需求：一是用货币政策保持低利率，提高资本的边际效率；二是用财政政策投资公共品，这样就可以保持充分就业。与需求理论相反，供给理论强调是供求关系中的"供应"一边，即"供给创造需求"，让企业先活起来，就业就充分了，收入就增加了，需求就有了。政策主张是：降低税率，全面推进"营改增"，减少行政审批，激发市场主体活力，都是供给学派的理念。这届政府与前任最大的不同就是：主要考虑中长期供给问题，而不是短期的刺激性政策带动增长的问题。今年中央经济工作会议强调，通过创新供给激活需求。

（2）金融服务方式，要从服务于国有企业和大型企业的间接融资体系，向服务于中小企业的多层次直接金融体系转变。改革开放初期，为了筹措国家工业化资金，动员全国的金融资源，国家建立了服从于经济总量导向的金融体系框架。于是，金融规模随经济总量扩张而扩张，1980－2014 年经济总量增长了 139 倍，相应地，中国的银行资产总量增长了 641 倍。在这种金融制度安排下，能够获得正规金融体系支持的往往是重资产的大企业，轻资产的服务业、农业、科技企业等的金融需求难以得到满足。信贷资金投放一直存在"重大轻小"的问题，主要体现为信贷投放集中于政府项目、国有企业、大型企业与传统行业，这些企业是税源产业，这种融资结构在一定程度上影响了民营经济、小微企业和三农的融资可得性和融资成本，而这些企业又往往是实体经济中最活跃的部分，是真正的富民产业。未来我们国家要建立多层次、普惠的金融体系，这种金融体系更能够激发大众创业、万众创新的热情。

（3）风险控制方式，要从强调监管向建立完善的征信体系转

变。过去 30 年，我国信用体系主要是机构对机构，集体对集体，在这种情况下，更多强调的是监管。未来我国信用体系更多的是个人对个人，这就需要建立完善的征信体系。目前监管部门正在推动全国征信体系的建立。

总之，在经济增长从总量扩张型向质量效益型转型的情况下，只要稳步推进经济转型升级，中国经济将减速不减势，虽不再会呈现 W 走向，但平稳可持续增长犹可期待。

赵春荣先生本书中的观点很新颖，有些地方分析得很深入，能够以更宽阔的视野观察研究问题。这些观点未必都正确，但都是作者经过深思熟虑后自己提出来的，带有自己的分析特色，并能够引深思索探究，读来使人眼前一亮，值得点赞。我愿意将本书推荐给各位读者。是为序。

董小君
2015 年 10 月于国家行政学院

（董小君，国家行政学院经济学教研部副主任、教授、博士生导师，全国"四个一批"国家级人才，"新世纪百千万人才工程"国家级人选，国务院特殊津贴专家，国家社会科学基金经济学评审组专家，全国第一批决策咨询首席专家。）

序二/张树斌

一部具有独立见解的经济学专著
——《中国经济转型之路》读后

我与赵春荣同志是在 1984 年的一次理论研讨会上认识的，记得当时我们俩人的观点有所分歧，初次相识就激烈争论，自此成为朋友。我们不是酒肉朋友，不是麻将朋友，也没有经济或生意往来，每次相见不是谈论经济理论，就是谈论哲学问题。近二三十年来我先后出版了 7 部有关经济或哲学方面的书籍，每次出版前后都送他阅读，征求他的意见，与他讨论。同样，他先后出版了两本经济学著作，也征求我的意见，与我讨论。

《中国经济转型之路》读后，着实让人击节称赞。我发现，这么多年的教书生涯，对赵春荣来说，确实是教学相长的，不仅对经济学原理有了系统性的把握，而且研究涉猎广泛，特别是有一种求真务实的精神，不跟风，不迷信主流，说自己的话，表达自己的思想，有自己的独立见解。相比那些人云亦云的书，具有可读性是这本书最突出的特点。

这本书在很多方面体现了作者的独立见解。

例如，在关于政府与市场的关系问题上，作者指出了他们的两种关系，即在资源配置层面上的并行关系与一个社会中经济基础与上层建筑之间的决定与被决定、作用与反作用的关系，除了要厘清两者的并行关系外，主要的是要重视两者的作用与反作用的关系。

政府与市场的关系是由计划与市场的关系以及计划经济与市场经济的关系演变而来的。在这种演变过程中，曾有一种"鸟笼经济"的理论划定了两者之间的关系，即"鸟笼"之内是市场经济，"鸟笼"之外是计划经济，市场配置资源被严格限定在"鸟笼"之内。依我之见，计划经济不能与市场经济"相提并论"，能够与市场经济相提并论的是过去的自然经济与未来的还不知名称的一种经济形态。为什么这么说呢？原因是计划经济没有存在的自然必然性或曰根据，也就是说没有存在的生产力与生产关系之基础。从更广视角和更长历史来看，计划经济只是一种被人为扭曲的市场经济，是一种人为存在的短期经济形态。为什么计划经济失败了？原因是这种经济违背了市场经济的规律。如果说计划经济是一种独立的经济形态，那么，它就应该有自己的规律，受自己的规律支配，而不是受别种经济形态的规律支配，更不会因违背了别种经济的规律而导致失败。

再如，这本书中所讲的利己性与利他性的关系，也是很富有独立见解之亮点的。关于利己性的作用，对于经历过改革开放前后两种经济生活的人们来说，应该有极深的感悟。作者把利己性当作一种不可小觑的资源摆在我们面前，提醒我们要加以利用，并由此而寻觅到了市场经济就是法治经济的根本原因。作者在此向我们展示的既是一种实事求是的思想路线，也是一种辩证法的理论思维，即对利己性的研究要从实际出发，对它的作用要从利与弊两方面研究。

还如，作者明确地指出，调结构、转方式主要应该依靠市场而不是政府，市场有调结构、转方式的"权力"与"能力"，政府对此只能起辅助性作用。政府的职责就是建设社会创新生态系统。我自己以及周围的许多人都在关心中国经济转型，经常在媒体上关注这方面的信息，经常学习政府在这些方面的文件或领导人的讲话，形成的一个认识就是调结构、转方式是政府的事情。作者的观点对人们以前的认识是一种颠覆，再联想到很多地方政府主导调结构、转方式的结果，应该相信作者的观点是有一定道理的。

作者在《前言》中说这本书指出的仅仅是转型的一条山间小径，我认为，从中国社会这个系统的功能、结构、因素及其关系中研究发展方式转型，就是一条有自己特色的"路"。

作者富有创新性的独立见解还有很多，这里不再一一列举。

对作者的某些观点，我是持保留意见的。如对房地产市场该如何管理，我赞成理论界很多经济学家关于用土地私有化的办法解决的观点。再如，在教育体制改革方面，应该打破公立、私立界限，实行"教育券"制度，把选择权交给教育领域的消费者——受教育者。

总之，这是一本既适合专业研究人士阅读，也适合党政机关干部、企事业单位管理人员以及大学生等关心中国经济转型的读者阅读的好书。

张树斌

2015 年 10 月 26 日

（张树斌，中国生产力研究会会员、北京相对论研究会山西分会会长、《劳资价值论——绝对相对经济学》等书的作者）

前　言

当今中国，有两种重要的转型，一是体制转型，一是发展方式转型。书名中所言的转型，是指后者。

有人认为，2011年以来，我国消费需求有所增加，消费率是上升的，但2014年的消费率在2010年改革开放以来最低消费率49.1%的基础上仅增加了2.1个百分点，达到51.2%，这在全世界是接近最低水平的。发达国家的消费率一般在70%以上，1981年我国的消费率也曾达到67.5%。我们是在"九五"计划中提出调结构、转方式任务的，而此期间在降息的货币政策作用下，消费率仅有4.2个百分点的回升；"十五"和"十一五"期间，消费率不仅不升，反而持续下滑，屡创新低。再以资本的生产率为例，90年代中期之前，每投入2元固定资本能够带来1元的GDP增长，而现在要得到相同数量的增长需要投入7元。这些数据表明，发展方式转型是多么不易。

为什么发展方式难以转变呢？以笔者之见，原因是发展方式转型是一个多变量函数，决定它的因素有经济的、行政的、科技的、文化教育的、司法的等；有对内方面的，也有对外方面的。也可把其归类为市场的、社会的和政府的三个方面。发展方式转型的复杂性要求我们必须从一个更大的视角研究系统的功能与结构和要素之间的关系。一个社会只有其构成要素自成一体，又相互协调，并同步优化，我们所期待的新的发展方式才会产生。我们不仅要研究我国社会系统包括经济系统的功能与结构，而且要研究它的每一个组成要素；每一个要素不仅要自身健康，而且其作用要与系统的目标保持一致。正是基于这样的认识，本书探讨了经济体制和行政体制改革、税收、房地产市场、收入分配、市场建设、垄断市场与竞争市场、企业家才能的培育、人民币汇率形成机制等问题对转型的影响，同时还研究了文化、教育、法治、反腐败等与经济似乎远距离的一些因素与转型的关系。本书的一个基本思路是，虽然决定发展方式转型的因素很多，但市场的应归市场管，社会的应归社会管，政府的应归政府管。政府的作用不可或缺，但又不能包打天下。如何发挥政府的作用，决定着市场在资源配置中能否起到决定性作用，也是转型能否成功的关键问题。在新的发展方式产生之前，政府的职能首先需要转变。在职能转变的基础上，政府应发挥出自己不可替代的独特作用，包括建设社会创新生态系统等。

我们所期待的发展方式不仅应该是使经济结构趋向合理的发展方式，更应该是一个具有创新特性的能够自我优化升级的发展方式，能够在长时期源源不断地为我国的经济增长提供动力的发展方式。

本书是从政府职能转变的视角探讨发展方式转型的，对科技进步所引起的新的产业革命的变化鲜有论及。国家行政学院董小君教授为本书所作的序——《新版中国经济转型升级的合理逻辑》，论述了我国经济随着世界经济的发展从旧常态向新常态的转型，从"程度"变化到"类别"变化的转型，即新版的转型升级，恰好是对本书缺陷的弥补和完善，在此对董教授表示感谢。同时，也感谢张树斌先生在百忙中为本书作序（序二）。

即使站在政府职能转变的角度研究发展方式转型，所应涉及的问题也是很多的，但由于本人学识、水平和能力所限，仅从自己所熟悉的几个方面谈了一点儿认识，遗漏的问题很多，远未穷极全部，实在是名不副实，如果说也算一条路，那仅是山间小径，敬请读者谅解。尽管做了很大努力，唯恐留下遗憾，但缺点、错误在所难免，敬请读者指正。

赵春荣

2015 年 10 月

目　　录

内 容 提 要

第一章 《转型的体制基础》主要讨论发展方式转型必须以体制转型为基础。没有从计划经济体制向市场经济体制的转型，就不可能实现发展方式从粗放到集约的转型，所以，我们首先面临的任务是完善市场经济体制。

第一，《市场经济的独特优势：资源配置效率》：两种转型所要达到的目的是相同的，都是为了提高资源配置效率，而市场经济所具有的天然独特优势就是资源配置效率，或者，再加一个限制条件：在现有的生产力水平上。

第二，《也谈政府与市场的关系》：经济体制改革的核心问题是政府与市场的关系问题，怎样处理好两者的关系呢？如果仅仅把市场经济理解为配置资源的一种方式，那么，两者的关系很明确，市场要起决定性作用，政府绝不能与市场"争权夺利"。如果把市场经济理解为由交换、社会秩序以及国家政治等三个层次组成的人类生产生活的一个系统，那么，市场与政府的关系就是经济基础与政治上层建筑的关系，因为政府在政治上层建筑中处于核心地位。具体看，在市场经济的交换层面、社会秩序层面以及政治上层建筑层面上，政府与市场各有着自己独特的作用，正是在这个意义上，在使市场起决定性作用的同时，要发挥好政府的作用，即对政府而言，"法定责任必须为"。

第三，《一种不可小觑的资源》：利己性是人的行为的一种动力源，是创造财富的一种不可小觑的资源，我们在配置和利用好利他性这种资源的同时，也要配置和利用好利己性这种资源。

第四，《从循环运动看经济如何能够健康、持续与快速发展》：市场经济的运行从宏观上看，是一种大循环运行，包括了多种对立统一的关系：产品市场与要素市场、生产与消费、实物流与货币流、收入与支出、进口与出口等，只有经济的流量在各个部门之间循环运行畅通无阻，一个经济体才能健康、持续、快速发展，这就要求对立面必须统一、和谐。金融部门和政府部门对经济的作用也存在着正反两个方面，我们要尽最大努力使其发挥正面作用，释放出正能量。

第五，《市场经济：决策与真理》：市场经济与计划经济的一个重要区别是微观经济决策应该由市场主体分散做出，这也是发展方式转型的基本条件。政府直接插手企业决策的案例虽然越来越少了，但政府的价格补贴等微观经济政策仍然在起着相同的作用，使资源错配。

第二章　《转型中应该关注的几个问题》，主要讨论了在转型中技术进步的作用、农业规模化经营、税收结构转型、正确认识和定位房地产市场、房地产税与两极分化的关系、垄断市场、竞争市场等若干事项。

第一，《技术进步对经济增长的促进作用分析》：发展方式转型的根本要求是以技术进步促进经济增长。技术进步能够使同样数量的投入获得更多的产出。文章分析了技术进步促进经济增长的原理主要表现在五个方面。

第二，《对农业生产的研究要从"短期"走向"长期"》：要使一个农业生产单位实现要素最优组合，在最低成本的有效规模上生产，就要允许并鼓励土地流转，这样才能从小规模分散的传统农业走向大规模集约化的现代农业。

第三，《税收结构转型是发展方式转型的重要条件》：通过与美、英、日等国的对比研究，提出了转变税收结构的主张，即由间接税为主转变为直接税为主，由累退税为主转变为累进税为主，以抑制贫富差距扩大，提高消费率。

第四，《调整税收结构与消除两极分化漫谈》：以间接税为主体的税收结构会产生"马太效应"。当一个社会产生两极分化的时候必然要出现劫富济贫的问题，区别仅在于是通过体制内征税的方式劫富济贫呢，还是通过体制外造反、革命的方式劫富济贫。一个正义且进步的社会应该做到财富和贫穷都不能隔代相传。

第五，《征收房地产税是帮了穷人还是害了穷人?》：首先用较大篇幅说明了房地产市场是一个失灵的市场，然后指出政府需要通过征收房地产持有税等方式对其予以管理。征收房地产税究竟是帮了穷人还是害了穷人，要具体问题具体分析。总的情况是，只要征收的是直接税，只要对穷人的转移支付不减少，只要政府对居民的住房负起责任，征收房地产税就只会帮了穷人而不会害了穷人。

第六，《正确认识和定位房地产市场》：借鉴他国经验，政府应通过税收和罚款等措施对房地产市场实施多方面管理。要剥夺房地产的资本属性，使其仅剩居住属性。要重视住房消费的生产特性和房价高低对一个城市竞争力的影响。

第七，《垄断问题研究》：本文要说明的是，只有行政垄断（或称法律垄断）中除具有自然垄断性质的公用事业和立法保护的专利、版权等之外的行政许可垄断和合作寡头垄断是低效率的并阻碍了技术创新，需要坚决反对。

第八，《竞争市场有竞争吗?》：竞争市场并不像有些人说的那样不存在竞争，而是存在着多方面竞争，是名副其实的。

第三章 《转型与政府职能转变》，主要讨论了在转型发展中政府的重要职责是"建设社会创新生态系统"这一问题。

第一，《发展方式转型主要应该依靠谁?》：答案很明确，市场。原因是政府在此方面"权力"有限，"能力"也有限。

第二，《政府的重要职责就是建设社会创新生态系统》：政府的职责不是转方式，而是转方式幕后的作为转方式基础性工作的

"建设社会创新生态系统"。

第三，《政府瘦身、放权、提效是发展方式转型的保证》：目前，只有政府瘦身、放权、提效，发展方式才能顺利转型。为此，政府要做好十一项工作。

第四，《大力发展教育，培养创新性人才》：人力资本是经济增长的源泉，教育则是人力资本的源泉。中国的教育特别是高等教育对于支撑中国经济转型发展存在什么问题呢？怎样才能培养出杰出人才呢？本文从大学管理体制到教育理念等方面做了一些探讨。

第五，《大力反腐，提高效率》：政府清廉已成为经济增长和发展方式转型不可缺少的必要条件。腐败不除，政府的什么工作都难于做好。因此，转方式、调结构的当务之急是反腐败。

第六，《创新干部管理体制，提供人力资源支持》：适应发展方式转型，用人原则也要转型。例如，适应政府职能由全能型政府向服务型政府转变，用人原则要从用"能人"转变为用"老实人"，从而使政府能够更好地提供公共服务产品，同时使能人转向企业和科研部门，发挥出他们的作用。

第七，《建设法治社会，实现公平正义》：要保证市场高效率地配置资源，必须用法治解决两个核心问题：一是要保障市场主体的自由，二是要保障市场秩序。为此，要建设法治社会、法治政府，要深化司法体制改革。

第八，《培育社会主义市场经济的创新性文化》：为了促进转型发展，必须培育社会主义市场经济的创新性文化。

第九，《壮大企业家队伍》：壮大企业家队伍，培育企业家才能，是发展方式转型的最重要条件之一，也是政府的重要职责之一。

第十，《完善市场体系，营造一个好的市场环境》：要确保转型成功，必须建设一个平等的市场、竞争的市场、自由的市场、诚信的市场、统一的而不是碎片化的市场、产权清晰且得到保护的市场以及普惠的金融市场和发达的资本市场。

第四章　《转型与人民币汇率制度改革》，主要讨论人民币汇率问题。转变经济发展方式，在对外经济方面，就是要力争实现国际收支平衡，学会利用国内国外两种资源两个市场为经济建设服务。

第一，《贸易盈余与贸易赤字的利弊得失》：在短期中，贸易盈余能够使均衡的国民收入增加，而在长期中，贸易盈余与经济增长无关，它意味着对外投资，本国资源被国外利用，也导致了贸易产业过度发展，非贸易产业受到抑制，并且还造成了巨大的成本和诸多弊端。双顺差中的资本金融项目顺差实际上来自于本国的外储，是国际收支不合理的体现。

第二，《认识人民币汇率》：分析了人民币汇率的历史、实质、功能与作用、升降的决定因素以及长期被低估的原因等。

第三，《人民币汇率是否实现了均衡?》：分析了均衡汇率的含义、作用和市场均衡汇率形成条件以及浮动汇率制下和固定汇率制下形成均衡汇率的不同路径。

第四，《中国人民币汇率制度改革取向研究》：人民币汇率形成机制改革的关键问题是要建立通过名义汇率浮动使实际汇率具有弹性从而使两者能够自动趋向一致、保持汇率均衡的机制，即独立浮动汇率制度。按照不可能三角理论和汇率制度选择理论，中国应该选择浮动汇率制。独立浮动汇率制度符合自由市场经济的真谛，选择它市场在资源配置中便能发挥决定性作用。

第五，《不可能三角理论、索罗斯的对冲基金投机与金融危机》：20世纪90年代接连发生的欧洲货币危机、墨西哥债务危机和亚洲金融危机以及1998年的俄罗斯金融危机、巴西金融危机等，都是因为这些国家或地区同时选择了固定汇率、资本自由流动以及独立的货币政策这三个选项而给国际投机者造成了投机机会而导致的。

第一章　转型的体制基础

一、市场经济的独特优势：资源配置效率

为什么我们要转变经济发展方式呢？更进一步说，为什么我们要实行市场经济体制呢？答案都是：我们要提高资源配置效率。

与自然经济、计划经济相比较，市场经济有一独特的优势，即资源配置效率，也就是说，利用市场配置资源能够得到一种新的效率，这是市场经济与自然经济和计划经济的本质区别，也是我们为什么要选择市场经济的根本原因。

资源配置效率就是用一种新方法配置资源时所得到的更高的效率，这种更高的效率表现为投入不变时产出增加或产出不变时投入减少。假设投入不变，如果用 A 方法配置资源产出是 Q，用 B 方法配置资源产出是 Q+1，那么，多出来的"1"就是效率提高的效应。

可以用经济学教科书中讲述"贸易的好处"时所使用的案例及原理，说明市场经济的资源配置效率。学习经济学的人都熟悉这个案例中陈述的故事，但不是每一个人都对这个故事做过反思，并从中悟出道理，所以，我们的研究还需要从最基本最简单也是最为基础的 ABC 开始。从这个简单故事中悟出的道理，将是本书中分析后面一些问题的逻辑起点。

在说明市场经济的资源配置效率之前，我们需要理解、掌握经济学上的两个核心概念：机会成本和比较优势。资源配置效率是建立在机会成本与比较优势原理之上的。

用最通俗的语言讲，机会成本是一个人（或一种资源）在做一件事情的时候所放弃的其他事情中最重要的那一件事情，即所放弃的最重要的那件事情的价值（或收益）就是现在正在做的这件事情的机会成本。机会成本简称成本。在这里，我们假设的前提条件是一个人可以从两种或两种以上的工作机会中进行选择，或者说一种资源有两种或两种以上的用途。

　　比较优势是机会成本低的一方的一种特性，或者说，机会成本低的这一方做这件事情时有比较优势。如果有许多人都可以做同一件事情，那么机会成本低的一方有比较优势；或者说一个人面临两种或两种以上选择时，选择机会成本低的事情做就是比较优势。

　　举例来说，地上有两张人民币，一张100元，一张50元，如果给一个人一次发财的机会，让他捡，捡起来就属于他，但只能捡一张，这个人应该捡100元的这一张呢，还是50元的另一张？对于一个有正常智商的人来说，答案是显而易见的。

　　为什么应该捡100元而不是50元呢？我们需要利用经济学的一个基本分析框架进行分析，即收益与成本。一个理性的人做任何事情时总是要追求收益最大化和成本最小化，或者在收益既定时使成本最小化，或者在成本既定时使收益最大化。该人捡100元时，收益是100元，成本是50元。而捡50元时，收益为50元，成本是100元。即捡100元时放弃的是50元，拣50元时放弃的是100元。这个人捡100元时有比较优势，如果捡50元则显示出的是比较劣势。

　　这个捡钞票的故事说明一个人在做两件或两件以上的事情时，机会成本往往不一样，需要加以分析，应该专拣成本低的事情来做，以发挥比较优势。是做收益高成本低的事情，还是做成本高收益低的事情，实际上是两种不同的资源配置结果。也就是说，出现多种选择时，把自己所掌握的资源配置到重要的那一件事情上去，才是理性的。

再如，放一百只羊，是应该让美国那个著名的企业家比尔·盖茨或中国著名的企业家马云放呢，还是应该让一个山里娃放？答案也是一目了然的。为什么不应该让比尔·盖茨或马云放羊呢？原因是他们的成本高，他们做放羊这件事情时没有比较优势，而山里娃的成本低，有比较优势。把一件事情交给成本低的人做还是交给成本高的人做，也是两种不同的资源配置结果。

放羊的故事说明，做同一件事情不同的人有不同的机会成本，为了提高效益，应该让成本低者做。这个故事同时说明，只有发挥出比较优势，才能提高经济效益。每一种资源都发挥出自己的比较优势，整个社会的资源配置就能够达到最优或接近最优，效益也就提高了。

机会成本与比较优势原理是现代国际贸易的基石，也是我们在国内配置资源时要遵循的重要原则，同时它还是选择市场经济体制的最充足的理由，是做出"使市场在资源配置中起决定性作用"这一决定的最主要的理论支撑。

我们为什么要抛弃自然经济体制和计划经济体制而选择市场经济体制？最根本的原因是因为市场经济建立在分工、协作和专业化的基础上，因此而能够讲求机会成本，发挥出比较优势，从而产生出资源配置效率，使社会的财富增加。

关于资源配置效率问题，我们可以通过两个人穿越于三种不同体制下生产三种不同产量的情况说明。这三种体制是自然经济体制、市场经济体制和计划经济体制，这两个人我们称其为陈先生与牛先生。

陈先生如果用一年的时间养牛可以养 96 头，如果用一年的时间酿酒可以酿造 48 吨。用机会成本概念分析，他养 96 头牛的机会成本是 48 吨酒，养 1 头牛的机会成本是 0.5 吨酒；他酿 48 吨酒的机会成本是 96 头牛，酿 1 吨酒的机会成本是 2 头牛。

牛先生如果用一年的时间养牛可以养 80 头牛，如果用一年的时间酿酒可以酿造 20 吨酒。那么，他养 80 头牛的机会成本是 20 吨酒，养一头牛的机会成本是 0.25 吨酒；他酿 20 吨酒的机会成本是 80 头牛，酿 1 吨酒的机会成本是 4 头牛。

从以上分析可以看出，在养牛生产上，陈先生养 1 头牛的机会成本是 0.5 吨酒，牛先生是 0.25 吨酒，牛先生的机会成本低于陈先生，牛先生有比较优势，陈先生没有。如果讲究机会成本，发挥比较优势，应该让牛先生养牛。在酿酒生产上，情况相反，陈先生有比较优势，牛先生没有，应该让陈先生酿酒，因为陈先生酿 1 吨酒的机会成本是 2 头牛，而牛先生却是 4 头牛。

现在，我们让三个人分别在三种经济体制下生产，以比较每个人的产量和社会总财富的变化情况，从而说明哪一种体制具有资源配置效率。

首先分析在自然经济体制下的情况。自然经济是一种自给自足的经济，自己生产什么才能消费什么，反过来说想要消费什么则必须自己动手生产。如果陈先生与牛先生在日常生活中都需要消费酒和牛肉，并假设他们两人各用一年中一半的时间分别生产牛和酒，那么，他们两人得到的产量和社会的总产量是：

陈先生： 牛 48 头，酒 24 吨

牛先生： 牛 40 头，酒 10 吨

社会总量：牛 88 头，酒 34 吨

中国是一个具有五千年历史的伟大文明古国，长期生活在自然经济体制下，经济的增长主要靠人口增加和在人口增加前提下的土地增加。据经济史学家的研究，大概从 13 世纪到 19 世纪中国的经济总量一直处于世界第一的地位，但人均 GDP 在 600 年内没有显著提高，1840 年以后，还有所下降。当西方列国进行了工业革命、率先进入市场经济之后，中国虽然还是第一人口大国，但经济的总量就难保世界第一，人均 GDP 水平与西方国家相比不断下降，经济结构更是落后，没有先进工业，长期以来小农经济占主体地位。中国在近代的落伍，从社会的经济基础方面看，主要是一直坚守着落后的自然经济体制，资源配置缺乏效率，阻碍了生产力的发展

其次分析在市场经济状态下他们按照自己的机会成本和比较优势配置自己的劳动力资源时，情况会是怎样。由于牛先生养牛的机会成本低，他便决定用一年全部的时间养牛，产量是80头。陈先生酿酒的机会成本低，他便决定用一年中10个月的时间酿酒，用剩余两个月的时间养牛。他一年12个月可酿48吨酒，10个月是40吨；一年养96头牛，两个月养16头。两个人一年所生产的实际GDP是：

   陈先生： 牛16头，酒40吨

   牛先生： 牛80头，酒0吨

   社会总量：牛96头，酒40吨

与自然经济相比较，在市场经济体制下多生产出的8头牛和6吨酒，反映出的就是资源配置效率。

以上是两种不同的经济体制的不同的资源配置方式给我们带来的产量即效率比较。借此机会，我们还可以转换角度分析市场经济固有的特征之一即贸易给我们带来的资源配置效率。

假设陈先生与牛先生在市场经济体制下有了分工并开始了贸易，陈先生用自己生产的酒与牛先生生产的牛相交换，两人经过讨价还价确定12吨酒交换36头牛。在这里我们要指出的是，两人在这种交换中都得到了好处，实现了双赢，即实现了效率。

因为，如果陈先生自己生产36头牛，按照他的机会成本计算，即1头牛的机会成本是0.5吨酒，那么他将少生产18吨酒，现在用12吨酒交换到了36头牛，说明他在这种交换中得到了6吨酒的好处，即效率提高了。

牛先生自己生产12吨酒，按照机会成本计算，即1吨酒的机会成本是4头牛，他将少生产48头牛，现在他用36头牛交换到

了 12 吨酒，在这种交换中得到了 12 头牛的好处，体现了他专业化养牛的效率。

交换的好处也就是市场经济分工、协作和专业化生产的好处，而分工、协作和专业化生产是一种资源配置方式。

再次分析在计划经济体制下他们会生产多少产量。计划经济是一种由政府配置资源的经济，也叫命令经济。在计划经济体制下，他们两人一年的时间资源应该配置到养牛中去，还是酿酒中去，要按照政府的计划即命令进行。政府官员下达命令，企业和家庭执行命令，是计划经济配置资源的方式。如果政府让他们用一年中的一半时间养牛，另一半时间酿酒，那么产量与自然经济状态下是一样的。政府不会让他们这样生产，因为计划经济与自然经济不同，计划经济也是有分工的，起码在一个生产单位内部是有分工的，当然，这种分工的广度和深度远不及市场经济。同时，计划经济存在着信息不完全、信息不对称等问题，政府官员很可能不知道他们两人从事这两种工作的机会成本和比较优势，常见的现象是"瞎指挥"，即政府官员根据当时所掌握的有关信息给他们安排工作。政府官员的指令一旦发出，他们必须服从，而且要干一行爱一行，像螺丝钉那样坚守岗位不能移动。假设政府官员让陈先生用 10 个月的时间去养牛，用剩余两个月的时间酿酒，那么陈先生在一年中可以养 80 头牛，酿 8 吨酒。让牛先生用全部时间去酿酒，可以酿 20 吨酒。即：

陈先生：　　牛 80 头，酒 8 吨
牛先生：　　牛 0 头，酒 20 吨
社会总量：牛 80 头，酒 28 吨

这是完全违背机会成本和比较优势原理的资源配置所带来的结果，它造成了大量人力物力的浪费，所得到的产量一定是最低的产量。计划经济即使不是在全部资源配置中都违背这一原理，也是在很多情况下违背它，再加上公有制企业中大锅饭的盛行，产量确实是一个糟糕的产量。这里仅仅从微观层面从个案对其做了一些分析，如果从宏观层面看，违背价值规律等经济规律的问题数不胜数。计划经济导致的资源配置无效率或低效率，是我们要改革的根本原因。

分析以上两个人在三种体制下生产所带来的不同产量的故事，可以给我们很多启示。

启示之一，要提高资源配置效率，必须在企业内部微观和企业、行业之间的中观还有整个社会以及全世界国与国之间的宏观等不同层面上实行并深化分工、协作、专业化生产，广泛地开展贸易。贸易的范围有多大，分工、协作、专业化生产的范围就有多大，资源就会在多大范围内优化配置。同时分工有多么深入多么广泛，贸易的领域也就有多么深入多么广泛，资源也就会在多么深入多么广泛的领域内优化配置。截止2015年底，中国政府在国内先后建设了上海、福建自贸区；在国际上已签署了14个自贸协定，涉及22个国家和地区，自贸伙伴遍及亚洲、拉美、大洋洲、欧洲等地区，极大地促进了我国的经济发展。我国政府积极开展自贸区建设的原因，是基于市场经济条件下贸易这个高效率的资源配置方式。

启示之二，由于市场主体自己最清楚自己的机会成本是多少、比较优势在哪里，因此要提高资源配置效率必须给市场主体以充分的自由选择权，打破不利于资源流动的一切条条框框，大大减少市场准入限制。市场经济与计划经济的主要区别就在于市场主体有没有自主权。自然经济下生产者没有多少自由，那是因为生产力低下而限制了人们的自由，是客观条件造成的。计划经济体制下生产者缺乏自由，是由"政府的美好愿望"等主观原因造成的。在我们实行市场经济体制的今天，要明确政府的权限，在市场秩序方面，政府责无旁贷，必须负起责任，绝不能搞懒政怠政，绝不能不作为；在市场自由方面，政府要实行负面清单管理，该放手的一定要放手，该退出的一定要退出，绝不能横加干涉市场主体的自由权利，绝不能在法律之外自我赋予审批权、管理权等。对于市场主体而言，法无禁止即可为；对于政府而言，法无授权不可为。

启示之三，要不断深化分工、协作、专业化生产，就必须深化改革，完善市场经济体制，原因是离开了市场经济体制，分工和自由都无从谈起。自然经济除了家庭内部夫妻之间男耕女织的简单分工之外，是没有其他分工的。同时由于没有分工和交换，自己要消费的东西必须自己生产，因此也缺少自由。计划经济是一种命令经济，市场主体要完全按照政府官员的命令行事，因此是最不自由的一种经济。同时，由于缺少自由，也就限制了分工的发展，因为没有政府官员的同意，很多领域的生产和服务是不能涉足的，生产者不是自己想干什么就能干什么的，不是想创新想创业就能够创新创业的。我们经常把市场经济称作自由市场经济，但很多人很不理解，一看到"自由"二字就反感，是没有必要的。正是因为有自由这一特征，市场经济才给我们带来了资源配置效率。经济上的自由与政治上的自由不是同一个意思，经济上的自由并不意味着反政府，恰恰相反，它与我们党所倡导实行的市场经济体制以及大众创新、万众创业等是一脉相承的。

以上仅仅是在分工、协作、专业化生产以及市场主体自由决策等方面分析了市场经济的资源配置效率。

论及资源配置方式，不能不提到美国罗宾·蔡斯女士创立的共享经济。共享经济是将企业、家庭中的过剩资源分享给其他企业和家庭使用的一种新型资源配置方式，对于解决社会剩余资源整合和高效利用问题提出了一种新的思路。过剩产能、共享平台与人人参与的完美结合，就形成了共享经济。蔡斯女士认为，共享经济可以用三句话概括：第一句是，没有一个房间也可以干酒店，没有一辆车也可以开租车公司，没有一件商品也可以开商场；第二句话是，你的就是我的，我的也是你的；第三句话是，每个人都知道你是一条狗，但却没人在意。共享经济是云计算、大数据、宽带网络与智能终端四种流量的聚合，它改变着人与物的关系，从而也就改变着人与人的关系。在共享经济思维方式的指导下，蔡斯女士创立的汽车共享公司 Zipcar、无线网络连接公司 Veniam、点对点汽车租赁公司 Buzzcar 以及拼车网站 GoLoco 等，对闲置的私家车产能进行了重新配置，达到了高效利用。在法国，她的 Buzzcar 使 700 多家私家车车主与 7 万名会员联系在一起，7 万名会员随时可以共享 700 家私家车服务，700 家私家车也在主人使用之外的闲暇时间被有效利用了起来，获得了收入。

在市场经济体系中，随着科学技术的发展，资源配置的新方式将不断被发现，资源配置效率将不断提高。

二、也谈政府与市场的关系

（一）

政府与市场的关系问题是经济体制改革的核心问题，是否能够正确认识并处理好这一问题，决定着转型发展的成败得失。

我国目前讨论的政府与市场的关系问题是在计划经济转型为市场经济的环境下产生的。在改革开放前原有计划经济体制下我们不承认这种关系的存在，因为在计划经济体制下政府与经济是一体的，政府是整个国家经济的"首脑"，资源是通过政府的计划配置的，政府在资源配置上有全部权力，可以包揽一切。当时把计划经济、生产资料公有制和按劳分配看作是社会主义的三项本质特征，市场是资本主义特有的东西，社会主义不能有市场。改革开放之后，突破了计划经济的观念束缚，逐渐认识到市场在资源配置中的优势，不断扩大市场配置资源的权限和范围，限制和缩小政府计划的作用，便产生了这一问题。三十多年来，改革的取向一直是增强市场在资源配置中的作用，减弱政府的作用并转变政府的职能。

今天我们讨论政府与市场的关系问题，是在下面两层含义上分别讨论的：第一，如果仅就资源配置而言，政府与市场是并列的，两者都是独立的主体，两者的联系是外在的，不存在相互包含的关系。在这种关系下，如果政府配置资源的作用大了，市场的作用就难以发挥了，或者相反，让市场起到配置资源的决定性作用，政府仅起到辅助性作用。这是政府与市场的第一层关系问题。第二，如果把市场看作是一种经济形态，即市场经济形态，那么，两者的关系就是经济基础与上层建筑的关系，在整个社会系统中，两者是分工协作的关系，是决定与被决定、作用与反作用的关系。人们大多是从第一个意义上讨论他们的关系的。

在自然经济的农业社会中，虽然也有商品经济，但市场很狭小，经济规模很有限，政府只管"征粮"，不管市场交易及其资源配置的问题，因而也就不存在政府与市场的第一层关系问题。在成熟市场经济国家中，存在着政府与市场的第一层关系问题，但这一问题主要涉及的是政府是否应该按照凯恩斯主义的政策进行宏观调控，即这一关系主要存在于经济的宏观领域；在经济的微观领域人们的一致看法是应该让市场发挥作用，政府不能干预，并已成为制度，成为习惯。在计划经济向市场经济转轨国家中，例如在我国，政府与市场的第一层关系问题显得特别突出，不仅涉及宏观领域政府与市场的关系问题，而且还有在微观领域政府干预企业、干预经济的问题，再加上国有企业的存在，使这一问题更加复杂。如果处理不好两者的这种关系，不断用"权力"管理经济，很有可能发展成为一种畸形的市场经济，如吴敬琏先生指出的权贵资本主义。

（二）

在西方经济学发展的历史中，提倡自由主义、反对政府干预的主张从其作为一门科学诞生之日起就存在，并作为主流学派从古典经济学的亚当·斯密一直延续到新古典经济学的代表人物马歇尔那里。1936 年凯恩斯发表《就业、利息与货币通论》一书，提出了政府干预经济的观点。不过，凯恩斯只是认为当经济周期转入到萧条的时候才需要政府出来"撒钱"救市。凯恩斯死后继承凯恩斯思想的那些凯恩斯主义者系统地提出了以货币政策和财政政策为主要内容的宏观调控理论，并把它灵活地长期地运用于经济调控的实践中。宏观调控政策是逆周期的，即当经济衰退失业增加时用扩张的货币政策和财政政策刺激经济复苏，防止其进一步恶化；而当经济发生通货膨胀时，特别是通货膨胀突破温和的界限变得日趋严重时，则要用收缩的货币政策和财政政策，使过热的经济降温。凯恩斯主义者在二战后成为主流学派，各国政府纷纷采纳他们的理论干预经济，使 20 世纪 50 年代和 60 年代成为经济增长的黄金期。但是，发达国家在高速发展中也埋下了隐患。到了 70 年代，在美国等发达国家中发生了"滞涨"这一奇特现象，即经济增长缓慢或停止与通货膨胀并存。按照以往的经济发展事实，只有经济增长过快时才会发生通货膨胀，经济增长停滞与通货膨胀只可能错时存在，是不会同时存在的。滞涨的出现说明了凯恩斯主义的失败。这时，以弗里德曼等人为代表的被压抑了多年的新自由主义者开始走上了舞台。新自由主义者继承了自斯密以来的思想，激烈反对政府对经济的干预，他们提出了"同一规则"的主张，即按照实际 GDP 增长状况稳定地增加货币供给量，使二者保持同一比例，为经济增长创造良好的环境。

只有发生像 2007 年那样的特大经济危机，成熟市场经济国家的政府干预经济才涉及微观问题，但次数、涉及面有限，一般情况下对经济的干预仅限于宏观层面，即用货币政策和财政政策调控经济。

（三）

下面简要回顾一下改革开放以来，我们党在政府与市场关系上的认识变化过程。这一关系的认识变化过程也就是关于计划与市场的认识变化过程。

1978 年 12 月，党的十一届三中全会指出，现在我国经济管理体制存在的严重缺点是权力过于集中，应该让工农企业在国家统一计划的指导下拥有更多的经营管理自主权。同时提出，按经济规律办事，重视价值规律的作用。1982 年 9 月党的十二大提出计划经济为主、市场调节为辅的原则，第一次明确了政府与市场在资源配置上的主辅关系，这种关系也可以表述为"鸟笼经济"，即把市场这只鸟关进笼子里，给它有限的自由。1984 年 10 月，党的十二届三中全会通过了全面进行经济体制改革的第一个纲领性文件，即《中共中央关于经济体制改革的决定》。《决定》在分析了原有经济体制存在的"政企职责不分，条块分割，国家对企业统得过多过死，忽视商品生产、价值规律对生产的作用"等弊端后指出："社会主义计划经济必须自觉依据和运用价值规律，是在公有制基础上的有计划的商品经济"。1987 年 9 月党的十三大上提出"社会主义有计划商品经济的体制"，认为这种体制是"国家调节市场，市场引导企业"。这次会议指出要逐步缩小指令性计划范围，扩大指导性计划范围。从这次会议后不再提计划经济为主的口号。1992 年春天邓小平在南方讲话中指出，计划与市场都是手段，"计划经济不等于社会主义，资本主义也有计划；市场经济不等于资本主义，社会主义也有市场"。1992 年 10 月党的十四大提出了建设社会主义市场经济体制的目标，指出"要使市场在社会主义国家宏观调控下对资源配置起基础性作用"，这是对市场经济本质认识的一次质的飞跃，即认识到市场经济不仅仅是竞争机制、供求机制和价格机制，更是资源配置机制。1993 年 11 月党的十四届三中全会通过的"中共中央关于建立社会主义市场经济体制若干问题的决定》，进一步构筑了社会主义市场经济体制的基本框架。1997 年 9 月党的十五大要求充分发挥市场作用，健全政府宏观调控体系。2002 年 11 月，党的十六大提出"在更大程度上发挥市场在资源配置中的基础性作用，健全统一、开放、竞争、有序的现代市场体系"，并指出了政府的功能作用是经济调节、市场监管、社会管理和公共服务。2007 年 10 月，党的十七大提出"从制度上更好发挥市场在资源配置中的基础性作用"，并要求"政企分开、政资分开、政事分开、政府与市场中介组织分开"，以及"减少和规范行政审批，减少政府对微观经济运行的干预"。2012 年 11 月党的十八大指出:"经济体制改革的核心问题是处理好政府与市场的关系",要"更大程度更大范围发挥市场在资源配置中的基础性作用"。2013 年 11 月,党的十八届三中全会又指出"经济体制改革是全面深化改革的重点""使市场在资源配置中起决定性作用和更好发挥政府作用",显示对政府与市场关系的认识达到了新境界。

从以上对于政府与市场关系的认识变化过程中可以看出,过去三十多年来在认识和处理政府与市场关系的时候是把政府这一组织看作与市场一样是资源配置的一种手段,两者此消彼长,如果政府强一些,更多的资源由政府配置,则市场的作用就受到了压制,所配置的资源就少了,经济的效率也就降低了。这种认识与我国的经济体制改革是相关的,在从计划经济向市场经济转变的过程中,应该强调政府把配置资源的权力让渡给市场。

(四)

政府与市场的关系问题在中国学术界展开了长期、激烈的争论。最具代表性的是张维迎与林毅夫的论争。2014 年 7 月,在杨小凯去世 10 周年追思会上,林毅夫和张维迎展开论战,两人的本质分歧在于是否承认政府在经济发展与转型中的作用。张维迎提出了应该回归到斯密,即政府最重要的职能是"创造给人自由的环境、法治,包括产权制度的保证",除此之外,政府不要过多地干涉经济。张维迎借用哈耶克的比喻说道,一个国家如果用货币政策来维持增长,就像抓着老虎尾巴,要么跟着老虎跑累死了,要么被老虎吃了,因此,要彻底埋葬凯恩斯主义。张维迎认为经济增长的"国王"是企业家而不是政府。张维迎主张国有企业的产值不能超过 GDP 的 10%。林毅夫提出了有效的市场和有为的政府的观点,一个高质量的经济体系应该是有效的市场加上有为的政府,二者缺一不可。政府的作用过犹不及,不及犹过。按照林毅夫新结构经济学的观点,在强调有为政府的同时，要辨别政府哪些方面的干预是错误的，哪一种干预能够真正促进经济发展，政府如何不越位、不缺位、不失位。

张维迎与林毅夫之争可以追溯到 2002 年的复旦大学教授杨小凯与林毅夫关于后发劣势与后发优势之争。杨小凯主张应该先引进制度，然后再引进技术，否则会导致后发劣势。林毅夫则认为，发展中国家应该一方面利用和发达国家的技术差距所形成的"后发优势"来加速经济发展，并在这个过程中逐步完善各种制度安排。同时，由于制度是内生的，并没有放诸四海而皆准的理想制度，而且，先进行制度改革的国家，我国的快速发展他们没有，而我国存在的腐败和收入分配恶化等问题他们也有，甚至还更严重，所以，一个转型中国家不需要等理想中的制度建立了以后再去发展经济。

资源配置是个微观问题，市场起决定性作用，那么政府应该起什么作用呢？刘伟认为，政府的作用一是在宏观上；二是在总供给方面，而不是总需求方面；三是管标准和秩序，不应该管具体的项目和生产，尽可能地不要提供私人物品；四是在投资和消费上，政府的重点在投资上，要明确应该投什么；五是在生产和分配上，政府的作用应更多体现于分配和再分配上；六是在市场内在竞争机制和外在竞争机制上，政府更多作为应当在于对外在机制的培育。所谓外在机制，有两个方面，一个是道德秩序，一个是法律秩序。内在机制也有两个内容，一个是主体秩序，也就是产权制度，回答谁在竞争的问题；一个是交易秩序，即价格决定制度，回答怎样竞争的问题 (2014 年 06 月 04 日 23：12 华夏时报)。

这种对政府与市场关系的分析是清晰的，但就在资源配置的平面上看也是易懂的，问题是政府与市场的关系难道就这么简单吗？

要搞清楚两者的关系，首先需要搞清楚市场经济的本质问题。新古典经济学是从资源配置的角度理解市场经济的，把市场经济理解为配置资源的一种工具。如果市场经济仅仅是一种配置资源的工具，那么，在市场经济体制下政府与市场两者的关系并不复杂，他们的关系应该以市场为主，政府为辅便可，即人们通常所说的大社会（或大市场）、小政府，或者说市场在资源配置中起决定性作用。但市场经济作为配置资源的工具仅仅是市场经济表象所呈现出来的功能，市场经济作为在自然经济基础上发展起来的一种经济形态，实际上同自然经济相对应，是一种生产、交易方式，是一种经济组织方式，是人类发展到今天所采取的一种社会生存方式，它实际上是由三个层次结构组成的人类生产生活的一个系统（林金忠：《社会主义市场经济再认识》，《学术研究》2012 年第 2 期）。这三个层次即系统表层结构上的以交换为中心的一系列经济活动及其由此而衍生出的各种社会关系，系统中间层次结构是在交换活动背后并支撑着交换活动的权力关系和信任关系，或者说中间层次是交换关系赖以存在的社会秩序，系统的最深层次结构是社会秩序背后并作为社会秩序之基础的社会建构，其核心内容是国家政治及其意识形态（价值观等）。

（五）

如果把市场经济不仅仅看作是资源配置方式问题，而是把它看作是由三个层次组成的一种社会建构，那么，政府就居于最深层次的国家政治上。在国家政治层面上，政府是核心。政府与市场的关系问题，就不仅仅是在资源配置中市场起决定性作用还是政府起决定性作用的问题，而应该像马克思那样把他们理解为生产关系与上层建筑的关系。在这种关系中，政府作为上层建筑的代表，毫无疑问应该被市场经济所决定，即政府的性质与职能应该在本质上与市场经济保持一致，符合市场经济的发展要求，否则，将会被市场经济所代表的新的生产力所否定，所推翻。

经济基础与上层建筑是社会在长期的演变过程中所产生的相互依存又相互作用的两个部分，这两个部分对一个社会来说是一种分工协作关系。经济基础决定上层建筑，上层建筑又反作用于经济基础，共同维系着一个社会的生存及其发展。政府与市场的关系是这种分工关系在当代的一种体现。

为了更直观地研究，可把这种关系比作军队中政委与司令员的关系。政委与司令员的职责在本质上是一致的，都是为了完成政治任务即打仗，都是为了打胜仗，但一个专司战斗战役问题，一个主管军队建设过程中的政治问题。他们的关系也有两种状态，一种是配合默契、分工协作、各司其职的和谐状态，一种是相互掣肘、不合作、闹矛盾的不和谐状态。如果两者的关系处理得好，那么将会相得益彰或曰狼狈为奸；如果两者的关系处理不好，则可能互相争权夺利，甚至发生兵变，导致战争的失败，在现实中表现为整个社会的撕裂。政委应该通过政治组织和政治工作对司令员打仗的工作起到支持、保障等作用，司令员则应该全神贯注地打好仗，保证完成军队这个政治组织所担负的任务。比喻只是说明或理解问题的一种方法，所比之事并不具有完全的同一性，政府与市场的关系，也并不完全是政委与司令员的关系。

一些长期发展迟缓的国家，其原因可能是缺少一个强有力的政府，如非洲和亚洲一些动荡、落后的国家，其政府的力量非常之弱，才使国家缺少制度、秩序甚至安全，从这个角度看，一个强有力的政府是经济发展的基础、保证。但也未必，苏联政府是强有力的，中国在改革开放之前的政府也是强有力的，现在朝鲜等国的政府也不能说不是强有力的，但苏联以及朝鲜的经济是糟糕的，改革开放前中国的经济到了崩溃的边缘。由此可见，一个强有力的政府与经济发展仅仅是一种或然关系，而不是必然关系。政府的职能应该与经济发展的要求相一致，或者说政府的性质与经济基础应该在本质上保持一致，只有在这个条件下，强有力的政府对经济的作用才可能是正向的。

离开了市场，人类的生产生活将失去效率；没有了效率，也就不会有公平，包括社会成员的生存权和发展权也不能有效得到保护。而离开了政府的作用（假设政府的作用对于市场经济是正向的，即两者本质上是一致的），市场经济就失去了为其保驾护航的力量，就不能够健康地发展。除了为市场经济保驾护航，政府的另外一个重大作用是实现社会公平，保证每个社会成员都能够体面地生活下去并得到发展的机会。当然，如果有的政府对市场经济的作用是反向的，并且也不能够有效保证每个社会成员的生存权和发展权，那这样的政府就应该下台，应该被改革、被抛弃或被推翻。也就是说，我们在讨论政府与市场关系的时候，还要区别两种政府，一种是与市场经济相适应的、对市场经济起正向作用的、能够为经济发展服务的政府，一种是与市场经济相逆的、对市场经济起反向作用的、在经济发展问题上掣肘拆台的政府。

政府与市场的关系问题除了他们在本质上应该保持一致以外，还有一个各自作用范围的大小问题，或者说在诸多的社会工作中，哪些工作应该由市场发挥主要作用（即决定性作用），哪些工作应该由政府发挥主要作用。在市场经济这个生产交易方式、经济组织方式和人类生存方式的不同结构层次上，政府与市场所扮演的主辅关系是不一样的。在以生产、交换活动为中心的最表层结构中，要解决的主要问题是资源配置问题，要求效率优先，所以市场应起决定性作用，企业家才能应该发挥主要作用。在第二结构层次上，即在制度层面上，要解决的问题是确立市场经济中人们之间的关系，即权力关系、信任关系等问题，也就是生产关系，起基础性决定作用的还是市场，因为市场中有什么样的关系，制度和现实中才能正确地体现出这种关系，但政府的行为即所制定的制度对这种关系能够起到极大的反作用，即制度中所体现的关系与市场经济活动中所要求的关系相一致时，则能够促进市场经济体制的健康成长，促进经济的发展。如果相反，则将不利于这种体制的建立，或者说所建立的体制与"好的"市场经济的体制相去甚远，经济的发展也将受阻。在第三个层次结构上，即一个社会的政治上层建筑和意识形态结构上，政府的作用就更大了。政府可以利用它的权威包括所拥有的武力为市场经济保驾护航、鸣锣开道；政府可以大力倡导和建设市场经济所要求的价值观即平等、民主、法治、开拓、创新、诚实、守信、分工、协作等。只有建立起与市场经济相适应的政治上层建筑和意识形态，才能使第二个层次即人们的关系和社会秩序稳固，并使第一个层次资源配置得以有效率地进行。离开了一个强有力推行并维护市场经济体制的政府，市场经济的生产关系就难以确立，体现平等、民主、法治、信用等市场经济价值观的上层建筑和意识形态也建立不起来。所以，在第三个结构层次上，虽然政府也要按照市场经济的本质要求行事，但政府工作的好坏，能够对市场经济起到促进或促退的作用。

在这里，也可以把政府与市场的关系比作两只手，两只手本质上要一致、协调，但也有分工，每只手要完成的使命不同，同时每只手都要硬。也可以把两者的关系比作两条腿，两条腿要协作，可以一前一后，但不能一长一短。从这个意义上说，林毅夫强调的有效市场与有为政府的观点是有其道理的。也正是在这个意义上，对政府来说"法定责任必须为"。

总而言之，政府与市场的关系，首先两者要在本质上相一致，也就是马克思所说的，政府作为上层建筑，要与经济基础相适应，政府要符合市场经济配置资源的要求；二是要使两者权力边界清晰，职责明确，不要"种了别人的地，荒了自己的田"，也就是说政府不能撇开市场直接配置资源，再回到计划经济老路上去。粗线条地说，政府一是要搞好自身改革，即使自己的组织和职能适应市场经济的要求；二是建设好市场体系，维护好市场秩序；三是要培育好市场经济的要素资源，如人力资本、企业家才能等；四是要弥补市场失灵，包括实现社会公平；五是要建设好社会的基础设施，提供量足质优的公共服务；六是建设好市场经济的政治即宪政民主和法治社会；七是弘扬和倡导市场经济的文化，即市场经济所要求的价值观。

三、一种不可小觑的资源

亚当·斯密在《国富论》中指出："我们每天所需要的食物和饮料，不是出自屠户、酿酒家和面包师的恩惠，而是出于他们自利的打算。我们不说唤起他们利他心的话，而说唤起他们利己心的话，我们不说我们自己需要，而说对他们有好处。"在斯密看来，人的本性是自私的，每个人都在为自己打算，人们从事经济活动的目的是为了追求个人利益。"每个人都力图用好他的资本，使其产出能实现最大的价值。一般说来，他既不企图增进公共福利，也不知道他能够增进多少。他所追求的仅仅是一己的安全和私利。但是，在他这样做的时候，有一只看不见的手在引导着他去帮助实现另外一个目标，尽管该目标并非是他的本意。追逐个人利益的结果，使他经常地增进社会的利益，其效果要比他真的想要增进社会的利益时更好。"在这里，斯密不仅描述了经济人的主要特征，而且指出了人的利己性是创造社会财富的一种极为重要的资源。

多少年来，我们习惯于利用的一种资源是人的"利他性"，即奉献精神，也可以说在很多时候唯一重视和多加利用的资源就是毫不利己专门利人的大公无私或先公后私精神，为此，我们树立了许多榜样，并花费巨大的资金宣传、号召人们向这些先进、模范人物学习。我们传统的做法就是通过学习理论和先进人物的先进事迹提高人们的思想觉悟，从而获得推动各项工作深入开展的动力资源。毫无疑问，不图名不计利全心全意为人民服务的奉献精神、对事业高度负责任的主人公精神是我们从事革命和建设的一种力量源泉。人的行为的动力资源，既有精神方面的，也有物质利益方面的。精神思想方面的动力资源在计划经济和公有制体制下显得非常重要，因为在那种体制下物质利益方面的动力资源是远距离的，模糊的，显得非常渺茫，人们难以切身感觉到它，要想激发出人们的工作积极性，只好依靠精神、思想方面的动力资源。但是，物质利益方面的动力资源即利己性同样是创造财富的一种可以利用的资源，在我们建立和完善了市场经济体制的时候，这种资源的重要性就越来越凸显了，或者说，市场经济在取代了自然经济之后所以能够迅速地创造出庞大的社会财富，就是巧妙地利用了人们的利己性。

利己性古已有之，是客观存在的。人类诞生以来，我们一直处于生产力低下的状态，面临着资源稀缺的问题，我们所得到的物质资料总是比我们想要的要少。因此，为了自身个体不被大自然和社会的恶性竞争所淘汰而能够生存下来并得到发展，利己性就始终伴随着我们，成为人类在迄今为止所有社会的一大特征。如果再继续追根溯源，利己性在动物那里就已经根深蒂固了，每一种动物都在追求利己而不是利他的结果，为了争夺不致使自己饿死的食物，大打出手，相互残杀。当然，人是社会动物，人是在能动地改造世界，而不是被动地适应自然；人是有精神世界的，物质决定精神，精神也能够反作用于物质，众多的人在一起通过情绪感染就能够产生出单个人所没有的精神力量，人类社会所建立的政治上层建筑和意识形态能够对经济基础起到极大的反作用，因此，不能简单地把人与自然界的动物类比。不过，当资源稀缺的时候，为了满足自身的生理需求，人的行为与动物的行为是有"同一性"的。汉代史学家司马迁形象生动地描述了人们的利己性："天下熙熙皆为利来，天下攘攘皆为利往"。毛泽东更是看清了千百年来人们为了一己之私利是怎样恶斗的："人世难逢开口笑，上疆场彼此弯弓月。流遍了，郊原血。"马克思也认为，人们所做的一切都与他们的物质利益有关。所以，我们可以下这么一个结论，利己性是客观存在的，它不以我们的主观意志而转移；如果我们想要消除它，首先要消除利己性赖以存在的外部环境，即改变资源的稀缺性，使社会的物质财富能够满足我们的生存和发展需要，能够基本满足我们的欲望需求。在社会的物质财富不能够满足我们的生存和发展需要、距离我们的欲望需求很远的情况下，虽然我们可以在一定程度上改变利己性的数量，使它多一些或少一些，但它的存在始终是现实的，消除不了。

笔者有过上山下乡的插队经历，感受过生产队干活的那种懒洋洋的生活。那个时候在社员们中间流传着这样的顺口溜："队里的活慢慢磨，干得多了划不着"。每天上工的时候，队长喊破了嗓子，社员们才无精打采的走出家门。到了地里，三个人干不了一个人的活，工作的质量更是不敢恭维。如果是计件工作，情况就不一样了，总是紧紧张张地干完后提前休息，不过，关于任务多少与报酬高低的关系问题，管理者与被管理者常常要讨价还价，多费口舌。农村人口占到了总人口的80%，绝大多数人都在种地，但粮食还是始终不够吃。那个时候也有迸发出极大的劳动热情的情况，像大庆铁人王进喜，像山西大寨村，但那是局部的、个别的、短时间的，不足于代表社会一般状况。一旦实行了联产承包责任制，人还是那么多人，地还是那么多地，生产的物质条件没有发生什么变化，生产工具还是过去的生产工具，但很快粮食就有了剩余，人们能够吃饱肚子了，人们的责任心和工作态度迥异于吃大锅饭的时候，并且，农民的生活和生产条件不断得到改善。改革开放之后我国农业发生变化的根本原因在于劳动者个体身上的动力源发生了变化，由利他动力源，转变为利己动力源。

一方面，利己性与利他性是相互区别的；另一方面他们又相互联系、相互依存，是密不可分的，我们要在对立统一中把握它们。

人作为一种社会动物，每个人的存在是以他人的存在为前提条件的，离开了社会，任何个人都生存不下去。资源的稀缺性产生了人的利己性，人的社会性产生了人的利他性。利己性和利他性与商品的价值和使用价值是相对应的。商品生产者主观上都是利己的，都在为自己劳动，劳动的目的是为了获得包含在商品中的价值，但他必须为别人生产出使用价值，才能为自己生产出价值。如果他为别人生产的使用价值实现不了，他自己追求的价值也要落空，他的劳动也就白费了。在这里，作为商品体来说，价值是依附在使用价值中的，没有使用价值就没有价值。但作为商品生产者来说，在他的意识中，他首先想到的是为自己而劳动，为别人劳动只是一种"捎带"，是不得已而为之的事情；在他的主观意识中，为别人生产的使用价值是次要的，为自己生产价值才是目的，如果不为自己生产价值，也就没有必要为别人生产使用价值。市场经济的生产是价值的生产，在更深层次上表现为剩余价值的生产，价值是第一位的，利己性是第一位的。由此我们可知，作为市场经济的一种动力源，利己性比利他性更加重要。

由于市场经济的生产表现为价值的生产，所以，利己性是一种极为重要的资源，是创造财富的第一动力源。马克思、恩格斯在《共产党宣言》中说："资产阶级在它不到一百年的阶级统治中所创造的生产力，比过去一切世代创造的全部生产力还要多，还要大。"资产阶级如此迅速地创造出这么大的生产力，靠的是什么呢？靠的就是隐藏在辛劳、奋斗、贪婪、野心、计谋以及对权力、财富和名望追求背后的利己性。这种利己性在资本主义社会里不断地推动着劳动生产率的提高，缩短着生产商品的社会必要劳动时间，并使物质财富像涌泉一样地喷涌出来。改革开放以来，我们所以能够取得举世公认的快速发展，换一个角度看，就是因为我们解放了思想，放开了手脚，承认了人的私利的存在，改革了经济运行机制，允许人们合理合法地追求自己的利益。如果我们还像"文化大革命"期间那样，不承认私人利益的合法性，不允许人们追求自己的物质利益，并且要狠斗私字一闪念，对资产阶级要实行全面专政，对资产阶级法权的存在不留丝毫的余地，仅仅从思想觉悟方面寻找劳动的力量源泉，那么，我们很可能直到今天还解决不了温饱问题，更不要说向殷实富足的小康社会迈进了。

为什么说市场经济必须是法治经济呢？这是因为市场经济所利

用的基本动力是人的利己性。利己性在驱使人们追求自身利益的时候并不必然会增进社会利益。它有时会增进社会利益，而常常却会损害社会利益，如抢劫、偷盗、贪污、受贿、走私、贩毒、坑蒙拐骗、污染环境、制造出售假冒伪劣产品等。为了使利己性产生出正能量，发挥良性作用，避免出现坏的作用，使其在追求自身利益的时候同时也增进社会利益，或者起码不损害社会利益，这就需要规范人的行为，明确人们能做什么不能做什么，包括限制政府的公权力。法律就是规范人们行为的重要工具，这是法治经济与市场经济相伴而生的基本原因。当然，仅仅有法律还是不够的，法律并不能调节人的所有行为。人的有些行为需要用道德来规范，而人的另一些行为在法律和道德的约束之外，需要政府颁布行政命令直接管制，或者需要利用社会各方面的力量进行制约、监督，如在党内有党纪约束，在政府机关有政纪约束。

利己性、法律、道德、政府的行政措施以及来自社会的监督约束力量共同支配着人们创造财富、追求财富的行为。其中，利己性是创造财富的原始动力或基本动力，是我们应该合理配置和充分利用的重要资源，是河道里亘古不变源源流动的水，而法律、道德、政府的行政措施以及社会的监督是控制水流不致肆意泛滥的堤坝。我们既要敢于和善于利用利己性这股河流造福人类，又要提高执法能力，提高公民的道德水平，发挥政府的行政作用，利用社会各方面的监督力量铸造坚实的堤坝防治其肆意妄为、泛滥为患。

从另一个角度看，在我们今天的社会中，利己性与利他性分别应该在两个领域唱主角。一是在市场发挥作用的领域，应该更多地发挥利己性的动力作用，让利己性唱主角。二是在政府、文化教育等部门，简言之，在国家财政供养的部门应该使利他性发挥更大的作用。财政供养的部门提供的是公共产品，在这些部门的工作人员应该而且必须有为人民服务的精神，应该而且必须更好地树立起社会主义核心价值观，成为社会精神和文化发展的典范和榜样。

四、从循环运动看经济如何能够健康、持续与快速发展

（一）

生命在于运动。一个经济体的生命也在于运动，这种运动的形式是循环，即从生产开始经过分配最后到消费再回到生产的循环运动。我们研究宏观经济体，要在运动中把握它的整体性，即要在经济的循环中把握生产、消费、流通、分配的诸环节。

在经济的循环运动中，如果流量增加了，经济规模就扩大了，这是扩大型的再生产；如果流量减少了，经济规模就萎缩了，是一种衰退、缩小型的再生产；如果流量保持不变，是一种在原有规模上的循环，即所谓的简单再生产。如果流量顺利地通过了每一个环节，经济就是健康的、可持续发展的；如果流量在某一点被卡住了，通过的量减少了，或者漏出本经济体的量比流进本经济体的量大，那么经济就出现危机了，是不可持续的。

产量、收入、消费、支出、就业等变量构成了循环的流量。循环的流有相互联系又方向对立的两种，一种是实物流，如产品、服务、要素等；一种是货币流，如收入、支出等。

在自然经济状态下，一个家庭就是一个独立的生产、消费单位，就是一个从生产到消费自我循环的经济体。这种经济体是一个完整的系统，它与外部其他家庭的经济联系是很少的、偶然的、可有可无的，不发生必然的经济变量的流动，经济的循环运行诸环节主要是在一个家庭内进行。由自成体系互相很少联系的一个个山药蛋型的经济体组成了一个社会的整体经济，一个社会的联系主要不是基于经济，而是基于民族、文化、政治等因素。由于在这种整体经济中每一个经济体之间的联系是外在的、松散的、偶然的、稀少的，经济的循环运行主要在家庭内进行，所以，我们可把这种类型的经济叫作微循环经济。当然，这种微循环经济是脆弱的。在微循

环经济中，如果循环运动发生障碍也要出现经济危机，不过这种危机的影响主要限于一个家庭内，整个社会仍然处于稳定中。只有发生大面积的自然灾害或战争，同时使很多家庭发生危机处于破产时，整个社会才会发生动乱。在这种以家庭为单位的自循环经济体中，要想扩大规模，增加生产力，主要的方法是增加劳动力和增加土地。在那个时候，技术的变化是非常缓慢的，而且主要是从外部引进的，主要的生产工具也是从外部引进的。这种生产方式由于缺少交往，因而缺少竞争，如果说还有一点竞争的话，那就是对土地所有权的竞争。毫无疑问，这种生产方式的机会成本高，缺乏效率，这也是几千年的封建社会为什么发展缓慢的原因。

市场经济打破了悠然自得的微循环经济，它把一个个山药蛋型的小农经济体摧毁掉然后重组了它的要素，形成了一个以民族国家为外延的自循环的经济体甚至超越了国家界限成为几个国家为一体甚或全世界绝大多数国家都有经济联系的世界经济体，使世界各国的经济发生了联系。市场经济所以能够把世界各地的经济联系在一起，是因为市场经济是一个在分工的基础上开展贸易的经济，分工和贸易相互促进，分工、贸易所具有的强大的生产力使它的循环体能够不断扩大。从马克思主义政治经济学的角度看，世界经济所以能够连成一体，是因为资本的趋利性。资产阶级为了获得更多的利益，驱使资本走出国门，在更大范围内吸取更多人的剩余价值。

城市化的过程就是市场经济体战胜自然经济体并扩大的过程。我国的城市化已达到50%以上，随着城市化的发展，我国农村与城市各自为政的"二元经济"将消失，全国成为一个统一的大市场，产品与要素可以在这个大市场中流动、交换。

经济循环运动的路径越长，流量越大，其不稳定性也越突出。并且，一旦发生经济危机其影响面和危害程度也就越大。

下面，我们分别分析二部门、三部门、四部门经济的诸变量是如何循环运转的。

（二）

在一个有厂商和家庭的两部门的经济中，厂商生产物品与劳务，同时使用（消费）生产要素；家庭消费物品与劳务，同时生产生产要素。当产品与服务从企业流向家庭的时候，货币则从家庭流向了企业；当要素从家庭流向企业的时候，货币则从企业流向了家庭。

在这里，存在着四种内容的对立统一关系。第一是两个市场的对立统一关系。在家庭与企业的两部门经济中，存在着消费品市场和要素市场。物品与劳务的交易是在消费品市场上进行的，要素交易是通过要素市场完成的。这两个市场兴衰与共，如果物品与劳务的交易量大，企业对要素的需求也就大；如果一个市场衰退，另一个市场也必定衰退。改革开放以来，我国要素市场发展滞后，必定影响着产品市场的发展。

第二是生产与消费的对立统一关系。一方面，生产与消费相互区别、对立，另一方面，双方又相互联系、相互依存、彼此互生，相互创造对方，谁也离不开谁，一方不存在，另一方就不能存在。如果厂商没有了对要素的消费，也就没有了对物品与劳务的生产，同理，家庭没有了对物品与劳务的消费，也就没有了对要素的生产。一个经济体要健康、持续地运转，就必须使厂商生产物品与劳务的能力与家庭消费物品与劳务的能力相平衡，或者，家庭生产要素的能力与厂商消费要素的能力相一致。他们的关系还不止于此。生产与消费还具有直接的同一性，即生产本身就是消费，消费本身就是生产，生产与消费处于同一个过程中。厂商在消费要素的时候生产出了物品与劳务，家庭在消费物品与劳务的时候生产出了要素。由此可见，生产与消费只有一方而没有另一方的状况是根本不可能存在的。一旦出现只有一方而没有另一方的状况，即意味着危机的产生，经济的崩溃。不仅如此，生产的量与消费的量也要平衡，否则也是难以正常循环的。

第三是实物流与货币流的对立统一关系。从生产到消费和从消费到生产所形成的实物流和货币流两种内容的循环，虽然方向相反，但它们相互联系互相影响，任何一种循环中断，另一种循环也就一定被中断。产品、服务和要素等实物循环的条件是货币的循环，只有家庭付给厂商钱的时候，企业才会把产品给了家庭。同理，只有厂商把要素的价格付给家庭的时候，家庭才会让厂商使用要素。如果企业所生产的物品与劳务与家庭所需要的物品与劳务不相匹配，或者供大于求，存在着结构矛盾或数量矛盾，则循环就不能或不能很好地进行。如果家庭持币不购或缺币不能购，则循环也将停止。

实物流与货币流还必须匹配，如果它们都保持不变，或按同比例同方向变化，则物价水平保持不变；如果它们按不同比例不同方向发生变化，物价水平则要发生变化。如果货币流的增加大于实物流的增加，会发生通货膨胀；相反，则要发生通货紧缩。

第四是收入与支出的对立统一关系。站在家庭或厂商任何一方面看，价值循环本身还有收入流与支出流两个方面。在两部门经济中，要使其健康、持续地循环运行，厂商的收入与支出与家庭的支出与收入就必须相等，厂商的收入必须等于家庭的支出，家庭的收入必须等于厂商的支出。每一方的收入与支出相等，是保障产品与要素正常循环的条件。不仅如此，当分别考察厂商与家庭的收入与支出时，两者也必须相等，即厂商的收入要等于其支出，家庭的收入也要等于其支出。只有厂商的收入与其支出相等、家庭的收入与其支出相等时，厂商的收入与支出才能等于家庭的支出与收入。

当然，家庭的收入与其支出相等，厂商的收入与其支出相等，从而家庭的收入与支出等于厂商的支出与收入，这只是一种应然要求，实然状态是家庭的收入与其支出往往不相等，厂商的收入与其支出也常常不相等，从而家庭的收入与支出不相等于厂商的支出与收入，使经济在家庭与厂商之间的循环难于正常进行，甚至发生经济危机。

（三）

为了解决家庭的收入与支出以及企业的收入与支出总是不平衡的问题，需要资金融通部门。

当金融部门产生之后，处于厂商和家庭之间以跨时间、跨空间进行价值交换为己任的金融部门，一方面能够促进这种循环，另一方面也会阻碍这种循环。金融部门对经济的作用也有正反两个方面。

造成两部门经济难于正常循环的原因，即厂商与家庭之间的产品流、服务流、要素流与货币流不能循环的原因是多方面的：一是金融部门紧缩了货币；二是收入分配差距过大，两极分化严重，一部分人把财富或货币滞留在家中，企业中的一部分产品便难以销售出去；三是结构矛盾，所谓结构矛盾是指厂商生产的产品不符合或不完全符合家庭的要求，家庭生产的要素也不完全符合厂商的要求，即一部分产品卖不出去，一部分要素找不到工作。

如果金融部门紧缩了货币政策，社会的流动性减少，厂商手头的资金紧张，便要减少对要素的需求量，造成失业率上升，产量减少，经济进入衰退期。如果金融部门加大流动性，会使循环加大加快，带来经济繁荣，甚至出现通货膨胀。

在2008年下半年，当美国次贷危机越演越烈、雷曼兄弟宣布破产、整个全球贸易受到极大影响、珠三角和长三角大量出口企业停产或倒闭、东南沿海地区大约有6000万农民工失业时，中央政府于2009年初启动了4万亿元刺激经济的计划，使M2比上年末增长27.7%，M1增长32.4%，2010年在全球经济极度低迷的情况下中国经济增长10.4%。对4万亿刺激经济的计划虽然褒贬不一，但在宏观经济运行困难的时候注入了新的流量，却是确凿无疑的事实。

有些国家为了刺激经济，实行负利率政策，即央行对商业银行的存款不仅不付利息，还要收取费用，以起到流动性的释放效果，如欧洲央行、丹麦国家银行、瑞典央行、瑞士国家银行等。

再以美国经济为例。

20世纪30年代大萧条发生的导火索是美国经济中的货币流通量紧缩。货币流通量骤减三分之一，破坏了经济正常的循环运行，使GDP也减少了三分之一。1929年初，美国经济处于充分就业，失业率仅为3.2%。但这种繁荣是建立在房地产和股市的泡沫上的。当货币发行量紧缩时（美联储没有减少货币发行量，货币发行量的减少是由于银行倒闭致使创造货币的功能丧失而造成的），股票价格猛跌，平均每股由365美元跌倒81美元。1929年—1932年，由股价下跌引起的证券贬值达840亿美元，超过了1928年的国民收入总额。1929年—1933年，美国破产的银行达10500家，占全国银行总数的49%。从1929年5月（危机前最高点）到1932年7月（危机最低点），美国工业生产下降55.6%，退回到1905年—1906年的水平。其中，采煤工业生产下降65.6%，生铁下降86.7%，炼钢下降84.6%，汽车下降92.1%，机床制造下降96.3%。在危机最严重时，钢铁工业开工15%，汽车工业开工11%。在危机延续的5年中，美国有13万家以上的企业倒闭。危机期间，美国出口与进口总额均减少了70%。资本输出几乎完全停止（陈德照《美国经济衰落的历史比较》）。

从20世纪50年代以来，美国经济的每一次衰退都与联邦储备紧缩流动性不无关系。50年代和60年代，美国在稳定物价与经济增长两个目标的选择上，侧重于经济增长，货币政策长期过于宽松，导致70年代的通胀蔓延。1979年夏季，通货膨胀率高达14%。沃尔克接任美联储主席一职后，采取紧缩性的货币政策，大幅度提高利率，使通货膨胀在1983年和1984年降到了4%左右，同时也出现了自30年代之后美国最严重的一次经济衰退，失业率达到

10%。90 年代，由于以 IT 为标志的知识经济的带动，美国股市繁荣，经济出现扩张。在 90 年代末期，美联储把利率提高到 5~6 个百分点左右的较高水平上，导致新世纪初股市泡沫破灭，特别是 IT 股市泡沫破灭，美国经济又经受了一次衰退。

2008 年美国爆发的金融危机也始于联邦储备突然采取的货币紧缩政策。2000 年 1 月 3 日—2003 年 6 月 25 日，美联储利率从 6.5% 上下经过 13 次下调降到 1.0%，降息幅度达到 84.6%，是半个多世纪以来最大一次，创 45 年来最低水平，并维持到 2004 年 6 月。这个期间美国经济经历了又一次繁荣，并使房地产市场产生出泡沫。2004 年 6 月 30 日—2006 年 6 月 29 日，美联储经过 17 次升息把利率提升到 5.25%，流动性在短期内剧烈收缩，成为刺破房地产市场泡沫的重要原因，因此有人说，美联储是这次金融危机的始作俑者。作为应对次贷危机措施的一部分，2007 年 7 月美联储再度大幅降息。

在总结这次危机的教训时，有人提醒我们金融创新不可过度。但是，美国如果没有先进的金融体系，就不会有那么强大的经济。我们在总结美国金融危机的教训时，千万不能吃错了药。金融机构的存在既能够导致金融危机，也能够延缓和避免危机，保障宏观经济正常地循环运转，促进经济发展。

在前些年，我国经济不平衡、不协调、不可持续的问题，表现在经济结构中主要是消费与投资失调、内需与外需失调，经济增长更多地靠投资和出口拉动。为什么内需不足？为什么消费不足？有多方面的原因，如收入分配不公等，但金融垄断，金融发展滞后，金融创新不够，为全社会提供的金融服务少，使财富难于从储蓄转化为消费和投资，也是重要原因之一。在一个垄断市场上，产品供给少，而价格却高，这是普遍规律，不管产品领域的市场还是服务领域的市场，皆然。垄断的金融市场为社会提供的金融服务少，而收取的价格高，包括存贷款利差大。有些年份我国银行业一年一千多亿元的利润收入使得其高管都不好意思面对大众。我国大一些的金融企业都是国有或国有控股企业，这些企业主要的服务对象是国有大企业，对大量的民有企业特别是中小企业基本不提供贷款服务，中小企业资金饥渴症长期得不到解决，对家庭消费贷款提供的就更少了。在这种情况下，我国经济的增长主要依靠政府实施的基础设施投资和大型企业的投资拉动以及出口带动就不足为怪了。我国的3万多亿美元外汇储备主要是净出口积累的，而净出口是储蓄与国内投资的差额。现在的问题是为什么我们不能用这部分储蓄进行消费或提供给中小企业投资呢？原因是金融部门不能将这部分储蓄贷给家庭和中小企业。中小企业得不到贷款，就不能发展壮大，就生产不出丰富多彩的产品和服务，也将减少社会就业量。出口企业可以创造就业，中小企业也可以创造就业。家庭得不到贷款，消费便不足；消费不足，人力资本生产就出现故障。家庭的消费同时就是人力资本的生产。穷人的孩子因为缺钱上不了学，享受不了优质教育，就成为不了一个优秀的劳动者。国家缺少优质人力资本，实现主要依靠技术进步为支撑的发展方式发展就不可能。

我国经济病症从宏观经济角度看，是与它的循环运动相联系的。

（四）

危机的更深层次的原因是由于分配不公所导致的两极分化，穷的很穷，富的很富。正如马克思所指出的那样，资本主义经济危机的原因归根到底是由其基本矛盾决定的，即生产的社会化和生产资料私人占有之间的矛盾。由于生产资料私人占有，社会按要素进行分配，如果政府对收入调节不到位，必然导致两极分化。在两极分化的条件下，一边是财富的堆积，一边是贫困的堆积。在财富堆积方，有时是实物形态的财富堆积，而更多的是价值形态的财富堆积。当价值形态的财富在少数人那一边堆积巨大时，占人口多数的穷人没有购买能力，社会缺乏有效需求，产品就难以从生产领域流通到消费领域。如果产品不能从生产领域流通到消费领域，则产品的价值就不能从消费部门流通到生产部门，进而造成家庭生产的要素也难以循环流动到它的消费领域——企业的生产中。经济的循环受阻，便产生出相对过剩的经济危机。经济危机不仅造成了产品过剩，也导致了要素过剩，即失业率急剧上升。2008 年发生在美国蔓延到全球的金融危机也同样是由这一原因造成的，虽然表面上看起来是由于下面这些因素造成的：对金融系统缺乏监管，过度杠杆化，金融衍生品过度泛滥，整个社会缺乏信用等。

改革开放以来，我国也产生了收入差距极为悬殊的问题。现在，人们把贫富差距的原因概况为四个方面，即城乡差距、地区差距、收入差距和行业差距。这些差距不仅纵向比扩大了，而且横向比即与发达国家比也是很大的。城乡差距 80 年代是 1:1.8，90 年代是 1:2.5，现在是 1:3.3，为世界前三名。地区差距，2002 年为 1:13，美国为 1:2，英国是 1:1.68。收入差距方面，我国低收入者与富人的差距在 20 倍以上。80 年代，日本只有 1:4.3，美国 1:7.1。在行业差距上，我们是 1:15，日本是 1:1.62，美国、德国和韩国是 1:2.3 到 3.2。不管是城乡差距、地区差距还是行业差距，最终都表现为人们的收入差距。我国的收入差距如此之巨，表明我国的两极分化已十分严重，已成为影响我国经济平稳健康可持续发展的一大因素，在我国经济的宏观循环中不能不令人格外关注。

造成收入分配两极分化的原因，除了人们指出的上述"四大差距"外，还有腐败和市场经济固有的"马太效应"等。

"马太效应"指强者愈强、弱者愈弱的现象。资本的本性是逐利的。马克思主义政治经济学把资本定义为能够带来剩余价值的价值。只要资本存在，"马太效应"就存在，两极分化就不可能彻底消除，只是基尼系数大一点还是小一点的问题。当前，我国的基尼系数已突破 0.4 的警戒线，达到 0.49，在全世界排队也是比较高的。

避免收入分配造成的两极分化，才能避免"中等收入陷阱"。

当经济在一个微循环体内即家庭内运转时，经济危机不会因为这种循环受阻而发生，因为在一个家庭内部，不可能形成两极分化。在自然经济社会中，可能发生经济危机的原因，除了严重的自然灾害，那就是土地占有的两极分化。劳动力与土地相分离的状况严重时，社会整体经济会濒临崩溃，会出现财富与贫穷的两级对垒。当很多人难于生活下去时，如果当权者统治薄弱和有一个强有力的组织者这两种情况同时出现，就会发生农民起义。中国历代历朝发生的农民起义，不就是这个原因吗。

金融安排是资本主义在其几百年的发展过程中形成的延缓经济危机发生的机制。当富人大量堆积财富的价值时，这些价值的外壳即产品（使用价值）就被堆积在企业中，卖不出去。银行部门通过各种形式的借贷款，把财富的价值借给需要购物的穷人，穷人拿着这些财富的灵魂去唤醒堆积在企业中的财富肉体，使其有了生命，便完成了产品从生产到消费和劳动力从消费到生产的循环过程。财富的灵魂（价值）与财富肉体（使用价值）的结合以及生产资料与劳动力的结合，在两极分化的社会中，显得特别艰难。

（五）

在三部门经济中，除了厂商、家庭外增加了政府。政府也有收入和支出两个方面，政府的收入来自于税收；政府的支出有两种性质，一是浪费性支出，二是生产必须性支出，虽然两种支出很难区分，但这种区别是客观存在的。

政府征税之后，在其他条件不变时，家庭与企业之间的流量就减少了。在高税率下人们的生产和投资积极性会受到挫伤，税基减少；低税率能够刺激生产，增加国民收入。在经济疲软时为了恢复活力，凯恩斯主义者惯用的手段是增加总需求，对于政府部门来说就是增加财政支出，虽然减少财政收入也是积极财政政策的题中应有之意，但好像凯恩斯主义者用得不多，倒是供给学派常用减税这种办法解决经济低迷问题。美国多届政府均采取过减税政策。80年代里根

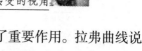

政府上台后减税，对美国经济的恢复起到了重要作用。拉弗曲线说明，税率在一定限度以下时，提高税率能增加税收总量，但超过这一限度时，提高税率反而导致税收收入减少，因为较高的税率将抑制经济增长，减少税基。

从宏观经济的循环运动中的货币流看，政府的支出通过购买家庭的要素和企业的物品与劳务把所征收的税又流回到了家庭和企业。只有政府的收入与支出相等时，宏观经济的循环运行才能够正常进行。如果政府的收入大于支出，其差额就是社会储蓄。当出现社会储蓄的时候，宏观经济运行就会受到影响。最近几年我国的经济由高速增长下降到中高速增长，2015 年第三季度的增长率更是突破了 7，降到了 6.9%。增长率下降的原因是多方面的，从经济循环运行的角度看，财政将大量的资金积压在银行，不能不说是一大原因。参考消息网（2015）10 月 31 日援引美国媒体的一篇文章称，中国国际金融有限公司首席经济学家梁红根据中国人民银行一份统计资料指出，截至今年 9 月底，政府机关团体存款接近 21 万亿元人民币。此类存款自 2011 年以来翻了一番，相当于国内生产总值的 32%。这是一个奇特的现象：其他国家的政府机关团体通常只在银行维持刚够满足短期开支所需的存款。从理论上说，银行应该能通过向企业和家庭放贷来把如此巨量的存款再利用起来，但在我国这一过程效率低下。银行系统的准备金率居高难降，就说明了这一问题。当然，准备金率过高是有其原因的。

另据国家审计署公告，2015 年 9 月，审计署组织对 31 个省、自治区、直辖市（以下统称省）和 29 个中央部门、7 个中央企业落实稳增长促改革调结构惠民生防风险政策措施情况进行了跟踪审计，其中抽查农林水、扶贫、社会保障与就业、城乡社区事务、保障性安居工程、养老服务等重点民生领域 476.78 亿元财政存量资金发现，22 个省的 33 个项目 141.76 亿元资金由于制度规定制约、预算与项目实施不协调、项目审批时间长、已完成项目资金未及时统筹等，未得到

有效利用。(2015 年 11 月 6 日国家审计署公告)

如果政府的收入小于支出，家庭和企业储蓄将会被挤占。

从实物流看，政府向家庭和企业征税后向家庭和企业提供的是公共产品和公共服务，即家庭和企业通过支付税收向政府购买的是公共产品和公共服务。从这个视角看，也可以把政府看作是提供公共产品和公共服务的"企业"。

既然政府可以被看作是一个企业，那它就有产出与投入、收益与成本的效率问题。如果政府的浪费性支出多，生产必须性支出少，即向社会提供的公共产品和服务少，那么它的效率就低。相反，它把更多的收入用于提供公共产品和服务，或者说，在税收既定时，它所提供的公共产品和服务数量越多，质量越好，那么，它的效率也就越高，家庭与企业因此而享受到的福利也就越多。如果政府收税后没有向社会提供任何产品和服务，那它纯粹就是依附在社会肌体上的寄生虫。

政府作为一个提供公共产品和服务的企业，是独一无二的，因此它是垄断企业。它向社会征税是强制性的而不是商量性的，任何纳税人都没有与政府讨价还价的权力，因此它是特殊的垄断企业。垄断企业与竞争企业相比较，生产的量少而产品的价格高。垄断企业生产的量越多，产品价格就越低；相反，生产的量少的时候其产品的价格才能升高。与竞争企业只能通过调整产量来实现收益最大化不同，垄断企业可以通过调整产量与价格两个方面实现利润最大化。为了收益最大化，垄断企业的产品与服务价格总是大于边际收益和边际成本，与竞争企业的产品价格等于边际收益和边际成本不同。

政府这个特殊的垄断企业的收益是强制性的固定的，因而在没有外在压力和内在自觉的情况下，完全可以采取收入既定时付出最小化和付出既定时收入最大化的策略，尽可能地多收税而少提供或不提供公共产品和服务。如果政府在收入既定时少生产或不生产，那么，它的产品和服务的价格就是畸高的。在这种情况下，虽然宏观经济的循环运动也可以勉强进行，但这种循环运行是低质量低效率的，是缩减型的，家庭和企业从政府处所应享受到的福利将大大减少。这种情况一旦出现，相当于企业和家庭将自己的一部分财富无偿捐赠给了政府工作人员。

政府减少浪费性支出，增加生产必须性支出，意味着财政供养的机关公职人员应该少，应一人做一人的工作或一人做两人的工作，而不是两人或多人做一人的工作，不是吃饭的和尚多而撞钟的和尚少；意味着崇尚节俭，反对奢靡之风，减少或刹住"三公消费"；意味着要实行负面清单管理，该下放的审批权限一定要下放，同时该做的工作一定要做好，坚决反对懒政怠政。多少年来政府机关普遍存在着人浮于事的现象，更有不少吃空饷的人，因此，按照市场经济要求精简机构和人员仍是行政体制改革的主要任务。

由于税收是强制性的，因此，被强迫购买政府产品和服务的纳税人，必须时时给政府以压力。民主选举就是给政府的一种压力，也是打破垄断性政府的一种手段。如果能够放开媒体限制，个人和团体都可以办媒体，那将能够增加一个监督政府的窗口，在家庭和企业支出不变时，即税收收入不变时，如果人民大众能够有效监督政府，政府提供的公共产品会数量更多，质量更好。同时，作为社会精英组成的政府，也应该时时在内心深处产生出自觉。

（六）

一个经济体增加了对外经济后，便成为四部门经济。在四部门经济中，增加了国内经济与国外经济的循环，从实物流的循环看，一方面国内生产的物品与劳务可以出口，另一方面可从国外进口物品与劳务；从货币流的循环看，一方面是资本流出，另一方面是资本流入。

是出口大于进口好呢，还是进口大于出口好？从货币流的角度看，是出口多一些好。因为净出口为正数时国内的货币流循环中多了新的流量；净出口为负数时，国内的一部分货币流被漏出，经济的流量便减少了，而经济数据是按货币衡量的，货币流减少后各项数据就下降了。但如果从实物流看，净出口为正数时，国内的实物流减少了，实物流减少意味着经济可供利用的资源减少了，这些资源被国外利用了，这将不利于本国经济的发展。如果净出口为负数，国内循环的实物流增加了，这种现象表明国内经济的增长利用了国外的资源，用国外的资源弥补了国内资源的不足。经济学产生和存在的一个基本条件就是资源稀缺，经济学研究的目的就是如何能够更好地配置和利用稀缺资源。因此，对于资源稀缺的发展中国家来说，从资源配置和利用的角度看，进口大于出口好。

从供给侧看，经济增长依靠要素投入和效率提高，这些要素中包括资本品和自然资源。如果出口过多，则造成国内建设中对资本品和自然资源的供给缺乏。从另一方面看，如果进口更多的包含高科技的资本品，则有利于生产效率的提高。进口大于出口要好于出口大于进口。但是，从需求侧看，出口是拉到经济增长的三驾马车之一，在经济未能达到充分就业的情况下，出口大则均衡的国民收入大，因此，出口大于进口好。

在当今以美元为本位的国际金融体系下，对于美国以外的国家，特别是对于国际货币基金组织中 SDR 以外的国家，要进口必须要有外汇，而外汇是从出口中来的，所以，不能离开出口谈进口。因此，还是进出口平衡好。

美国则另当别论，因为在当今以美元为本位的国际金融体系下，美国可以用自己印刷的几乎没有什么成本（据说 100 美元的纸币成本是 0.06 美元）的纸币进口物品与劳务，这种进口可以获得至少三种好处：一是如果贸易国用出口获得的这些纸币进口美国的物品与劳务，则推动了美国的出口，促进了美国的生产，也就是促进了美国的经济增长；二是如果贸易国将这些纸币储备起来，这些纸币会贬值，美国因此可获得铸币税；三是如果贸易国将这些纸币投资到美国的债券市场，美国人又可以拿这些纸币再以股权投资的形式返投资于贸易国，在这里赚取股权投资与债权投资差额所体现的利润。如美国在中国的股权投资的收益率一般是20%～30%，而中国投资到美国的债权投资的收益率仅有2%～3%。

有人指出，中国作为发展中大国，具有"内外牵引动力规律"，即国际国内经济环境好的时候，依靠国内外系统的良性循环推动经济发展；当国际经济环境优于国内环境的时候，依靠外循环带动内循环；当国内经济环境优于国际环境的时候，主要依靠内需进行自我调节。上述观点把内循环和外循环在一定程度上割裂开来了。其实，内外循环是相联系的。"主要依靠外循环或主要依靠内循环"在一定条件下才是可行的。这种条件是，出与进基本平衡，或虽然有所失衡，但还不至于十分严重。如果出与进严重失衡，无论内循环还是外循环都将难于持续。

五、市场经济：决策与真理

发展方式转型的最基础性的工作是什么呢？是有关微观经济问题的决策要由市场主体做出，而不是其他社会组织如政府大包大揽；如果微观经济中的相关决策是由市场主体做出的，那么，这种决策可能离真理更近。

市场经济与计划经济相比较，后者是集权经济，前者是分权经济。在这里，所谓"权"就是决策权。市场经济与计划经济在本质上相区别的一个方面是决策由谁做出，由市场主体分散做出的就是市场经济，由政府集中统一做出的就是计划经济。

市场经济是一个有市场主体决策的经济。由于每一个参与市场交易的人或组织都是市场主体，因此每一个参与市场交易的人或组织都是决策者，都有决策权。这样，市场决策呈现为分权型的"多极化"特点。

计划经济则主要是由政府决策的经济，呈现为集权型的"单极化"决策方式。

是集权型的单极化决策好，还是分权型的多极化决策好？总结新中国成立六十多年来前三十年的集权型单极化决策与后三十年分权型多极化决策的经验教训，可以得出一个结论，还是分权型的多极化决策好。这是因为分权型的多极化决策能够更好地保证决策的正确性，使决策更加趋向于"真理"。

任何一个社会都要面对并解决生产什么（包括生产多少）、怎样生产、为谁生产三个最基本的经济问题。由谁来回答并解决这三个问题呢？在计划经济下，通常是由政府回答并解决的。一个企业生产什么，生产多少，都来自于政府的计划。企业要招收职工，企业自己是没有权力的，招收什么人，招多少，必须征得政府同意。一个大学生毕业后到哪里工作，取决于政府的计划，政府把你分配到哪里，你就得去哪里，个人没有选择的余地。你如果是一个化学专业毕业的学生，政府把你分配到行政办公室搞收发工作，你也别无选择。在农村人民公社，大宗农产品种什么种多少，都由政府的计划安排，而由不得农民自己做主。

政府控制了生产，在一定程度上也就控制了消费，因为只有生产什么才能消费什么，不生产苹果，消费者就吃不到苹果。从这个意义上说，生产决策消费。但是，一切生产的目的都是为了消费，只有消费决定生产的经济体制才是一种合理且有效率的经济体制。因此，正确的做法是消费决定生产。只有消费决定的生产才是符合社会需求的生产，才是有用的生产，因而才是正确的生产。

那么，消费又是由什么决定的呢？其特点是什么呢？消费不仅由物品与劳务的价格决定，还由人们的实际收入和个人的偏好决定。无论是消费者的收入水平还是偏好都差别很大，因此，消费是多种多样的，是一个复杂的世界。消费者大众的福利怎样才能最大化，消费者的需求是什么，消费者消费某种物品的边际效用各是怎样的，消费者的嗜好、欲望和购买能力（嗜好、欲望与购买能力的统一决定了消费者的购买行为）等等问题只有消费者自己才最清楚，只有把购买权交给消费者，才能最大限度地使消费者得到最大效用（满足）。经济学家在研究消费者的行为时，常常在假定人们的收入不变、物品和劳务的价格也不变的前提下，研究消费者由于偏好不同，如何选择能够给自己带来最大效用的一组物品与劳务的组合。由于每个人的偏好不同，所以，所选择的组合也就不同，正所谓萝卜白菜各有所爱。要满足消费者多样性的需求，生产的产品与劳务也必须是多样性的。

企业不仅面对着多样性的社会需求，而且面对着不同的机会成本，因而，生产同样是一个复杂的问题。一个企业是应该生产自行车，还是应该生产电动车，抑或是小轿车？一年应该生产 10 万辆，还是 15 万辆？应该添加一个车床还是应该引进一条生产线？应该引进一条自动化生产线，还是应该引进一条智能化生产线？应该招收 10 个车间工人，还是应该购买一台机器人？应该不应该给员工涨工资？是应该给中层领导干部涨，还是应该给业务骨干涨，或者给所有人都涨？是按一个标准涨，还是有差别地涨？作为一个农民，是应该将自己的 30 亩地用来种小麦，还是苹果？或者将其中的一部分种苹果，将另一部分种小麦？所有这些问题都是市场主体天天要遇到和解决的问题，应该怎么处理，都必须从自己所处位置的内外实际情况出发，才能有一个最优或次优的解决方案。那么，谁才了解实际情况，谁能做出合理合情的决策呢？答案是市场主体自己。在市场经济体制下，所有这些问题的解决都需要由企业自己做出决策。

为什么解决这些问题应该由企业自己做出决策，而不应该由政府解决呢？原因是企业处于市场中，天天感受着市场价格的变化，对消费者的偏好以及对自己生产的成本、技术和所面对的资源禀赋等信息了解得比较及时和全面，能够做出比较符合市场需求的决策。为了获得最大利润，企业总是尽可能地节省成本，在资源的多种选择中使用机会成本最低、有比较优势的那一种资源进行生产。如果企业生产了消费者不认可的产品，企业便会亏损。企业会千方百计地生产适销对路的产品，如果有一天生产了没有市场的产品，他们也会及时地改弦更张，并深深地汲取此种教训。企业也会千方百计地降低成本，如果某个企业生产某种产品的成本高于其他企业，这样的企业将会被淘汰出局。

政府则远离市场，缺少做出决策的信息，从而也就缺少解决这些问题的能力。消费者的需求在不断变化，各种资源的稀缺程度也在不断变化，技术的进步常常是不确定的，技术的可用性更是需要在生产中、在市场的竞争中甄别，所有这些决定了政府官员要回答和解决三个基本经济问题是不可能的。政府要勉强做出这些决策，就像"盲人骑瞎马，夜半临深池"那样，盲目性大，所做出的决策很可能要冒极大的风险，导致极大的失误。坐在办公室里的那些官员们，即使是神仙，也难以弄明白市场需求与企业成本这些问题，他们凭很少的迟到信息做出的决策与社会的实际需求以及企业面临的资源约束往往出入很大。过去我们遭受的靠拍脑壳决策所带来的浪费实在是太多了。还有，政府做经济决策时所遵循的原则不是收益最大化、成本最小化，而是下级服从上级的行政原则和经济服从政治的政治原则，算政治账多，算经济账少。在国有企业，为了社会稳定，既是人浮于事，也不会做出裁员的决定。

不仅如此，做许多决策时政府与企业的态度是迥然不同的。盈利时政府不享受利润，亏损时政府也不承担损失，政府抱的是不哭的孩子，因此在做决策时很可能出现道德风险，以不负责任的态度做决策，导致企业亏损甚至倒闭。企业是一个自负盈亏的组织，它对自己做出的每一项决策都承担着责任，因此，它的每一项决策都是围绕着收益最大化和成本最小化的目标做出的，如果做出了一项能够使收益大而没有大、能够使成本小而没有小的决策，那将是割自己的肉。

综上所述，回答和解决这三个基本的经济问题只能靠市场，做出这些决策的人只能是消费者或生产者。生产什么物品和劳务，生产多少物品和劳务，取决于消费者的消费偏好和生产者的成本高低（或技术优势）。消费者购买哪种物品，哪种物品的需求就会增加，在其他条件不变时，这种物品的价格就会上升，从而就会引导企业生产这种物品。相反，消费者不需要的物品，其需求减少，价格必定下降，当价格下降到成本以下，企业便不再生产此种物品。决定应该生产什么和生产多少的关键因素是市场价格。怎样生产，用什么方式方法生产，则取决于企业之间的技术、价格竞争以及一个社会所面临的要素禀赋。在物品与劳务的卖价不变时，为了获得低成本和高质量的产品，以在市场竞争中保持优势，得到更多利润，企业要时刻关注自己的效率。选择一个恰当的生产方式，成本才能最低，效率才能最高，才能在同行业的竞争中立于不败之地。在短期，企业需要按照边际产量递减规律决定可变因素的投入量；在长期，企业需要按照规模经济规律，寻找多种投入要素的最优组合进行生产。企业是否需要用机器人替代工人？是否需要采用一种新材料？是否需要引进一套新设备？是否需要生产一种新产品？是否需要招聘一些员工？所有这些问题，不同的企业有不同的答案，一个企业在不同的时期有不同的答案，只有让企业自己决策才会有一个最佳的解决办法。

　　市场的功能是配置资源。从供给侧看，资源配置主要是在两个层面上进行的，一个是在社会不同的行业之间，资源应该被配置到哪一个行业中；另一个是在行业内部，在同一个行业中，资源应该被配置到哪一个企业中。在市场中，谁来做配置工作呢？探究价格之后的"资源配置工作者"，我们会发现，是消费者和企业，当然，归根结底是市场价格。

　　在行业之间，具体说，消费者更加偏好哪一种物品或劳务，更多的资源便潮水般地涌到生产这种物品或劳务的行业中。如果消费者更偏好于听音乐而不是看球赛，不是喝可乐，不是吃香蕉，不是旅游，那么，对歌唱家的需求就会增加，歌唱家举办的音乐会的门票价格便会上涨，代表资源的货币便会更多地拥抱歌唱家，而体育运动员、可乐厂家、香蕉从种植到运输和出售链条上的农民、商家以及与旅游有关的景点、导游、运输业等得到的货币便会减少，货币在演唱业中的增加和在其他行业中的减少意味着更多的人选择做歌唱家，而球类运动员、可乐企业中的员工、香蕉从种植到销售链条上的从业人员以及投入到旅游行业中的人员将会减少。

财政部长楼继伟在一次讲话中说："2014年，我国粮食生产1.2万亿斤，但各级财政大量补贴，是一种从种子到餐桌的全程补贴。补贴干预了资源配置。比如说，东北应该是漫山遍野大豆高粱，但是补贴后的玉米成本是6毛钱，国家再按八九毛钱收购，相当于再补贴，所以农民都改种玉米。但玉米市场价格人为抬高，玉米加工企业大量亏损，又在争取国家补贴，于是补贴变成指导资源配置。我们应该减少对价格的干预性补贴，可以对勉强耕作的农地退耕还林、还草、还湿等生态恢复的活动给予补贴，而对农业生产应回到承包制时的种什么、怎么种、怎么卖、怎么用由农民自己决策。现在的做法就是国家用所谓的经济杠杆直接配置资源，而不是市场配置资源，国家作为补充。怎么办呢？就是把价格放开，让农民根据比较效益自主决策。"

（http：//mp.weixin.qq.com/s?＿＿biz＝MjM5MzAzODkxMA＝＝&mid＝400468408&idx＝1&sn＝29e8faf89d4c6e789fef30de02dcfb78&scene＝23&srcid＝1111FfPgedb8QVCgLKwgC8eB#rd）

在许多情况下，政府的动机诚然是好的，但效果却未必好。政府补助不仅扭曲了产业结构，也是对市场主体决策的一种干预。

如果更多的人偏好吃牛肉，那么，牛肉的需求增加，价格上升，更多资源被配置到养牛生产企业，而养猪、养羊的企业则得到的资源减少，规模缩小。因此，资源应该被配置到哪个行业，要由市场决定，由千百万消费者用货币决策，而不宜由政府决策，政府主导的产业发展政策，很有可能导致资源错配和经济结构扭曲。如果政府给养猪户补贴，或者把若干土地无偿划拨给养猪户用于养猪，那么，猪肉市场将供大于求，而牛肉市场则供不应求，猪肉的价格会走低，牛肉的价格将上涨，这种结果与消费者的需求南辕北辙。

猪肉价格走低，一部分得不到政府补助和扶持的小规模养猪户将无法维持生产，走向破产；一部分大规模养猪场由于得到了政府的补贴，可以得到利润，发展壮大。政府的产业政策在这里不仅导致产业结构扭曲，不能满足消费者的需求，而且人为地使强者更强，弱者更弱，失去了公平，是不符合道德原则的。这里还没有涉及官员的腐败问题，如果管理补助金分配的官员由于拥有权力而产生腐败，那么资源配置的效率更低，产业扶助政策的副作用更大。腐败成本是政府做出相关决策时应该考虑的一项成本。

在行业内部各个企业之间，有些企业发展壮大起来了，有些企业萎缩倒闭了，这也是资源配置的结果。那些管理好的企业，一方面由于产品设计、质量、性能、服务好，产品售价高，另一方面单位产品中消耗的资源少即成本低，这样使得管理好的企业获得的利润多。相反，那些管理差的企业产品的售价低，成本高，便要退出市场。管理好的企业得到发展，管理不好的企业走向萎缩、倒闭，这也是资源配置效率的一种体现。有了政府补贴，那些僵尸企业就会长期在市场上损耗社会资源，同时效率高的企业也得不到发展。

无论从资源在行业之间的配置看，还是从资源在企业之间的配置看，资源配置的决策权都应该是消费者或生产者。只有消费者和生产者拥有决策权，才能更好地配置资源，才能导致一个好的经济结构，才能使市场经济体制更好地运行。

依靠消费者的选择社会才能将稀缺资源用于最重要的用途，在这个意义上，我们也可以说消费者是上帝（企业说消费者是上帝，是在另外一层意义上说的）。依靠消费者这个上帝配置资源，资源配置才是有效的；反过来说，资源配置有效才能满足消费者的需求，满足了消费者的需求整个社会的福利才能最大化，生产的目的也才能最终达到。消费者用货币选择一个社会生产什么、生产多少，比政府官员坐在办公室里凭空做出的决策其真理性成分更多。

虽然美国著名经济学家萨缪尔森在他的《经济学》一书中曾讲过"合成谬误"的问题，即对局部来说是正确的东西，对总体来说则不一定正确，总体不等于局部之和；个体相互作用时，整体行为往往能与个体行为的结果大相径庭。但在理解每个消费者用货币选择构成整个市场选择时，却不会发生这种"合成谬误"。恰恰相反，把单个消费者的需求或生产者的供给相加，就是整个市场的需求与供给。单个消费者或生产者的行为都或多或少地影响着整体市场的需求与供给。只要单个市场主体的选择行为是正确的，那么，整体市场的选择行为就是正确的，用市场方法配置资源就是有效的。

真理是主观与客观的统一，是认识与实践的统一，是主体对客体的正确反映。为什么人们会犯主观主义的错误？归根到底是因为主观与客观不相一致，认识与实践脱离。怎样才能避免犯错误？对于一个人来说，就是要参与实践，不断地修正认识与实践的偏差。对于一个群体来说，则要尽可能地下放决策权，该由下级决策的事情交由下级决策，上级不要横插一杠，不要包办代替。既是非由上级决策不可的事情，一方面，上级要深入调查研究，掌握第一手资料，真正地把自己的主观认识与客观实际统一起来；另一方面，其决策也要尽量地照顾到各个方面的特殊情况，"留有余地"，保持弹性，具有一定的概括度即抽象性，使下级在执行过程中能够与实际情况相结合，允许下级补充、完善、修改上级的决策，允许下级把这个抽象的决策与自己具体的东西结合起来。为什么决策尽可能地交由下级做出会相对地更加正确呢？因为下级是一线的实践者或最接近一线的实践者，他们最接地气，他们的工作离"客观实际"最近，他们与上级领导相比较更加了解实际情况，更加能够切身感受到最底层群众的需求。领导科学中关于决策的一个原则就是，应该由下级做出的决策交由下级做出，应该由上级做出的上级做出，不能越俎代庖。

为什么过去我们搞计划经济时经常犯影响全国的大错误？原因是多方面的，其中一个原因就是决策过于集中，中央做出的一些决策符合了一些地方的情况，但不符合另一些地方的情况，被迫执行时，就可能出现错误。

自然经济时的经济决策是各个家庭做出的，我们实行了计划经济之后，决策交由政府做出，改革开放实行市场经济体制后决策重新交由市场主体做出，我们似乎经历了一次否定之否定的过程。

新闻大家范敬宜有一句名言："离基层越近，离真理越近。"套用这句名言，可以说一项决策"离群众越近，离真理越近"，也可以说经济决策"离市场越近，离真理越近"。微观经济决策由市场主体做出不仅决策的真理性更多，而且需要改变时也能够在第一时间敏锐地感受到市场的动态变化，及时做出新的决策，调整自己的行为，发挥出自己的比较优势，显示出资源配置效率。由市场主体自己做出自己的决策，既是有时出现错误，其影响面也是局部的、暂时的、微小的。

以上分析给我们的启示是，市场能够解决的问题，尽量让市场解决，让消费者和生产者自主做出决策。市场解决不了的问题，需要政府解决的，政府再做出决策予以解决，如产权保护问题、污染治理问题等。让消费者和生产者自主做出决策，这是市场在资源配置中发挥决定性作用的前提条件，也是发展方式转型最基本的要求。

第二章 转型中应该关注的几个问题

一、技术进步对经济增长的促进作用分析

由于长期坚持市场经济走向而被理论界称为"吴市场"的我国著名经济学家吴敬琏先生曾指出，技术和制度是驱动经济增长的两个轮子，一语点明了技术在经济增长中的作用。诺贝尔经济学奖获得者萨缪尔森指出，无论穷国还是富国，经济增长的发动机必定安装在相同的四个轮子上，这四个轮子就是人力资源、自然资源、资本、技术变革和创新。其中，技术变革及其创新与前面三项相比，占有十分重要的地位，这一点可从总生产函数中看出：$Q = AF(K, L, R)$。在公式中，Q 表示一国总产出，A 表示技术发挥的作用，K 表示投入的资本发挥的作用，L 表示劳动发挥的作用，R 表示投入的自然资源。总生产函数说明，随着资本、劳动和自然资源投入的增加，总产出也会增加，但会出现收益递减现象；技术一项的作用是，在其他要素投入相同的条件下，随着技术水平的提高，产出会增加，或者，在其他要素投入增加的情况下，技术进步可消除收益递减现象，使产出成倍地增加。

在西方经济学中，技术或技术进步不仅包括生产设备的更新、生产工艺和方法的完善、劳动者素质的提高、管理制度的改善和管理水平的提高，而且包括采用新的组织与管理方法、改善资源的配置方式及制度变迁等等，它可以使各种生产要素使用效率得以提高。在产出的增长中扣除劳动力和资本等的新投入因素后，就是技术进步影响的结果。当产出的增长率大于投入要素的增长率时，即

单位投入量对产出量的贡献增大时，就发生了技术进步。技术进步包括硬件和软件两大部分，其中，硬件部分是指以机器设备为代表的人类技术的沉淀物，是物化的技术，这种技术水平的高低来源于研究和开发（R&D）部门的新设计、新发明等；软件部分则是指从事教育、研发及产品生产中的人力资本，包括劳动者的素质和技能等，它体现了劳动者从事生产和管理的效率水平，来源于教育和培训。当然，技术进步的硬件部分与软件部分是密不可分的，它们共同促进了生产的高效率，推动经济的增长。

宏观经济学把一个国家的经济增长定义为国民产出的增加或人均产出的增加。按照美国经济学家库兹涅茨的说法，经济增长一般有六个特征：一是按人口计算的产量的高增长率和人口高增长率；二是生产率本身的增长是迅速的；三是产业变革的速度快；四是社会结构和意识形态的改变；五是经济增长在全世界范围扩大；六是世界经济增长的情况不平衡。经济增长的实现条件，可以分为外延式扩大再生产和内涵式扩大再生产两种。其中外延式扩大再生产主要指依靠要素投入量的增加使生产扩大，劳动和资本要素是生产要素投入的两个重要部分；内涵式扩大再生产主要指依靠提高产品质量和设备的装备水平，改进工艺流程，提高劳动者素质以及加强管理、变迁制度等来达到经济增长的目的，它可以在同样投入的条件下使产出增加，或同样的产出只需较少的投入。显然内涵式扩大再生产的实现主要依靠技术进步，没有技术进步，很难有内涵式扩大再生产，以真正促进经济的增长。

技术进步能够提高资源配置效率，使同样数量的投入要素获得更多的产出，即在资本和劳动等要素不增加的前提下通过生产效率的提升，促进整体产出大幅度增加。技术进步促进经济增长的原理主要表现在以下几个方面：

第一，技术进步使劳动工具不断得到改进，使劳动对象不断得到扩大。一般来说，技术的重大进步主要体现在劳动工具如机器设备等的变化上，譬如，机器设备的性能更加优良，大机器代替了人工劳动，自动化机器代替人工操作机器等。只有技术进步，劳动工具不断改进，才能大大提高产出能力。技术进步扩大劳动对象主要是通过不断发现和创造新的资源来代替旧的濒临枯竭的资源来实现的，如新能源技术、新材料技术、空间技术、海洋技术、生物技术等高新技术使人类的劳动对象日新月异，生活五彩缤纷，从而维持了经济的持续高速增长。同时，技术进步使稀缺资源得到综合、高效和循环利用，不仅提高了单个要素的使用效率，还使各要素集成作用的效率提高，在一定程度上改善了人对自然资源的无限制耗竭性使用，使人类与自然更加和谐。

第二，技术进步改变了各种生产要素的替代关系。资本、劳动和自然资源等生产要素在经济活动中总是按一定的比例、以某种具体形式结合在一起才能形成现实的生产力，而各种生产要素结合的比例及具体形式，从根本上讲是由技术决定的，技术进步能使各生产要素之间形成平滑的替代关系。譬如在一个劳动力相对稀缺的国家和地区，如美国等西方发达国家宜采用节约劳动型技术；而在一个资金相对稀缺的国家和地区，如改革开放后三十年的中国等发展中国家则宜采用节约资本型技术；在一个自然资源相对缺乏的国家和地区，比如日本和我国香港，则宜采用节约资源型技术。总之，技术进步可以改变各种生产要素的替代关系，使得一个国家和地区可以扬长避短，充分发挥比较优势，促进经济增长。

第三，技术进步能促进劳动力质量的提高。人类社会的一切技术进步都是劳动力质量不断改善和提高的结果；反过来，技术进步又会促进劳动力质量的改善和提高，两者相互影响、相互促进、互为因果。前面我们讲过，技术进步包括硬件部分和软件部分，而软件部分的技术进步正是指劳动质量的提高，因为较先进的技术要求劳动力必须具有较高的素质，要求劳动力接受更多的教育和培训。同时，技术的现代化往往与劳动分工的深化密切相关，因而能使劳动者在专门化的劳动中提高技能。再者，技术进步导致劳动时间的节约，相应为劳动力提高教育程度和综合素质提供了必要条件。

第四，技术进步促进了产业结构的调整。在一般情况下，技术进步表现为一种继承和积累的过程，即技术进步的常态是渐进的，但当技术进步积累到一定程度，便会发生质的变化，导致生产技术体系与生产方式发生变革，从而引起产业革命，使产业结构发生剧烈变化。一般地讲，技术进步引起产业结构演变的趋势为：生产要素不断由第一产业向第二产业转移，再由第二产业向第三产业转移；从要素的密集程度来看，由资源密集型、劳动密集型产业向资本密集型产业转移，再由资本密集型产业向技术密集型产业转移。

第五，技术进步提高了管理效率。自然科学和社会科学的发展为管理提供了新的方法和手段。如系统论、信息论和控制论的产生，为人类的管理提供了新的方法；通讯、计算机和交通的发展为各级管理提供了便利的工具，千里之外不再遥远，再复杂的问题也变得比较容易解决了，极大地节约了劳动时间，使管理能力和管理水平能够不断地上到更新台阶。

综上所述，技术进步不断改进劳动工具和扩大劳动对象、改变各种生产要素（资源）的替代关系、促进了劳动力质量的提高、促进了产业结构的调整和管理效率的提高，最终促进了经济增长。

二、对农业生产的研究要从"短期"走向"长期"

与发达国家相比，我国农业生产成本长期偏高，导致种粮农民增收困难，种地积极性下降，大片耕地荒芜，并由此使粮价居高不下，消费者负担加重，工业品成本上涨，进而推动 CPI 不断攀高，多次成为通货膨胀的主要推手。我国农业劳动力成本举世公认低，为什么粮食及其他农作物的成本反而高呢？引起这种高成本的原因是什么呢？我们很需要借助经济学厂商生产理论对此进行剖析。

在经济学厂商生产理论的研究中，存在着短期与长期的区分。微观经济学所指的短期，不是一个具体的时间概念，而是指在诸多生产要素中，至少有一种生产要素的数量是不可改变的时期。例如，在农业生产中，化肥、农机、种子、劳动力等生产要素可以增加或减少但土地这一生产要素的数量不可以改变的时期就为之短期。长期则是指所有的生产要素都是可以调整的时期，在长期中一个企业可以增加或减少任何一种生产要素，可以选择进入一个行业或退出一个行业。在农业生产中，不仅化肥、农机、种子、农药、劳动力等要素的数量可以调整，而且土地等要素的数量也可以调整的时期，则为农业生产的长期。由于不同行业的要素投入不同，所以行业之间短期与长期的时间长短差别很大。一般认为轻工业、食品工业等行业的短期时间较短，而重型工业企业的短期时间较长。但是，如果在农业生产中土地要素不能有效流动，那么，农业生产的短期就是最长的，可达几十年。

为什么要强调短期与长期的区别呢？这是因为制约短期生产与制约长期生产的生产规律不同。在经济学厂商生产理论中，有制约短期生产的短期生产规律，也有长期生产规律。如果一个企业的生产处于短期，它就要受到短期生产规律的制约；如果一个企业的生产处于长期，则可以按长期生产规律办事。

短期生产中的一条重要规律是边际产量递减规律。边际产量是增加一单位要素而增加的产量。这一规律是指在其他要素不变时，连续不断地增加一种要素的投入，产量一开始是随着这种要素的增加而递增的，达到最高值后，便随着这种要素的增加而递减。例如，在农业生产中，当土地数量固定不变时，在一亩地里连续不断地追加劳动，会使产量先增加，而后减少。如果在这一亩地里追加化肥，或者追加灌溉，产量的变化都会呈现出先增后减的规律。

要素的投入构成了生产中的成本。产量的增加幅度大于要素投入的增加幅度时，则平均成本下降；产量增加幅度与要素增加幅度相等时，平均成本保持不变；产量的增加幅度小于要素的增加幅度时，平均成本上升。与边际产量先增后减相对应的是平均成本的先减后增，即在边际产量递增阶段，平均成本在下降；在边际产量达到最高值时，平均成本降到最低值；在边际产量下降阶段，平均成本上升。如果在一亩地里施加若干吨化肥，大部分禾苗可能都被烧死，假设此时的产量为一公斤，则其平均成本会达到极高的水平。

在长期中，情况就不一样了。长期中，所有的生产要素都可以调整，各种生产要素都可以充分地参与生产，两种或多种要素可以实现最优组合，生产者可以选择有效规模进行生产，享受规模经济带来的好处，即在要素投入成本最小时实现产量的最大化。平均成本最低时的产量就处于有效规模上。在一个横轴为产量，纵轴为成本的坐标中，长期平均成本曲线是一个比较偏平的"U"字形，表明产量增加时平均成本缓慢地下降并缓慢地上升。短期平均成本曲线则是陡峭的"U"字形，表明产量增加时平均成本迅速地下降和上升。在短期，企业产量小而不变要素又不能调整时，很可能处于长期平均成本曲线左边下降阶段的某一点上，这一点所代表的企业规模小，成本高。此时，如果要增加产量，只能通过增加可变要素实现，平均成本则沿着短期平均成本曲线迅速上升。在长期，各种生产要素都可以调整，企业扩大规模增加产量时，将会沿着长期平均成本曲线向右下方运动，直到长期平均成本曲线的最低点即有效规模上。在这一过程中，规模扩大，产量增加，成本也不断降低。选择长期平均成本最低处所对应的产量进行生产，能够实现各种生产要素的最优组合，达到投入小而产出大的企业经营目标。

一个生产单位的规模过小不经济，规模过大，超过了既定的生产工具和生产方式的要求，使管理费用居高不下，也不处于有效规模上，也不经济。过去我们实行的人民公社体制下三级所有生产队为基础的超大规模生产单位，是当时以铁犁、铁锹、扁担、牲畜、马或牛车为基本生产工具和畜力、人力为动力的生产方式所不支持的。当时造成规模不经济的原因，一是因为劳动力不能流动，过多的劳动力不能疏散，随着人口的增加，劳动力的边际收益是递减的，很多劳动的边际收益是负值；二是因为生产工具长期没有改进，生产的技术水平长期保持不变；三是因为土地的数量不能调整，从而不能实现生产要素的最优组合。生产队与个体农户相比较，人虽然多了，总产量也增加了，但平均产量却下降了，平均成本上升了，经济处于长期平均成本曲线右边的上升区域。由于不按客观经济规律办事，我们受到了惩罚。改革开放后我们实行联产承包责任制，变生产队大规模生产为家庭小规模生产，同时允许农民从事多种副业，允许农民进城务工，解决了规模不经济的问题。一方面，我们一定要汲取农业合作化时期通过行政手段把各种生产要素强制组合在一起而又长时间不允许调整的教训，另一方面，也要总结改革开放以来允许农民自主经营、允许各种生产要素自由流动组合的经验。

一个行业的有效规模是随着劳动工具以及生产方式的变化而变化的。由于劳动工具和生产方式不同，有效规模也不同。在土地改革之后与农业合作化之前以及实行联产承包责任制之初，由于农业劳动中主要使用的是手工工具、畜力和人力，农民采取的是精耕细作的传统生产方式，当时每户农民耕种几亩地到十几亩地便处于有效规模上。现在，农业生产中普遍采用了收割机、播种机、插秧机、拖拉机、以电脑为代表的智能化设施，甚至采用飞机撒药等大型现代化机器，大面积施用化肥，并且采用了农作物留茬免耕等科学生产方式，极大地提高了劳动生产率，每亩地的单位劳动时间大大减少，出现了规模经济效应。在这种情况下，耕种几亩地或十几亩地已经不处于有效规模状态，也就是说，一个农户再继续耕种几亩地到十几亩地，平均成本不再是最低水平的。造成成本高的原因，是由于长期以来土地不能有效流转，每一户生产者不能实现劳动、资本和土地的最优组合，生产规模偏小，导致了劳动力和各种机械设备的闲置浪费。

与生产规模偏小相联系的是农民的"兼业化",一人从事两种或多种工作。经济学比较优势原理告诉我们,一个人从事自己机会成本低、具有比较优势的工作,才有经济效率。从宏观上讲,一个社会只有实行高度社会分工和专业化生产,才能提高劳动生产率。机会成本是指一个人在从事一项工作时所放弃的另一项工作。一个人在从事多项工作时,只有一项工作是机会成本最低的工作,其他几项工作则是机会成本高的工作。一个农民既种地,又出去打工,或者从事养殖业、商业、运输业等,必然使费用增加,效率降低,成本上升,收益减少。例如,一个家在北方的农民,在农闲时间到南方如到深圳打工,在农忙时又回到家乡收割播种,仅来回路费就是一笔不小的开支,更不要说中间放弃农作物管理以及放弃工厂生产所造成的损失。如果我们增加一个农户的土地数量,使其在适度规模上生产,并同时放弃其他各项"副业",则能够使其生产成本沿着长期平均成本曲线从左边较高位置移动到中间的较低位置上,降低单位产量的平均成本。

要使一个农业生产单位实现要素最优组合,在最低成本的有效规模上生产,使其全部时间从事自己最擅长的那项工作,发挥出最大的比较优势,就要允许各种生产要素自由流动。在目前的农业生产中,要允许并鼓励土地流转,使农业生产由"短期"走向"长期",使小规模分散的传统农业走向大规模集约化的现代农业。当我们做到这一点时,既能够降低粮食生产成本从而控制粮食价格刚性上涨,又能够从根本上解决农民收入低的问题,同时还不会加重政府财政负担。走完从小规模的传统农业生产方式到现代农业生产方式这一过程,我们会遇到很多困难和挑战,如失地农民的就业问题等,但只有坚定地走下去,我们才有希望,才能突破由农业生产成本增高、粮食不断涨价和农民增收困难这几个方面对我们形成的夹击,才能做好建设社会主义新农村这篇大文章。

据经济学家研究，我国已经出现了延续三十多年人口红利的消失、劳动力短缺问题，这也就是"刘易斯第一拐点"的来临。

1987年诺贝尔经济学奖获得者威廉·阿瑟·刘易斯在分析城乡二元经济时认为，在一国经济由农业经济向现代经济转变之前，传统农业部门存在有大量剩余劳动力，劳动的边际生产力为零甚至为负数。经济发展过程是现代工业部门相对传统农业部门的扩张过程，这一扩张过程将一直持续到把沉积在传统农业部门中的剩余劳动力全部转移干净，直至出现一个城乡一体化的劳动力市场时为止。这一过程可分为三个阶段，一是劳动力剩余阶段，在这一阶段，由于劳动力的供给为无限，供给曲线具有完全弹性，农民工工资取决于维持生活所必需的生活资料的价值。二是劳动力出现短缺，劳动的供求关系发生变化，农民工工资率开始上升，如果不涨工资就招不到人，就会出现民工荒。在这一阶段，随着农业劳动生产率的提高，农业中继续产生出剩余劳动力，农业人口还将不断向工业转移。三是农业部门已无剩余劳动力可以转移，形成了城乡统一的劳动市场，农业部门与工业部门的工资相一致，工资取决于劳动的边际生产力。所谓"刘易斯第一拐点"是指第一阶段与第二阶段的连接点。第二阶段与第三阶段的连接点则为刘易斯第二拐点。在刘易斯拐点来临的时候，研究我国农业生产从短期到长期的转变，更有其必要性。

三、税收结构转型是发展方式转型的重要条件

（一）

发展方式转型就是要从投资拉动转变为消费驱动。要使经济成为消费驱动型经济，一个必备的条件是缩小收入分配差距，否则，财富集中在少数富人手中，消费率不会提高。

为什么财富集中在少数富人手里社会的消费率不会提高呢？这

是因为，消费是人们的消费欲望与支付能力的统一，两者缺一不可。富人虽然有钱，有支付能力，但在一个社会中是少数，他们的基本消费欲望早已得到了满足，边际消费倾向低，即新增一元收入中用于消费的部分很小，因此仅靠富人消费是拉动不了经济的。穷人有消费欲望，穷人的边际消费倾向高，即穷人新增一元收入用于消费的部分大，但穷人收入少，收入增加的也缓慢，没有多少支付能力。在一个中产阶层没有发展起来的社会中，即不是两头小中间大的社会里，穷人的人数占了很大的比重，要靠消费拉动经济，必须增加穷人的收入。即使两头小中间大的社会，穷人的人数占的比重不大，但从讲公平的道德出发，也应该高度关注穷人这些弱势群体的收入和民生问题，缩小收入和财产差距，使穷人不仅具备基本的生活生存条件，而且具备进一步发展的条件，阻断贫穷代际相传的渠道。

在此我们研究税收结构转型与发展方式转型的关系问题，即如何通过税收结构的调整改变目前收入分配差距过大、两极分化严重的问题，从而为发展方式转型创造条件。

借鉴发达国家经验，为适应发展方式转型，税收结构应该由间接税为主转变为直接税为主，由累退税为主转变为累进税为主，使低收入者少纳税或不纳税，让高收入者多纳税。高收入者的边际消费倾向低，他们多纳税后对社会的消费没有什么影响；低收入者的边际消费倾向高，减少纳税后整个社会的消费率便能够提高。

累进税是随着征税对象数额增大而税率提高的一种税收。累进税率的确定是把征税对象的数额划分等级再规定不同等级的税率。征税对象数额越大的等级，税率越高。采用累进税率时，表现为税额增长速度大于征税对象数量的增长速度。累退税与累进税相反。累退税率，亦称"累减税率"、"逆进税率"，指随课税对象数额的增大，而税率逐级降低的税率制度。这种税率的特点是，课税对象数量越大，税率越低；课税对象数量越小，税率越高。

我国目前的税收结构开始于1994年的税制改革。

在计划经济时期我国的主要经济成分是国有企业，国有企业由政府统一经营，统收统支，企业产生利润后国家将其收回，产生亏损后政府补贴，不存在"税"的问题。改革开放后经济成分多元化，为了给国有企业松绑放权，调动其积极性，也是为了适应经济成分多元化的变化，20世纪80年代国有企业实行了"利改税"，即由上缴利润改为征收所得税。征收企业所得税后费用难以控制，有些企业虚报费用，侵蚀利润，使得税收的征管难以保证，出现了"两个比重过低"，即财政收入占GDP比重过低，中央财政收入占全国财政收入比重过低。两个过低带来了财政政策的宏观调控能力脆弱问题，亟须进行税制改革，加大财税调控力度。1992年10月党的十四大确立了社会主义市场经济目标后，随着经济体制由计划经济向市场经济全面转轨，要求税制也要做全面改革。1994年建立的流转税体系，初步搭建了适应市场经济要求的税制框架，一直延续至今。

目前我国的税收以增值税、营业税和消费税等间接税种为主，2012年，这三大税种所占份额分别为39.8%、15.6%和9.0%。2013年，全国税收总额为110530.70亿元，其中增值税、消费税、营业税、关税、城市维护建设税等（总称"商品课税"）为74479.80亿元，剔除出口退税后为63960.95亿元，占57.87%；个人所得税、企业所得税、土地增值税等（总称"所得课税"）为32252.64亿元，占29.18%；资源财产税为14316.38亿元，占12.95%。

增值税、营业税与消费税都是一种累退税。这三种税体现了税收的效率原则，即征税的成本低，因为它是通过生产环节和销售环节等征收的，针对的是工商企业或交易个人，便于税收征管。但这些税收有失公平，因为增值税、营业税和消费税都是累退税，收入越高承担的税率越低，相反，低收入群体面对的税率却很高。

增值税、营业税与消费税也都是间接税。间接税隐含在价格里面，通过销售渠道征收，其归宿虽然可以通过消费价格弹性和收入价格弹性在消费者和生产者之间摆动，但随着生产者的竞争加剧，超额利润消失，生产者仅得到平均利润率时，间接税最终是由消费者承担的。因此，富人并没有因为富而更多地为国家纳税；穷人因为有比较固定的消费行为，也并没有因为穷而少纳税。由于穷人在整个社会人口中占的比重大，穷人缴纳税收后，穷人的消费行为就减少了，穷人消费行为减少后，社会整体的消费率降低了。

（二）

媒体有过多次报道，外国尤其像美国等发达国家的消费品价格要比中国的价格低，一些出国旅游者带回来很多中国生产的出口品，造成物品的逆向流动，原因除了在出口环节上流转税如增值税、消费税等在内的占价格将近50%的税会退掉，还在于美国等国的间接税（也叫价内税）少。加在物品价格中的税少，物品的价格也就相对较低。据研究税收的专家估算，中国所销售的商品中所含的税是美国的4.173倍，是日本的3.17倍，是欧盟15国的3.33倍。在中国，100元的女性化妆品中，就有14.53元的增值税，25.64元的消费税，还有4.02元的城建税，再加上生产和运输环节上的税收及费收，政府税收对女性化妆品的最终价格至少"贡献"了50%以上。在美国超市沃尔玛买到的中国大陆生产的质量不错的登山鞋，一双价格只要2.99美元，在中国"三百元人民币买的还是烂牌子，好一点的都要一千多元。"在中国生产的levis牛仔裤在中国商场大多要卖到上千元一条，而在美国levis的官方网站上大部分价格都在50美元左右，低的只要35美元，高的也不超过80美元，价格只有不到国内的一半。当然，看一个地方的物价要看物价整体。美国的衣服、食品等物品比中国便宜，但由于劳务费用高，服务性物品的价格就比中国高了。

在美国的税收中，直接税占了绝对大头。为适应发展方式转型，美国早在20世纪初就实行了税收结构调整。

1781年至1787年，美国独立后的13个州组成邦联国会，还没有征税权，只是部分州对有些船舶征收吨税或限制关税，在全国财政收入中，税收比重极低。1787年，美国制定新宪法，规定联邦政府享有独立征税权，当时把关税作为联邦的主要收入来源，此外还有少量的消费税和直接税。联邦之外，各州政府主要课征财产税和人头税等。19世纪中后期至20世纪初，消费税比重急剧上升，1902年消费税占联邦税收总额的95%，关税退居次要地位。

1913年，美国修改后的宪法赋予联邦政府所得税征税权，美国税收开始由消费税为主向所得税为主转变，随后所得税法几经修改，所得税收入增加很快。1995年，联邦政府的总收入是13510亿美元，其中个人所得税收入占44%，是联邦政府最大税收来源；具有所得课税性质的社会保险税（即工薪税）收入占36%，是联邦政府的第二大税种，1950年该税种在联邦总税收中的比重约占10%，随后一直在上升；公司所得税占12%，自1950年以来该税种一直呈现下降趋势；剩下的约8%为销售税和其他税种。这种税收结构说明在美国主体税收是三种所得税。联邦政府税收约占全美税收总额的66%。

州与地方政府收取的税收占美国总税收的36%。1992年，州与地方政府的总收入是9730亿美元。20世纪90年代州与地方政府最主要的税是销售税和财产税，约占州与地方政府总收入的40%，另外还有个人所得税（12%）、公司所得税（2%）、从联邦政府获得的返还税（18%）和其他税（29%）。

综合分析中国与美国的税收结构可知，中国是一个以间接税为主体的国家，增值税和消费税占了很大的比重，而个人所得税因人均收入水平低、征收管理水平有限、征税成本高等原因一直没有成为主要税种。在个人所得税中，向工薪阶层征收的多，而对高收入阶层却遗漏的多。美国是一个以直接税为主体的国家，没有征收过增值税，消费税占的比重很小。中国的税收主要来自于企业，美国的税收主要来自于个人。中国的税收是一种累退税，美国的税收是累进税。中国税收更多地体现着征税的效率，美国税收则体现着公平。这是资本主义的美国为什么比社会主义的中国基尼系数还要低的主要原因，也是美国的消费率能够维持在80%左右的原因。

从美国的经验看，加大个人所得税，减少消费税，包括增值税，可以减少储蓄，增加消费，并缩小社会贫富差距。因此，转变税收结构，是转变经济发展方式的一项重要措施。

（三）

我们再来看英国。英国是完成现代化较早的国家，税收制度和社会福利比较完善，税收制度和社会福利在调节收入分配方面发挥着重要作用，其一系列操作办法对西方福利国家相关政策的形成产生过重大影响。17世纪前，英国税制以原始的直接税为主体，并辅之以某些单项消费税和其他税收。17世纪和18世纪盛行消费税，18世纪末即1799年首创所得税后，税制结构发生变化，到第二次世界大战后，直接税收入已占税收收入总额的56%左右，形成以直接税为主体的税制体系。1973年英国加入欧洲共同体后开始征收增值税，间接税比重上升，但仍以直接税为主。1975年开始征收石油收入税，1976年对土地资源取得的收益或在土地所有权转移中取得的收益课征土地开发税，到1990年在中央税收中直接税占到了65.86%，属于间接税性质的国内货物及劳务税占34.14%。其中，个人所得税占30.21%，纳税人口占自立人口的80%以上，公司所得税占12.09%，社会保险税占20.63%，财产税占2.78%。

（四）

日本作为一个发达国家，现在的税收结构也是以直接税为主的。1868年明治维新之前，日本税收制度以土地税为主，土地税收入占税收总收入的80%以上。日本税收制度的形成主要借鉴了西方发达国家的制度，在经历了明治维新和第二次世界大战后，逐渐形成了以个人所得税和法人所得税为中心的直接税体系。到1941年，日本直接税收入占到全部税收收入的64%。在日本税收制度的发展中，1949年美国哥伦比亚大学教授夏普率美国税收代表团到日本，调查日本税制存在的问题和改革方案，于1949年和1950年两次提出《日本税制报告书》即《夏普劝告》，要点是，在基本税制中加强推行直接税，建立以所得税为主体的税收体系。日本现行税制中共有53个税种，主要的有个人所得税、企业所得税、消费税、遗产和赠与税、社会保障税以及一些特殊商品的税如地价、酒、烟、挥发油、地方道路、石油天然气、汽车重量等。个人所得税是根据利息所得、分红所得、不动产所得、薪金所得、退职所得、事业所得、转让所得、山林所得等等征收。根据《夏普劝告》建立起来的"夏普税制"是以所得税为主体的现代税制，这个税制与美国的税制接近。

世界各国税制结构总的情况，一是大部分高收入国家以所得税为主体税种，在所得税中又以个人所得税为主；中等收入国家所得税和流转税并重，所得税略小于流转税；低收入国家则以流转税为主体税种。二是经济发展水平越高的国家，个人收入水平和企业利润率越高，因此所得税在整个税收收入中所占的比重越大。三是20世纪90年代以来，随着各国经济发展水平、税收征收管理水平的进一步提高，中等和低收入国家所得税占总税收比重一直呈上升趋势。

借鉴国际经验可知，在我国社会面临经济发展方式转型的时候，亟须改变目前的税收结构。十八届三中全会通过的《中共中央关于全面深化改革若干重大问题的决定》中指出，要完善税收制度，深化税收制度改革，逐步提高直接税比重。

（五）

直接税较符合现代税法税负公平原则。衡量税负公平的原则有受益原则和能力纳税原则。

受益原则是说应该根据人们从政府服务中得到的利益多少来纳税，得利多者多纳税，得利少者少纳税。公路收费或汽油税可能就是根据这一原则设立的。一般来说富人从政府服务中得到的利益多，因为富人的财产多，从警察处得到保护的收益大，所以应该多纳税。

能力纳税原则是说纳税能力大者多纳税，能力小者少纳税。纳税能力的大小主要是根据所得和财产衡量。所得多者和财产多者纳税能力强，应该多纳税。所得少者，说明税负能力弱，应规定较轻的税收负担，或者不纳税，处于贫困阶层者还应该得到政府的转移支付。一个富者纳一万元税可能是轻而易举的事，九牛拔一毛的事，不影响购买豪华汽车，不影响继续在赌场赌博，更不影响日常生活；一个穷者可能纳一千元税就要影响孩子的上学，或者说一千元在他们的生活中是极为重要的，需要省吃俭用细水长流地积攒，也就是说要做出大的牺牲才能拿出一千元。能力纳税原则对于社会财富的再分配和社会保障的实施具有特殊的调节职能，从而能够促进发展方式转型。

为什么说直接税符合税负公平的原则？原因有下面几点：一是直接税的纳税人较难转嫁其税负；二是直接税税率采用累进结构，根据私人所得和财产的多少决定其负担水平；三是直接税中的个人所得税，其征税标准的计算，可以根据纳税人本人及家庭等的生活状况设置各种扣除制度以及负所得税制度等，使个人的基本生存权利得到保障。"负所得税"制度是指对那些贫困家庭，不仅不向其征税，政府还要对其进行转移支付，使其具备社会最低生活条件。

当然，征税除了要讲公平原则，同时还要讲效率原则。征税的效率原则是指在等量税收时付出的征收和纳税成本更低，或者说在征收和纳税成本不变时获得了更多的税收收入。纳税的成本除了税收本身以外，还有无谓损失和纳税人为依法纳税而付出的管理成本；征税成本就是税务部门为征税所付出的成本。

管理成本就是纳税人为纳税而花费的时间和费用，如要配置专人到税务部门办理纳税、为应付税务部门检查花费时间精力等。

税收的无谓损失是指向商品课税时引起了商品价格的上升，造成了销售量减少、市场规模收缩的一种情况。当销售量减少、市场规模收缩时，生产者的福利和消费者的福利减少了，而且，减少的量大于政府得到的税收收入，两者之间的差额，即生产者福利和消费者福利，也就是社会总福利减少的总额与政府税收之间的差额，就是无谓损失。其中的生产者福利就是卖价与生产成本的差额，即企业利润；消费者福利则是消费者对该种物品的评价与购买价格之间的差额。消费者对一种物品的评价总是大于或等于该物品的价格，否则将不会购买。这两种福利之和就是社会总福利。无谓损失比较容易产生在商品课税上，即间接税上。由于直接税对消费者购买生活品的行为影响不大，故而征收直接税所产生的无谓损失小，从这个意义上来说，征收直接税的成本较低，是符合税收效率原则的。

不过，征收直接税的阻力大，容易发生逃税、漏税，税收损失较大，再加上征收方法复杂，成本也是不小的，只是这种成本是由税务部门承担的。但税务部门不生产价值，它所承担的成本归根结底是要从纳税人腰包里出的。谈到由于税收的征收困难而产生的成本问题，就涉及一个社会的纳税意识问题，而纳税意识问题又与财政的支出、税法的民主制定、纳税人的权利保障以及整个社会的道德文明程度包括信用程度有关。这些问题这里难以一一论及。

四、调整税收结构与消除两极分化漫谈

（一）

我国自1994年开始实行的以增值税等间接税为主体的税收结构已经产生了"马太效应"，即穷的越穷，富的越富。因为间接税是一种累退税，收入越高者面对的税率越低，收入越低者面对的税率越高。征收间接税虽然在一定意义上符合税收的效率原则，但失去了公

平原则，同时产生出的无谓损失也使效率原则大打折扣。关于目前的税收结构引起的马太效应可以从家庭财产的基尼系数和居民收入的基尼系数看出。

国际上衡量一个社会收入差距的指标是基尼系数。据北京大学中国社会科学调查中心发布的《中国民生发展报告 2014》指出，1995 年我国家庭财产的基尼系数为 0.45，2002 年为 0.55，2012 年我国家庭净财产的基尼系数达到 0.73，顶端 1% 的家庭占有全国三分之一以上的财产，底端 25% 的家庭拥有的财产总量仅在 1% 左右，表明中国的财产不平等程度在迅速升高。中国的财产不平等程度明显高于收入不平等。城乡差异和区域差异等结构性因素是造成中国财产不平等的重要原因，税收结构也是其不可忽视的一个因素。

另据国家统计局局长马建堂 2013 年 1 月 18 日上午在 2012 年国民经济运行情况新闻发布会上所公布的从 2003 年到 2012 年的中国居民收入基尼系数称，2003 年中国居民收入基尼系数是 0.479，2004 年 0.473，2005 年 0.485，2006 年 0.487，2007 年 0.484，2008 年 0.491，2009 年 0.490，2010 年 0.481，2011 年 0.477，2012 年 0.474。国家统计局发布的全国最早的基尼系数是 2000 年的 0.412。十几年来，中国居民收入基尼系数均高于 0.4。

主要发达国家的居民收入基尼指数一般都在 0.24 到 0.36 之间。按照联合国规定，居民收入基尼系数小于 0.2 表示绝对平等，在 0.2 ~0.3 之间为基本平等，在 0.3~0.4 之间属于合理状态，在 0.4~0.5 之间为收入差距过大，0.5~0.6 表示收入差距悬殊。一般把 0.4 作为社会的警戒线，超过 0.4 时因收入差距过大发生动乱的可能性大，社会处于不稳定期。

中国近些年来穷人与富人，特别是百姓与某些官员或某些地方官府之间的冲突不断，其原因除了腐败外就是贫富差距过大。贫富差距、两极分化已到了严重影响经济社会正常发展的地步，研究采取什么措施消除两极分化越来越显得必要且重要。

因此，调整我国的税收结构以消除日趋严重的两极分化，并降低储蓄率、提高消费率，改变投资与消费的结构，应该被提上议事日程。

（二）

今天在共产党执政的中国，消除两极分化当然不能使用暴力方式，不能采取革命式的剥夺方式，而应与国际接轨，采取当今社会合法合理各方都可以接受的措施，即利用税收对个人收入进行调节。

原始共产主义社会解体之后的任何社会都会出现两极分化。为了使每一个社会成员都能够生活下去，每一个社会都需要"劫富济贫"。劫富济贫无可厚非，问题仅在于方法，是在社会体制内"劫富济贫"呢，还是在社会体制外"劫富济贫"？如果一个社会在自身体制内不能"劫富济贫"，那么在体制外"劫富济贫"就是合理的，如农民起义，如我们共产党人进行的革命，我们分田地打土豪等。实行市场经济的国家都有这样的法律规定：非法占有别人的财产是犯罪。出现这样的法律，是以体制内有"劫富济贫"的机制为前提条件的，否则，这样的法律包括制定这种法律的国家机器都应该被推翻，被打倒。如果没有这种体制内的"劫富济贫"，当一个社会两极分化严重威胁到这个社会的存在时，就需要通过革命的手段从体制外剥夺剥夺者了。剥夺者是否需要通过革命的方式被剥夺，关键看这个条件。剥夺者需要被剥夺的时候，剥夺剥夺者就是合理的。当一个社会实行了以累进的所得税为主的税收制度和对弱势群体的保障、救助制度时，就表明了这个社会建立了"劫富济贫"的体制内机制，就不需要通过外部革命的方式剥夺剥夺者了。

农民起义实行均贫富的革命，虽然不符合当时封建国家的法，但它符合人类社会的大法，符合人类社会公平正义的最高原则。所以这样说，是因为一个社会必须保障每一个成员都能够活下去。保障每一个成员都能够活下去，就是人类社会的大法，这个大法应该超越于任何阶级国家为保护阶级利益的小法。当生产力落后时，"活下去"的条件是低下的，简单的，基本上满足了维持生命体存在的需要就行。当生产力达到一定水平后，"活下去"的条件也相应要提高，仅仅满足于生命体的存在是不够的，还应该满足他作为一个能够就业的劳动力的需要，即学习、培训、住房等发展需要。

今天，在西方发达国家，特别是在西欧的高福利国家，已经通过税收较好地调节了收入分配，在体制内建立了"劫富济贫"的机制，实现了社会公平。

《道德经》曰："天之道，损有余而补不足；人之道，损不足而补有余"。按照老子的这种说法，几千年来人的行为逆天了。今天，我们应该遵从天道，实行现代社会以所得税为主的体现公平正义的税收制度。

（三）

为什么应该实行更加公平的税收制度呢？不仅因为我们是社会主义国家，追求效率，也追求公平，而且因为我们是历史唯物主义者和辩证唯物主义者，知道富者所以富，固然有其个人奋斗的因素，但更多的是环境的因素，历史的因素。任何个人归根到底都是历史的产物，环境的产物。

一个人为什么在某个时候的某个领域会成功呢？寻找原因，首先因为他（她）是人，而人作为一个"类"，其许许多多的"能力"基因例如建立在大脑高度发达基础上的智慧——分析问题和解决问题的能力，固然有其个人因素，但它首先是一个"类"的成果，是"众人"的成果，是上百万年来人作为类的存在共同奋斗形成的结果。如果某一个人在"人"之外，譬如是猴子或老鼠等某一种动物，那么他（她）就不具备人的脑、躯干、四肢发育的程度，在这种情况下，他（她）即使生活在人类社会中，即使再努力也是不会成功的。因此，单个的人作为种的延续，其成功首先是老祖宗即人"类"的成功。离开了人类历史对人体包括人脑发育的长期积淀，任何个人在当今社会都不会获得如此辉煌的成功。甚至更进一步说，离开了祖祖辈辈、一脉相承的历史，人类社会包括任何个体本身就不存在。没有人作为"类"而祖祖辈辈的奋斗，任何单个个体根本不可能脱离开动物界。

积淀在人身上不同于动物并且高于动物的各种能力，只是人类社会长期发展成果的一个方面。人类社会本身，包括生产力、生产关系、上层建筑以及以文化、制度为代表的意识形态等，也是人类社会长期发展所得到的成果，任何时代的任何单个人的成功，都离不开人类社会的这些成果做基础；甚至任何单个人的失败，追根溯源，都是历史的失败，社会的失败。正是在这个意义上，马克思说，任何犯罪都是社会犯罪。同样道理，任何成功也都是社会的成功。因此，任何人都是历史的产物，时代的产物，任何人都不能够脱离开历史和时代。

其次是因为同时代的人给他造就了成功的环境。一个人如果离开了同时代的人之间的相互联系与作用，也是不会成功的，甚至生存不下去。即使单个人勉强活了几年几十年，也是一无所成的。不仅如此，他（她）还会断子绝孙，即他的如此简单的生存条件在他的下一代身上都难以复制。试想，如果没有当今社会如此发达的分工及其生产率，没有别人提供衣食住行以及生产条件和科学实验条件，没有社会巨大的需求力，有谁能够创造出科技成果？有谁能够生产出刻有时代文明标志的产品？在改革开放前，中国大陆没有几个万元户，富者寥寥，今天，财产上亿元的大户也不计其数。从历史的长河来看，这些人成为富者的原因，是不言而喻的。

鲁滨逊是大家熟知的人物，尽管他来到一个荒岛上过着离群索居的生活，但他也没有完全离开人类社会，因为他赖于生活的粮食包括面包和米、大麦、甘蔗酒、衣服、绳子、锯子、斧子、刀子、甚至磨刀的砂轮、手枪猎枪、火药、子弹，还有写字的笔、纸、墨水等生活、生产用具都是来自于那个他们曾经乘坐的大船上，都是人类社会的产物。还不仅如此，他本人以及与他本人相联系的一切能力都是人类社会提供的。如果他所居住的那个荒岛上盛产黄金，并且极容易开采，因此他拥有了大量的黄金，一旦他重归人类社会变得异常富有，他不应该多纳些税以帮助与他同乘的那条船上死去的那些人的父母和后代吗？那些死去的人的家庭成员正因为家庭中顶梁柱的失去而衣食无着。那些家庭的孩子们因贫穷而辍学，因辍学而成为收入菲薄的简单劳动者。

王文龙认为，由于技术是价值（意为"使用价值"——引者注）创造的主要源泉，"那么人类社会财富依据价值创造来源就可以分为两部分：一部分是历史精英创造的财富，是以生产力方式遗留下来的历史遗产，遵循平均分配原则；另一部分是当代技术精英和管理精英创造的财富，遵循市场分配原则。在这两部分财富中，由于生产力财富是历史纵向积累，人类社会越久积累的历史财富就会越多，其在社会总财富中的比例就会越高。但由于在初次分配领域对历史财富缺乏公平估值，无法对其进行公平分配，当前各国贫富差距都呈现出不断扩大的趋势。因此，制度型再分配被视为实现社会正义的必要手段。"（《人文杂志》2015年第7期。在这里，作者把管理也视作为技术，是按广义解释技术一词的——引者注）

我们再从下面这个故事中研究人与人之间的关系，特别是富人与穷人之间的关系。同一个山村一大一小的两个好伙伴弃妻别子参加了抗日战争，在一次战斗中大哥为了掩护小弟而牺牲了。如果不是为了掩护小弟，大哥是有条件脱离危险的，很有可能直到今天还活着。活着的小弟后来当了将军，解放后在大城市里当了大官，并把妻子和儿女也迁往这个城市生活。改革开放后儿子成为商人，身价亿万。牺牲的那个大哥的妻子和儿子当然一直在那个小山村中居住生活。在一次偶然事故中大哥的儿子成为残疾人，儿子的儿子因贫困也难以完成学业而在家放羊，全家过着温饱线以下的生活。在这种情况下，那个身价亿万的富翁理应多纳些税以帮助那个牺牲了的大哥的儿子和孙子以及所有为中国人民的解放事业做出牺牲的烈士的儿子和孙子。只有这种情形出现，我们的社会才是正义的社会，我们的人民才是具有公德的人民。

故事中两个人及其后代的关系是直接的，其实在一个民族和国家中这样的关系是普遍存在的，只是这些关系处于间接的联系中，不易被人们察觉到罢了。一个家庭是一个利益共同体和命运共同体，一个民族、一个国家也是一个利益共同体和命运共同体，人们之间既存在着你有我无、你多我少的相互排斥、竞争对立的关系，也存在着一脉相连、相辅而生的互为依托、难舍难分的关系，存在着一损俱损、一荣俱荣的相互依赖、共同发展的关系。

以资本为核心的市场经济，天然具有拉大收入差距的特性。以美国为例，2012 年美国处于"金字塔尖 1% 的富人"年收入占据了全国总收入的 19.3%；2009 年到 2012 年间，"最富有的 1%"平均收入增长了 31.4%，而其余 99% 的民众收入仅增长 0.4%。另据英国《卫报》网站 2015 年 10 月 14 日报道，瑞士信贷银行一项调查显示，自 2008 年以来，财富不平等加剧，世界上一半的财富掌握在 1% 的人手中。(《参考消息》2015 年 10 月 15 日，第 4 版) 针对市场在分配方面的失灵，政府难道不应该采取措施纠正吗？

(四)

一个正义且进步的社会应该做到财富和贫穷都不能隔代相传。

贫穷不能隔代相传容易被人理解，财富为什么也不能隔代相传呢？人们可能会猜想到的一个原因是，有些人的财富是靠非法所得的，因此不能隔代相传。有人总结改革开放以来一些人非法所得的种种手段，如 80 年代的官倒，90 年代的国有企业资产流失，以及近二三十年来掌握着各种权力的腐败，还有逃税漏税、巧取豪夺、坑蒙拐骗、设租寻租等等，不一而足。毫无疑问，这些非法所得的财产必须没收，绝不能让犯罪分子逍遥法外，绝不能让腐败分子挥霍人民的财产。不过，我这里还不是指这层意思。

先让我们看下面这些资料。美国有一项资料显示，那些在彩票中赢得5万美元以上的人中，有25%的人在一年内辞职，另有9%的人减少了工作时间。在奖金超过100万美元的人中，几乎有40%的人不再工作。为此，很多富人将遗产捐赠给社会，而不再留给子女，惧怕子女变得懒惰而堕落、退化。美国钢铁大王安德鲁·卡内基说："给儿子留下巨额财产的父母会使儿子的才能和热情大大丧失，而且使他的生活不如没有遗产时那样有用和有价值。"卡内基把自己的巨额财产捐给了慈善机构。美国另一位世界首富比尔·盖茨也把自己的580亿美元捐赠给社会，仅给每个子女留下一千万美元。他说的一句话"再富不能富孩子"被很多富人认为是至理名言。

在中国，孟子曾说，"君子之泽，五世而斩"。老百姓更进一步说，"富不过三代"。为了不致使"五世而斩"或"三代而衰"的厄运出现，有些富人摸索出了"穷养儿子"的经验之谈。只有穷养儿子才能保证"基因永传"，"香火不断"。

为什么人们会因为富有而变得懒惰并进一步走向堕落和灭亡呢？这是一个极其复杂的问题。人作为一种动物如果没有饥饿等生理胁迫可能天生就有惰性问题，同时一个失去了进取精神的社会也可能导致人的惰性产生。另外，经济学原理中所阐述的劳动供给的替代效应和收入效应说明了其中的部分原因。

劳动供给的替代效应是说，劳动是闲暇的机会成本。当一个人的工资增加时，劳动的收益增加了，闲暇的机会成本变高了，闲暇变得更加昂贵了。人们总是做收益大的事情，而不做成本高的事情，因此，工资增加就激励人们用劳动替代闲暇，增加劳动供给量，选择做更长时间的工作，使人们变得勤快。

劳动供给的收入效应是说，高收入（即指工资收入，也包括继承、赠予得到的收入以及偶然因素得到的收入如赢得彩票等）使人们的境况变好，当收入更高境况更好时，人们对所有"物品"的购买都更多了，这些物品包括闲暇。也就是说，人们的财富多了之后，将要购买更多的闲暇，使得工作的时间变少。

　　替代效应和收入效应都对劳动供给产生作用，但他们的作用方向相反。如果替代效应大于收入效应，劳动供给会随着收入的增加而增加；如果收入效应大于替代效应，劳动供给则会随收入的增加而减少。那么，什么时候替代效应大于收入效应？什么时候收入效应又大于替代效应？对这个问题可分两种情况分析。

　　一种情况是对于单个人而言，穷人的替代效应大于收入效应，富人的收入效应大于替代效应。正如我们在上面分析的那样，那些收入高财富多的人收入效应大于替代效应，在面对同样工资的时候，他们往往倾向于享受闲暇而不是工作；穷人的替代效应大于收入效应，在同样的工资水平下，他们比富人愿意用更多时间去工作。"穷养猪富养狗"说的就是这种情况。

　　另一种情况是对于整个社会而言，在经济发展的中早期人均收入还比较低的时候，替代效应大于收入效应，只要多发奖金，人们就愿意加班，现在在很多发展中国家就是这种情况，发达国家的人均收入还比较低的时候也是这种情况。当经济发展到一定阶段，人们的收入水平提高后，该社会的收入效应将大于替代效应，人们更多追求的是闲暇而不是工作，劳动供给减少，资本和技术在经济增长中的作用增大。在西方国家资本原始积累时期，工人一天的劳动时间长达 12 到 16 个小时甚至更长。二战后发达国家一周工作时间由 48 小时缩减到 40 小时再减少到现在的 35 小时，说明了该社会的收入效应已经大于替代效应。在今天的发达国家，很少有人愿意牺牲休息时间而加班工作；在今天的我国，那些官二代、富二代也很少有人愿意再像他们的父辈那样为了不多的工资而干又苦又累的工作。

故因为此，一个正义且进步的社会应该做到财富和贫穷都不能隔代相传。

（五）

站在政府的角度看，如果说不能让财富隔代相传的办法是"取"，即通过征收直接税、累进税（如所得税、遗产税、房地产税、赠与税、社会保险税等）向高收入者多征税，那么，不能让贫穷隔代相传的办法却是"予"。

据学者研究，一股新的"读书无用论"思潮似乎在蔓延；许多农村地区特别是贫困地区的家庭陷入了"越穷越不读书、越不读书越穷的怪圈"（邹薇 郑浩，《贫困家庭的孩子为什么不读书？》，《经济学家》2015 年第 2 期，108 页）。据中国健康与营养调查（中国健康与营养调查是由北卡罗来纳大学人口研究中心、美国国家营养与食物安全研究所和中国疾病与预防控制中心合作开展的调查项目）所提供的数据，农村户各阶段的教育失学率均高于全国平均水平。就初中失学率而言，农村户初中失学率 1989 年、2000 年和 2009 年分别是 31.58%、25.81% 和 2.63%，同期的全国平均水平是 5.87%、3.48% 和 1.38%。同期农村户高中失学率的情况是 42.86%、71.43% 和 36.36%，而同期全国的平均数是 11.98%、12.72% 和 6.98%。农村户大学生的失学率比全国的平均水平更高，也同样是选取 1989 年、2000 年和 2009 年三个年份，失学率分别是 17.39%、65.38% 和 80.00%，同期全国大学生的平均失学率分别是 3.36%、6.62% 和 64.52%。

为什么穷人的孩子不上学呢？换言之，为什么穷人不进行人力资本投资呢？最显而易见的答案是穷人缺少投资的"资本"。进一步分析还会发现，投资教育与投资其他行业一样是有风险的，风险就是就业的不确定性，收益的不确定性，即毕业面临着失业。对于富人来说，这种风险是不存在的，但在穷人眼里，这种风险不仅存在而且会被放大，以至于使其放弃教育投资。"对于初始财富水平较低的家户来说，在教育投资无风险时，由于家贫导致的风险溢价会成为其投资中的一项额外成本，削弱了教育投资的吸引力；在教育投资有风险时，教育的机会成本和未来收益的不确定性会影响教育投资的决策。因此，相对高收入家户来说，风险使得低收入家户更容易放弃让孩子接受教育的机会。"（邹薇 郑浩，《贫困家庭的孩子为什么不读书？》，《经济学家》2015 年第 2 期，108 页）

穷人的孩子不上学，绝不是穷人自己的问题，绝不仅是一个家庭的问题。如果一个社会中有一部分人无知识，被边缘化，不能胜任现代社会的工作和生活，必将拖累整个社会的发展，造成社会的不和谐甚至动乱。同时，这里还有一个经济学中所讲的所谓"外部性"问题，即对旁观者的影响问题，正如一个有教养、有文化的人有正外部性、可以影响他人也追求教养和文化一样，无知、贫穷是有负外部性的，一个不上学的孩子可能会影响另外一个或几个孩子也辍学。因此，政府应对穷人实行"负所得税"制度，即救济他们，使穷人的孩子获得学习和发展的条件，打破贫穷的隔代相传，遏制两极分化。

为了使穷人的孩子能够获得生存和发展的基本权利，我们应该提"再穷不能穷孩子"的口号；对于富人的孩子来说，为了使其养成艰苦奋斗的作风，避免"三代而衰"的不幸厄运，则应提"再富不能富孩子"的口号。

（六）

人们常常用"不患寡而患不均"这句话指责平均主义者不应该仅仅看到收入分配的不均问题，而应该更多关注收入分配的少或财富的少这一问题，用经济学术语讲要更多关注效率，在讲求效率的基础上把经济蛋糕做大后再讲公平。其实，这种认识将"寡"与

"不均"分割开来是不对的，"寡"与"不均"是有联系的，"不均"会造成"寡"者更"寡"。不均意味着多者会更多，少者会更少，两极分化将趋严重。

之所以说"寡"与"不均"有联系，是因为一部分人变得富有之后会提高社会对每一种物品或服务的需求，需求增加，价格必然提高；价格提高，贫穷者更加显得贫穷。例如，在过去人们收入普遍不高的情况下，上学收费很少或者为零，甚至对学生还有补助，如对师范生、农业院校的学生的补助，在这种情况下，富人的孩子能上得起学，穷人的孩子也能上得起学，穷人与富人的差距不大。当人们的收入发生变化时，即一部分人收入增加很快财产增多成为富人，一部分人收入增加缓慢或增加停滞成为穷人，产生两极分化，这时学费根据社会平均收入水平上调，上调后的学费对富人来说负担没有加重，甚至还可能变轻，即学费占家庭可支配收入的比重变小。但上调后的学费对穷人来说变成了一项沉重的负担，学费成为家庭可支配收入中的一大块，甚至比可支配收入还大，很多穷人的孩子因此而上不起学。穷人孩子上不起学，不是因为绝对收入或财富变少，而是因为相对收入或财富变少，即与富人相比较而言的收入或财富变少，也就是收入"不均"带来的后果。不仅如此，富人变富后还可以利用手中的资本获取利润，也就是说成为富人后会有两种收入，即人力资本收入——工资和物质资本、金融资本收入——利润，而穷人仅有人力资本收入——工资。例如，富人可以利用手中的钱投资住宅，一人购几套、几十套住宅，拉大房屋价格，然后在高位上抛售，赚取惊人利润。还有，富人及其子女通过上学可以获得复杂劳动的高人力资本收入，穷人及其孩子受教育时间短，其"人力资本"中的含金量小，获得的收入也就小，仅作为简单劳动者获取较低且没有保障的卖体力收入。

因此，人们之所以"不患寡而患不均"是因为人们善于用联系的观点、发展变化的观点看问题，能够抓住事物的本质，看到

"寡"与"不均"的本质的联系、多方面关系。

当然，经济学家讲效率优先，兼顾公平，是有其道理的，因为经济学家是从宏观经济的角度观察问题的，讲的是一个国家的整体情况。在一个国家还处于发展起始阶段的时候，主要的矛盾是物质的短缺，这时要首先讲效率，把经济的蛋糕做大，在经济发展的基础上，再讲分配的公平问题。我们普通人从自身微观的角度观察问题，看到的是自己面临的处境，渴望得到公平。观察问题的角度不同，结论就有异。不过，据专家预测，2020年或之前，我国GDP即将达到100万亿，人均GDP即将跨入10000美元大关，迈入了发达国家的门槛，到了既要讲效率、又要讲公平的时候了。

五、征收房地产税是帮了穷人还是害了穷人？

房地产税牵动着亿万人的心，官员在关注，百姓也在关注；富人在关注，穷人也在关注。那么，征收房地产税能够缩小收入分配差距还是扩大了收入分配差距？是帮助了穷人还是害了穷人？这是一个大问题，我们的研究首先从介绍有代表性的两种观点开始，然后深入分析房地产市场特点，接下来再从不同的角度分析房地产税与穷人的福利关系。

（一）

据新华网2015年08月05日16:32报道，房地产税法正式列入十二届全国人大常委会立法规划，2017年底前有望获得通过。沸沸扬扬争吵了好几年，并在上海和重庆展开了试点的房地产征税便有可能在通过后的不长时间里实行。该报道还亮出了中国社会科学院城市与竞争力研究中心主任倪鹏飞的观点：房地产税作为未来地方重要税种，在地方组织收入和调节财富分配、抑制房地产市场投机等方面有重要作用，开征势在必行。财政部财政科学研究所所长贾康指出，房地产税具有促使房地产产业供需平衡并增加有效供给、推动地方政府职能转变并加强财源、调节国民收入分配并优化财产配置、提升直接税比重从而减少税收痛苦、推动民主理财和依法理财制度建设等有利于我国经济发展的五大效应。

(http://money.163.com/15/0811/02/B0N1HME700253B0H.html？Caijing)

但是，也有文章称："征税从来不会使物价下跌。物价是由供给和需求共同决定的，征税对这两方都造成了伤害。对供给方征税，致其成本上涨，获益减少，这使部分供给退出市场，潜在供给者也会望而却步。供给减少，价格就会上涨，消费者承受损失。对需求方征税，使其不敢多买，短期之内确实能抑制需求，让活跃的市场气氛降温。长期看也间接打击供给，使市场萎缩，想要购买变得更加困难"。"像所有市场一样，房地产市场也存在规模效应。也就是说，只有供需两旺，市场发达，房地产的单位成本和价格才可能降低，普通人买房才会变得容易。当市场萎缩，房产成为稀缺品，有钱人还是更有竞争力。那时购买首套房也会变得非常困难，更不要说购买二套房改善居住条件。中国经济发展这么多年，很多家庭有能力多买一套房，这其实不是什么非分的享受"。"征收房产税不仅帮不到穷人，反而会害了穷人。房产和手机不一样，多购置的投资者通常会把房子租出去，在租房市场服务穷人。一旦房产真正变成"自住消费"，租房市场的价格就会高到吓人，受害的还是穷人。"(2015年7月29日第一财经网作者佚名：《征收房产税不仅帮不了穷人，反而害了穷人》)

无独有偶，有研究者持相同的观点："真正让一个东西便宜起来，靠的是改进生产，而不是打压需求。市场经济的规律是大需求、大生产、大降价。鞋子是这样的道理，房子也是这样的道理。"(凤凰网"财知道"第289期《房产税降不了房价》)

（二）

房子真是这样的道理吗？我认为，房子不同于鞋子，在房子这种特殊的商品上这样的道理讲不通。深入分析房地产市场的特点会发现，房地产市场是一个失灵的市场（赵春荣：《房地产市场失灵与政府管理》，《中国流通经济》2013.11），与普通商品市场例如鞋子市场有重大区别。

第一，房地产的价格与其需求和供给的关系是紊乱的，在这种紊乱关系下，价格与其需求量不再呈现为负相关关系，价格与其供给量也不再呈现为正相关关系，这使得房地产市场极易形成财富"黑洞"，导致危机发生。

在完全竞争的市场上，例如在鞋子市场上，需求与供给没有任何的限制条件，但房地产市场就不同了。从需求一方看，房地产是消费品与投资品的统一体，具有消费与投资两大功能，相应地就有消费和投资两种需求，即自主需求和投资投机需求。鞋子市场上没有投资投机需求，没有人把鞋子买回家等待着以高价再卖出去。从供给方面看，土地资源的有限性及其不可再生性，对要保证解决13多亿人口吃饭问题的农业用地和住宅用地以及工业用地等多方面用地的中国来说，显得尤为稀缺，再加上城市用地由政府独家供给，又造成了它的供给弹性严重缺乏。制造鞋子的原材料不缺乏供给，这种原材料市场上也不存在垄断现象，只要鞋子的价格高，生产鞋子的各种生产要素就会源源不断地流入这个市场中。

鞋子的需求曲线是向右下方倾斜的，表明价格上升时对鞋子的需求量变小。鞋子的供给曲线是向右上方倾斜的，意味着它的价格上升，对它的供给量就会增加。

但是，房地产这种特殊商品因为有自住和投资投机两种需求，它的需求曲线不再是一条向右下方倾斜的曲线，而变形为向右上方倾斜，即房地产价格上升时，它的需求量不仅不会减少反而会增加。原因是房价上升时，房地产作为投资品具有营利性；房价上升的越快，对房地产投资收益预期就越好，投资投机需求就越大。房价上升投资投机需求增加时，也会引起人们恐慌性购房，自住需求也可能增加。当对住宅的这两种需求都增加时，由于住宅土地的数量所限和供给渠道单一，其供给量增加有限甚至保持不变，这时，房价就只能沿着上升的一条通道走，在一部分人的恐慌心理和另一部分人急切发大财的焦躁情绪驱使下，其价格上升的惯性会越来越大，上升的速度也可能越来越快成为加速度，要使其停止下来根本不可能。与其同时，房价泡沫会随着房价上升而不断产生并不断膨胀。没有任何力量能够使房价上升的运动和房价泡沫膨胀的运动停止，除非资金链断裂。而当资金链断裂的那一刻来到房地产市场上时，经济危机的导火索已经被点燃了，想避免危机发生的最佳时机已经错过了，投资投机商们的发财梦会被市场上突然响起的惊叫声惊醒。因房地产市场危机而引发全国性经济危机的案例屡见不鲜。

鞋子的价格从来不会产生泡沫，因为它处于完全竞争的市场上，它的供给没有任何的限制条件，它的需求仅是消费一种需求，没有资本性质的投资投机需求，从古今中外的历史看，鞋子市场不会掀起任何风波，更不会因鞋子市场的危机而引发经济危机。

在房价上升房价泡沫不断产生并累积的整个过程中，房地产市场看起来似乎一直是需求大而供给小，但这是无智慧的市场给有智慧的人类造成的一种假象，如果用住宅的基本功能即居住功能和自住性购房者的有效支付能力衡量，是早已经严重地过大于求了。

在危机发生、泡沫破灭和房价下降时，令人眼花缭乱的另一种景象出现了：住宅的供给量应该减少但却增加了，需求量应该增加但却减少了。

让我们先看供给这幅图：房价下降时虽然新建住宅的供给减少了，但由投资投机需求购入的住宅会转化为供给。这部分住宅就像是原来被财富"黑洞"吞噬、在地底下待了一段时间后厌倦了黑暗的生活，突然间要井喷出来。当这部分住宅一夜之间涌向市场后，房地产市场上要出售的住宅激增，这种情况就像股票价格下降时股民争先恐后抛售股票使股票市场上的供给激增一样。住宅供给量增加会引起房价的进一步下降，使房地产市场进入深度衰退，经济危机加重。

在鞋子市场上当其价格下降时，供给量也会下降，绝不会出现供给量反而大幅增加的怪事情。

接下来再看消费这一边：一种情况是房价下降使房地产作为资本的盈利功能丧失，随之消失的还有投资投机需求。另一种情况是人们买涨不买落，一部分自住需求者也不急于购买了。第三种情况是，危机袭来时失业率上升，失业者失业后收入减少，勉强度日，购房的能力没有了。没有失业的那一部分人收入也会减少，购房能力也会减弱。第四种情况是，由于房价下降住宅价值已经小于银行债务，一部分依靠住宅抵押的购房者，包括自住者和投资投机者，出于理性考虑会将购买的住宅按照原来抵押的价格主动偿还给银行。第五种情况是一部分抵押自住购房者因各种原因无力偿还银行按揭贷款被动将所购住宅退还给银行。当然，扛不住压力的银行这时也要崩溃了。

当鞋子的价格下降时，鞋子市场上的消费者会适当增加自己的购买量，原来很少购买皮鞋的穷人现在也有可能光临皮鞋店挑选试穿。

众所周知，市场是靠价格机制配置资源的。对于大多数如鞋子这样的商品来说，价格与需求量呈现为负相关关系，与供给量呈现为正相关关系，价格变化时资源从不同行业、不同地区以及不同用途中来回转移，寻找它最低的成本和最高的收益，从而实现市场的均衡和配置的优化。例如，如果人们不再穿鞋，鞋子的需求减少价格下降，那么无论在生产环节上还是在销售环节上，大量的人力物力将会转移到别的产品的生产和销售领域，例如转移到手机的生产和销售领域。但是，房地产市场上需求与供给的特殊性，使得其需求、供给与价格的关系紊乱了，价格不反映供求关系，供求关系产生不出均衡价格。

从以上分析可知，当房地产市场上有了投资和投机需求、土地的供给又缺乏弹性时，需求、供给与价格的关系紊乱了，即房价上升时需求量比供给量增加的更多、价格下降时需求量减少供给量反而增加。这种情况很容易使房地产市场形成一个财富"黑洞"，在房地产价格上升时，海量的财富被"黑洞"吸纳；价格下降时，又被"黑洞"吐出。财富"黑洞"逆市场而动的一吸一吐行为，导致房地产市场资源配置的机制失灵，极易引发经济危机。但鞋子市场不会出现这些问题，鞋子与房子处于不同的市场上，是不宜简单比较的。

第二，由于房地产商品自身不可移动的特殊性，将会造成其交易的有限性；由于房地产承载着巨量财富，一旦出现"鬼城"将会给社会造成极大的资源浪费。因此，大需求、大生产、大降价的所谓市场经济规律在这里并不存在。

房地产商品与其他商品如鞋子相比较至少有下面两点不同之处。一是它的不可移动性。商品的交易往往与商品的区位移动相联系，在商品交易中商人们除了考虑商品的生产成本外，另外一个需要考虑的成本就是运输成本。正是由于商品在交易中的移动性特点使得前两个世纪欧洲资本主义过剩的生产能力能够在全世界消化，现在中国等发展中国家也能够为全世界而生产，人们不再惧怕一个地区或者一个小国的生产能力过剩所造成的经济危机。一种商品例如鞋子如果在一地或一国供大于求，可以将它运输到其他国家或地区出售，起到调剂余缺、平抑物价的作用，使该种商品在更大范围的市场上趋于平衡。但是，住宅与鞋子不同，是不可移动的，虽然一幢框架结构的楼房整体移动的技术已被使用，但它仅限于几米到几十米的短距离，起不到两地之间调剂余缺的作用，而且成本特别高。

二是身价大，承载的财富多。一套住宅几十万、几百万甚至上千万，一幢楼房有几十套到几百套，一幢楼房便是一套楼房价值的几十倍到几百倍。一套住宅的价值是一只鞋子的价值的五百倍到一千倍，是一部手机价值的五十倍到一百倍。当不可移动性特点与身价大特点联系在一起时，如果房地产在某些地区过度繁荣，建造过多，形成"鬼城"，那么将很有可能成为"绝对的"过多，对社会造成极大的浪费。

所谓房地产市场失灵，就是指这个市场不能有效地配置资源，在这个市场上价格失去了调节需求与供给的能力，住宅的需求与供给造了价格的反，不再听它指挥。

经济学是研究如何更好地配置和利用稀缺资源的一门学问。为什么资源需要很好地配置和利用呢？原因是它具有稀缺性。资源的稀缺性要求我们按照效率原则办事，把每一种资源都用在成本低、收益高的方面，用价格衡量就是要把它用在给价最高的哪个方面，或者给价最高的哪个地区。但是，投入到房地产中的巨量资源，既不能在 N 种用途中再进行调节，把它配置到最优的 A 用途中，也不能在多地间再进行选择，把它运输到价格最高的 A 地出售。投入到房地产行业中的过多资源，除了土地这一项资源可以用高成本再回收使用外，其他资源就像泼出去的水一样无法收回，无法再利用。试想，如果投入到房地产行业中的资源还可以像其他资源一样被价格机制配置，那么当价格下降引发经济危机时，我们可以把这些资源转移到别的行业继续生产其他商品；如果房地产可以远距离移动，如前面讲到的鞋子和手机，那么当房价下降造成住宅积压引发经济危机时，住宅的主人可以将这些住宅搬运到亟需住宅的国家和地区销售，"鬼城"也就不会出现了，危机也就不会再爆发了，浪费之说也就没有了。由于住宅的不可移动性和承载着巨量财富这两个特点，使得这一切美好愿望都不会出现，因此，在房地产这样失灵的市场上，政府要采取某些措施加以干预、调节，既不能供给不足，也要阻止其过剩，以弥补市场的失灵，满足民生居住需求同时不要出现资源浪费和经济危机爆发的问题。

由于房地产的不可移动性特点，在一个城市特别是一个城市的某个区位上，房地产生产不宜讲规模效应，也不存在只有"供需两旺，市场发达，房地产的单位成本和价格才可能降低，普通人买房才会变得容易"之说。

第三，房地产市场上存在着多方面供给垄断，也是造成其失灵的一个重要原因。

土地资源的自然原生性即不可再生性和稀缺性使其缺乏供给弹性，是造成供给垄断的两个原因，另外造成供给垄断的原因一是土地的所有权性质，即城市土地的国有性质和农村土地的集体公有性质，并与此相关的出售环节上的政府垄断，即城市所有住宅建设用地必须由政府征收后出售；二是建造环节上的开发商垄断；三是房地产利益链条上的地方政府、开发商、炒房客、银行等四寡头垄断；四是房地产市场上的信息不对称所造成的垄断。相比较，鞋子这种商品的市场就不具有这些垄断性。

鞋子和手机市场如果也有垄断因素的话，那是一个垄断竞争市场上因技术因素或产品的差别性因素所形成的垄断。新款式的手机具有较强的技术垄断因素，但这种垄断很容易被打破。而且，这种垄断在追求新款式的客户眼中才存在，在众多中低端客户那里，这种垄断是不存在的，因为中低端客户不购买新款式的手机，他们所购的旧款式手机早已经没有垄断因子了，这些旧款式手机的技术已经普及，产品之间的差别已经消失。鞋子市场的垄断是由鞋子之间的差别性造成的，但对于众多中低端客户来说，由于所选择的都是中低档次的鞋子，这种差别几乎不存在。中低端客户进入的不管是手机市场还是鞋子市场，都更接近于完全竞争市场，与房地产市场上的垄断状况迥然不同。

首先谈谈地方政府在房地产市场供给上的垄断行为。由于政府垄断了土地的供给，但又没有相应的供给机制，使得土地供给处于"两不靠"状态。

中华人民共和国土地法规定，我国城市的土地属于国家所有，农村的土地属于农民集体所有。在土地的公有体制下，房地产开发用地必须经过地方政府之手，即地方政府从农民手里把土地先买入后再卖给开发商。这种一买一卖的行为表明政府在土地市场上实行的是两头垄断，即买的垄断和卖的垄断，农民只能把土地卖给政府，开发商只能从政府处购买。两头垄断的存在使得地方政府可以低价从农民手中把土地的所有权购入，然后再以高价把土地的使用权通过"招、拍、挂"卖给开发商。在这种买卖的过程中，地方政府不仅赚取了惊人的差价，而且还获得了土地的所有权。据说住宅用地的使用权为70年，从理论上讲政府可以到期把所有权收回。流传很久的一则笑话说的是农民把土地卖给政府所得的货币仅够支付购买住宅的首付，然后一辈子打工才能偿还完住宅的欠账，获得住宅的全部所有权，但当把住宅的全部所有权得到后距离归还政府土地所有权的时间也不远了。不仅如此，只有压低土地供给数量，土地价格才能上扬，再加上18亿亩农业用地的红线限制，在各地，住宅用地供给不足是常有的事。全国各地的地方政府对土地财政的依赖越来越大，卖地也不会少，但更偏好于对工商业用地的供给以及商品房用地的供给，而对保障房用地的供给不足。政府对土地的供给行为与市场价格无关，是由政府的政策决定的，说明土地的供给完全缺乏价格弹性，价格上升土地的供给量也不会增加。但是，地方政府控制着土地供给，却对居民住房不承担责任，住宅这种资源仍然靠市场配置，由此造成了住宅用地处于"两不靠"状态：即空有土地市场之名，却无土地市场之实，土地市场无力供给土地，政府能够供给土地但又缺少足量和及时供给的相应机制。住宅用地完全靠不住市场，但也不一定能够靠得住政府。

相比之下，鞋子生产的要素供给就显得简单了，鞋子生产的原材料完全可从市场中取得，不存在被政府或者被社会某一组织垄断的问题。

其次谈谈开发商在建造销售过程多个环节中存在的垄断问题。一是区位垄断。房地产的不可移动性使房地产市场的区域性特征十分明显。消费者购买住宅时要考虑价格、环境、楼房的层级等因素，也常常因为上班等因素考虑与单位的距离远近等问题，因此，房地产的区位特性非常明显。在一个城市的某个区位上，开发商只有很少的几家甚至一家，形成了该区位住宅市场的卖方寡头垄断或完全垄断。黄石松、陈红梅二位研究者曾指出，房地产市场是一个典型的寡头垄断市场（黄石松 陈红梅《房价之谜》第 181 页、第 245 页社会科学文献出版社 2009 年 5 月）。在寡头垄断市场上，定价权更多地属于卖方。二是贷款资金形成的垄断。我国金融业由几家大银行组成，把持了全国的存贷款业务，使金融市场成为寡头卖方垄断市场。这几家大银行有一个共同的嗜好，总是把资金放给国有大型企业或超大民有集团，其他类型的企业特别是中小企业很难借到现金。借到资金的企业转身回到本行业市场上，摇身变为行业中的垄断势力，这是由垄断老子生下来的垄断儿子。房地产市场上的开发商便是这样的垄断儿子。三是开发商从政府手中拿到土地后形成了对土地的新垄断。一个健全的市场应该具有竞争、平等、自由、开放等特性。政府为房地产市场制定的"招、拍、挂"制度，看起来也有这些特性，但卖方的垄断决定了在实施过程中这些特性会消失殆尽。如前所述，金融垄断造成了房地产市场垄断，再加上政府腐败更是巩固了这种垄断。只有与银行有关系的开发商才能得到金融支持，只有与土地出让者有关系的开发商才能购得土地，在土地市场上并不是价高者得之，甚至可以说土地的交易与价格没有直接的关系。得到土地的开发商是否马上建造住宅要看市场价格的高低，价格低时就把土地囤积起来观望等待，甚至房价不像预期的那么高时楼房盖好后也捂盘不售。四是房地产市场上"卡特尔"涨价垄断。针对房地产市场上存在着自住需求和投资投机需求的特性，开发商常常联合涨价，出现一个开发商涨价所有开发商都跟着涨价的现象，仿佛有一个"中国房地产开发总公司"发了一个关于统一提价的红头文件似的（吴昊 雍江《房地产神曲》第9页 中国社会科学出版社 2006年6月）。房地产市场从生产到销售各个环节全过程的垄断与鞋子市场上的情景大为不同，这些垄断因素的存在制约着住宅的生产，因此，住宅生产绝不会像鞋子生产一样形成规模化后具有低成本优势。

再次谈谈在房地产利益链条上由地方政府、开发商、炒房客和商业银行四家形成的寡头垄断，这种寡头垄断隐含着一种直接或间接的价格联盟，利用价格的持续上涨实现各方利益最大化，而房价泡沫的最大化是各方利益最大化条件下的一种博弈均衡（高广春《经济学家茶座》第19页 2012年第四期）。

最后谈谈房地产市场上由信息不对称所造成的垄断。垄断市场上的信息总是不完全、不对称的，但占据信息优势的是开发商垄断者，购房者总是处于不利地位。开发商垄断者可以利用媒体炒作等手段散布虚假信息，或利用内部人购房制造供不应求的假象，忽悠购房者恐慌性购房。购房者难以联合在一起，总是单兵作战，势单力薄，处于弱势，不仅不完全懂得房地产领域的政策法规、建造成本、政府税费、建筑技术知识等，而且对市场价格和供求实情也处于盲目状态，对房屋质量、配套设施、物业管理等更是知之甚少。由于信息不对称，消费者常常被迫接受开发商制定的霸王条款。消费者是上帝的行规在房地产市场中被彻底颠覆了。信息不对称还表现在，政府作为监管主体常常得不到项目实际运营情况的信息；银行对信息也不是完全掌握的，造成抵押物重复抵押，或开发商用假按揭套取资金等问题。

（三）

我们的分析到此为止仅仅说明了房地产市场是一个价格紊乱的市场，是一个交易对象承载着巨量财富而又不可移动的市场，是一个到处存在着垄断的市场，总之是一个失灵的市场。在这个市场上利用价格机制已难以配置好资源，与鞋子市场根本不同，不能用鞋子市场上的逻辑分析房地产市场上的问题；这个市场上的需求与供给的关系并不是一损俱损、一荣俱荣、相互促进、共同发展的关系，需求增加不一定能够使供给增加，供给增加也不必然促使需求增加；由于两种需求的存在和供给的垄断性，不能认为打压需求就会影响供给从而对整个市场不利。接下来，我们的分析到了回答"向房地产征税究竟是帮了穷人还是害了穷人"这个中心问题的时候了。

要回答这个问题，需要分几种情况分析。

第一种情况，如果政府向房地产征收的是间接税，如交易税，这时，住宅的价格会提高，交易量会减少，会产生无谓损失。无谓损失是社会总福利的减少。当没有税收时，社会总福利是消费者剩余与生产者剩余之和。消费者剩余是消费者愿意支付的最高价格与实际支付的价格之差。生产者剩余是售价与成本之差。当政府征税时，价格提高了，销售量减少了，一部分消费者退出了市场，这时的社会总福利虽然是消费者剩余、生产者剩余与政府税收这三部分的总和，但由于销售量的减少，消费者剩余与生产者剩余都大幅度减少了，三部分总和所组成的社会总福利没有征税前的两部分之和多，所消失的那一部分社会总福利就是征税所带来的无谓损失。在房地产市场上，政府向房地产征税所造成的无谓损失是征税前的社会总福利（由开发商的利润、购房者的剩余组成）与征税后的社会总福利（由税收、开发商的利润、购房者的剩余三部分组成）之差。无谓损失有多大？一项资料披露了美国中小企业付出的无谓损失：美国税收基金会高级研究员阿瑟·P·霍尔（Arthur P Hall）说，地方五金店、熟食店或资产小于 100 万美元的加油站——这个范围包括了全国 90% 的公司——每向华盛顿交纳 100 美元就要花费 390 美元。换个说法，1990 年政府从这些企业只得到 41 亿美元，相比之下这些公司为交税所做的准备工作花费了 159 亿美元"（The New York times，转引自曼昆《经济学原理》1999 年 9 月北京第一版第 258 页）。当税收带来无谓损失的时候，无论对于卖者还是对于买者都会导致福利减少，至于需求弹性大还是供给弹性大从而是购买者遭受的福利损失少还是开发商遭受的福利损失少，在此不作细论。无论多少，住宅购买者都会因征税提高了房价而遭受福利损失，即带来"害处"。在购房者中必定有穷人，而且，他们都是自住型购房者。在自住型购房者穷人中，一部分人会因房价提高了而自行退出购房者队伍。对于退出购房者队伍的这部分穷人来说，征税使他们不能购买到自己满意的住宅，说明征税确实给他们带来了害处（福利的减少）。自住型购房者中没有退出交易的另一部分穷人购买到了自己需要的住宅，但他们支出的费用比没有征税前支出的费用增大了，无疑，征税也给他们带来了害处。正如前文所引作者佚名所说"征税从来不会使物价下跌。物价是由供给和需求共同决定的，征税对这两方都造成了伤害。"准确地说，不是在任何市场上征收任何税都不能使物价下降，而是在房地产这样的市场上如果征收间接税不会使房价下跌，反而使房价上升，但要征收房地产持有税——一种直接税，结果就会大相径庭。

结论是，向房地产征收间接税，在不考虑税收的用途时，给购房者和退出购房者这两部分穷人都带来了福利损失，即害处。

第二种情况，如果政府征收的是直接税，如房地产持有税，并且是减免了自住面积如每人 80 平方米后累进的持有税，这时对穷人来说就没有什么害处了，因为只有富人才拥有大面积的住宅，征收的对象大多是富人而很少涉及穷人。不仅如此，向富人开证不可转移的直接税后，还将有利于穷人。这是因为，向富人征税后，富人会有两种反应，一是减少住宅的持有量，如果是这样，房地产市场上的供给会增加，需求会减少，房价会下降，这将直接有利于穷人购房者；二是不出售空房，如实向政府纳税，这时政府的收入会增加，如果政府将增加的收入更多地向穷人转移支付，这也毫无疑问有利于穷人，或者用这些税收建造保障性住房，也会给穷人带来利益。

第三种情况，向富人征税后，富人将多余的住宅出售，租房市场上的供给会减少，租房价格会提高，由于租房者大多是穷人，这种结果是否不利于穷人？如果按照这种说法的预设逻辑，答案是确凿无疑的。但我们需要做深入分析，决不能停留于表面上得出一个似是而非的结论。第一，如上条所述，富人出售住宅后会有更多的穷人购买到住宅，这一部分穷人不需要租房了，租房市场上的需求会下降，租金也会下降。这种情况说明富人少占有住宅，对于穷人无害而有利。第二，富人空余的住宅减少了，租房市场上的供给是否就会减少？答案是不确定的，这里的关键问题是要看政府怎么做。如果政府肩负起居民住房的责任，真正做到"居者有其屋"，建设足量的保障房用于穷人租赁，像新加坡的"公共租屋"或德国的福利性公租房，租房市场上的供给是不会减少的，甚至会增加，价格也会下降。向富人征税后政府的收入增加了，具备了向穷人提供保障房的更充裕的资金条件，如果还说租房市场上的供给会减少，只能证明说这些话的人对政府提供保障性租房缺乏信心。第三，政府还可实行严厉的租房管制，即对有空房不出租者实行罚款甚至刑法惩罚。在德国，如果房东所定的房租超出"合理房租"20%，将受到巨额罚款；超出50%，则构成犯罪，除受到更高罚款外，还可能被判三年徒刑。

第四种情况，需要分别分析政府的总税收在开征房地产税后增加（a）、减少（b）或者保持不变（c）三种情形下对穷人福利的影响，即三种情形下哪一种有利于穷人，哪一种有害于穷人。

（a），如果政府的总税收增加了，说明在开征房地产税后没有减少其他税种或减少的很有限，如增值税或消费税等。当总税收增加时，是有利于穷人还是有害于穷人，存在两种可能，一种可能是政府的总税收增加了，但转移支付给穷人的款项比穷人因开征房地产税交纳的新增税款少，这种情况对穷人是无利的。另一种可能是虽然总税收增加了，但转移支付给穷人的款项比穷人因开征房地产税交纳的新增税款多，说明在征收房地产税后政府的总税收增加对穷人是有利而不是有害的。

（b），如果政府的总税收不变，说明在增加房地产税后减少了其他税种，而且增加的与减少的恰好相等。这种情况下是有利于穷人还是有害于穷人，又有两种可能待分析：一种可能是在增加了房地产税后减少了个人所得税，这种结果与这两种税收没有发生改变以前的状况相差无几，因为房地产税也好，个人所得税也好，主要是面向富人征收的；另一种可能是减少的是间接税如增值税或消费税等，在这种情况下，是有利于穷人的。

（c），如果政府的总税收减少了，说明政府在增加房地产税收之后，减少了其他税收，例如减少了间接税如增值税或消费税或营业税等，而且减少的总额大于增加的总额，这种情况对穷人是有利的，因为间接税穷人与富人一样必须缴纳，而房地产税穷人可能不缴纳或少缴纳，富人名下的住宅多面积大，主要的房地产税是富人缴纳的。从媒体反腐败的大量报道中可以看出，富人、官员大多占有更多的住宅资源，暴露出来的什么房姐、房妹、房叔、房哥等等，大多在一线或二线城市有几十套到几百套房不等，如果实行累进的房地产税，如果不再出现什么腐败新花样而致一些人逃税，那么多缴税款者显然是富人。我国目前的税收结构中60%为间接税，30%为直接税，10%为其他税种，如果减税，减间接税的可能性大。在美国等发达国家的税收结构中，个人所得税、社会保障税和企业所得税等不可转嫁的直接税占了大头。我国税收改革的大方向也应该是减少间接税，增加直接税。如果减掉的不是间接税而是直接税，对穷人是有利还是有害，又需要区别至少两种情况分析：一种情况是总税收减少后转移支付给穷人的款项没有变，这时对穷人没有害；另一种情况是总税收减少后对穷人的转移支付也减少了，这时对穷人就有害了。

六、正确认识和定位房地产市场

正确认识和定位房地产市场是发展方式转型的一个重要方面。

在本书《征收房地产税是帮了穷人还是害了穷人?》一文中，我们分析并指出了房地产市场的几个特征，第一，由于对住宅的需求有居住需求和投资投机需求两种，所以它的供给、需求与价格的关系是紊乱的，价格上升供给量不一定增加，需求量却要增加；价格下降供给量反而增加，需求量却减少了；第二，由于房地产商品自身不可移动的特殊性，将会造成其交易的有限性；由于房地产承载着巨量财富，一旦出现"鬼城"将会给社会造成极大的资源浪费。因此，大需求、大生产、大降价的所谓市场经济规律在这里不适用；第三，房地产市场存在着多方面供给垄断，是一个失灵的市场，采取完全市场化的管理方式是错误的。

为了正确定位我国的房地产市场，让我们先来研究国际上一些发达国家对于房地产市场管理的经验教训。

（一）

他山之石可以攻玉。研究、解决我国房地产市场存在的问题，需要借鉴发达国家和地区房地产市场管理的经验教训。

研究国际上一些发达国家对房地产市场的运行管理可以发现，纯市场化的道路是走不通的。凡是放弃或放松对房地产市场调控和管理、任凭市场调节的国家和地区，都可能导致经济危机的发生，如美国、日本、爱尔兰、泰国、迪拜、90年代的海南岛等。相反，采取严格措施管理房地产的国家，家家有房住，经济还能够保持平稳较快发展，如德国。

1. 美国放松对房地产管理的两次教训

1923年—1926年美国佛罗里达州房地产泡沫破灭引发了30年代的大萧条。佛罗里达州冬季气候温暖潮湿，一战后这里成为人们冬天度假胜地，很多人到这里购置房地产。1923—1926年，这里的人口开始大增，各种建设项目如雨后春笋般矗立。原来这里的地价比美国其他地方低得多，随着需求的增加，土地价格开始升值。1925年，迈阿密市只有7.5万人，但其中有2.5万个地产经纪人，超出2000家的地产公司，每三个人中就有一个人专做地产买卖。随着土地价格的飙升，银行贷款不再看借款人的财务能力而专注土地价格。当沼泽地一块又一块投入市场、新进的资金不够支撑土地价格的上升时，那些财力不够雄厚的公司首先被贷款压垮，银行只好收回土地到市场拍卖，这些土地又带给市场新的压力。最后，买主一个一个消失，土地价格的泡沫破灭了，剩下了成为土地主人的破产银行。银行破产引起股市大崩溃，股指一泻千里，严重地打击了美国经济，造成了20世纪30年代世界经济的大危机和政治上的大动乱。这是放弃对房地产市场管理酿出恶果的最早案例。

不少人认为，2008年爆发并影响至今的美国次贷危机也是美国政府对华尔街银行和房地产市场放弃管理导致的结果。

2. 日本的教训

20世纪80年代，伴随着日元的快速升值，日本出口额大幅下降。为了维持在国际上的竞争力，日本实行了长期的低利率政策，曾一度成为国际上最低的利率。低利率导致了流动性过剩，大量资金游离实体经济而注入房地产市场，引起房地产泡沫产生。人们对房地产价格上涨的预期又助推了泡沫的膨胀。在这种情况下，日本政府认为不应该干预房地产市场，放弃了对房地产市场的调控。从1986年到1989年，日本的房价涨了2倍。1990年，仅东京都的地价就相当于美国全国的土地价格。国土面积相当于美国加利福尼亚州的日本，土地的总价值几乎是美国的4倍。1991年，日本房地产泡沫开始崩溃，经济从此进入长期的萧条期，直到现在还不能从停滞的泥潭中自拔，被称为是二战后日本的又一次战败。

3. 爱尔兰及泰国的教训

房地产业曾经是爱尔兰经济的支柱。在2006年，仅有400多万人口的爱尔兰新开发了9万多幢住宅楼。1996年到2007年间，爱尔兰经济年平均增长率达到了7.2%，按照人均GDP计算，一跃成为欧盟第二富庶的国家。在此期间，房价平均上涨3~4倍，相对家庭年收入的系数从6上升到10，房地产业在国内生产总值中的比重从5提高到10，房地产泡沫不断累积。2008年经济危机爆发，房地产市场遽然萎缩，大量房屋被闲置，爱尔兰诞生多处"鬼城"。如今房价暴跌5—6成，银行背负庞大的不动产坏账。为了稳定金融，政府实施了迟到的管理——动用财政资金救市，使财政赤字猛增到国内生产总值的32%，导致了财政债务危机的爆发。

1997年，泰国引发亚洲金融危机的时候房地产泡沫也十分严重。20世纪80年代泰国放开金融市场后大量外资进入房地产市场。1996年，房地产市场上的外商直接投资达188.1亿铢，约占外商直接投资总额的三分之一，泰国金融机构贷给房地产业的资金约占其贷款总额的50%，这样就催生了房地产泡沫。

4. 德国房价不涨的经验介绍

美国次贷危机爆发以来，不仅美国，欧洲不少国家的房价也齐齐大跌，但唯有德国房价保持平稳，经济更呈现出持续增长的良好势头。自1977年至今，德国人均收入增长了三倍，房价仅上涨60%。若扣除每年物价上涨2%的因素，德国近十年来房价每年以1%的速度在下降。德国的房价和经济之所以能够迥异于别的发达国家，在于德国长期以来实行的"政府主导，市场参与"的房地产发展模式所发挥的作用。德国实行的是社会市场经济制度，一方面发挥市场配置资源的作用，另一方面实行强有力的宏观调控，对分配不公、恶性竞争等市场经济的不良后果进行必要的干预。德国政府长期以来一直强化住房的消费品属性而弱化其资本属性，强化福利性而弱化营利性，把保障居民住房需求作为联邦政府首要的政策目标之一。具体措施有：一是按照家家有房住的目标，严格规划高、中、低档房屋的比例，保证低收入者有福利房可住；二是用"三大撒手锏"严控房价，即对不同类型的房屋制定具有法律效力的指导价，对抬高房价者施以罚款或刑罚，对炒房者课以重税；三是严格监管开发商的一切活动，包括开发建设和销售活动，故其任何市场操控和暴利投机活动都无法得逞；四是用高税收制度压缩炒房客的投机空间；五是制定近乎完美的租房保障制度，严格保护租房者的权利，对空置房实行罚款；六是设立独立的房地产评估机构，由其公布的基准价格作为政府管理房地产的指导价，具有很强的权威性和约束力；七是实行合同储蓄贷款和固定利率为特色的多样化的住房贷款模式。(刘应杰《德国房价不涨的调控经验》《新华月报》2012. 11 月号下半月)

从德国房价不涨的经验看，对于房地产资源的配置，既要发挥市场的作用，更要发挥政府管理的主导作用，在市场与政府管理相结合的混合经济模式下实现房地产资源的最优配置。

(二)

国际上对房地产市场是否实施政府管理的两种不同的结果，源于对房地产这种产品的认识理念。我们要对房地产市场管理进行战略规划，最重要的是要对房地产这种特殊的产品有正确的理念。

1. 要把普通商品房定位在民生上

采用什么样的政策措施调控管理房地产市场及其调控管理的效

果如何取决于对房地产业的正确定位。房地产虽然在国民经济中所占的比重大，在中国，房地产业的产值占 GDP 的 6.6% 和投资的四分之一；同时，房地产业与国民经济高度关联，与房地产直接相关的产业达到 60 个，可以成为 GDP 增长的强大驱动力。但是，它的天然属性是供人们居住的空间和生活工作的场所，即栖身之地。无论从政府角度把它作为拉动 GDP 增长的工具，还是从个人角度把它作为投资赚钱的工具，都是及其错误的。房地产作为投资品不生产任何新的使用价值，它只会助推房价、物价的上涨和收入分配差距的扩大（彭文生《控房价方能控物价》《新华文摘》2011 第 16 期）。我们如果使它成为拉动经济的引擎，那么它也就有可能成为引爆经济危机的导火索，对立的两极总是如影随形。从国家的层面看，经济增长应该脱离房地产依赖的轨道，不能让房地产承载更多的与居住毫不相关的职能。如果我们使它成为资本的载体，那么它就失去了居住的本性，与人们对它的期望南辕北辙。从个人的层面看，应该剥离房地产的资本属性，使其仅剩下居住功能。凸显房地产的居住功能就是要把住房定位在民生上。回归到民生定位，房屋才是房屋，房屋就是房屋。当然，商业用房和豪华型商品房可另当别论。

2. 要重视住房消费的生产特性

住房消费不仅使住房由可能性的住房成为现实性的住房，完成了房屋的最后生产过程，而且，住房消费同时就是人力资本的生产和再生产，是劳动者素质提高的必不可少的要件。调整经济结构、转变经济发展方式的关键是劳动者素质的提高，是人力资本的提升。但是，如果没有起码的居住条件，孩子就不能更好地学习，家庭就不能和谐地生活，劳动者就不能很好地恢复和发展劳动的能力——体力和脑力以及技能的掌握和知识的获得等。个人和家庭不能发展的时候，整个社会的发展必定受到限制。人们对房屋的消费是社会生产和再生产过程中的一个重要环节，是社会扩大再生产的一项重要保障。从这个意义上讲，住房是"前生产力"。因此，保证家家居有定所，不仅是公平、正义的要求，不仅是建设和谐社会的要求，也是提升人力资本的要求，是经济社会持续发展的要求。我们要充分认识到消费与生产的辩证统一关系，认识到住房消费对社会生产的促进作用。

我们还应认识到住房消费与生活其他方面消费以及与生产生活成本的关系。高房价时产生了消费的"挤出效应"，即人们把大量的财富用于购买住房，资源向房地产过度集中，从个人来讲，其他方面的消费减少，生活水平降低；从社会来讲，导致经济结构扭曲和发展的不可持续。保持住房的合理价位，使中低收入者都有房住，才可以提升人们的各方面消费能力，使人得到全面发展；才能扩大社会多方面的消费需求，改变投资过大、消费过小的畸形经济结构，促进各个行业均衡发展。还有，高房价提高了城市的生活和生产成本，必然削弱竞争力；低房价则能够发挥地区优势，保持可持续发展能力，对推动工业化和城镇化建设，推动经济的全面发展，都有着重要意义。

关于高房价如何使生活和生产成本加大，削弱一个城市的竞争力，新浪乐居刊文《终将被高房价抛弃的深圳》一文写到，高房价终将员工甚至老板挤出深圳。在深圳打拼了26年的李达随同员工搬回到长沙。李达的公司有员工26人，今年年初有6人离职，他曾以每年多发十几万元的承诺挽留，但面对每平方米3.8万元的房价，每年多发的十几万元是杯水车薪，无济于事。离职的员工老家长沙、郑州等地的房价仅是深圳房价的六分之一。房价涨房租也涨，2015年8月每平方米每月平均租金是66.26元，房租已占到白领月收入的一半。在南山区科技园附近，三房一厅的租金一般都在七八千元。房租在摧毁年轻人留在深圳的最后一线希望。房价、房租的上涨对人才产生挤出效应，只有降低生活成本，才能使创新创业人才留下来。

（资料来源：http://sz. house. sina. com. cn/news/2015 - 09 - 12/211760484
54282691531247. shtml）

香港近年来群体事件不断，中低收入者怨声载道，根源其实在
于经济不景气；而经济不景气的原因主要在于住宅价格过高。住宅
价格过高，劳动力成本便过高，而劳动力成本构成了各行各业生
产、服务的主要成本。成本过高，很多行业便难以存在、发展；很
多行业难以存在发展，劳动力便就业困难；不能就业，家庭就不能
生活、生存；生活、生存没有了保障，便要向社会撒气，便要闹
事。香港特殊的地理位置决定了其经济仅适宜于发展第三产业，而
第三产业是劳动力密集型产业，如果劳动力成本过高便发展不起
来。一个社会中经济的各个方面都需要平衡。

3. 要明确居民住房的政府责任

居住权是居民的基本人权。在房地产市场失灵的条件下，这种
权利要靠政府保障才能落实。政府要把保障居民住房作为重要的政
策选项，特别要重视中低收入群体的住房问题。政府对居民住房的
责任表现在：一是家家要有房住，二是基础设施要基本完善。在住
房无虞的情况下，一个家庭是否住得比廉租房更宽敞、更舒适，这
是家庭自己的问题；而一个没有能力建房和购房的无房家庭要有一
套廉租房住，这是政府责任。政府对居民住房的责任目标应该成为
对政府官员考核问责的内容之一。

政府对居民住房负责任时，附着在住房上的资本属性才能被驱
离，房价也才有可能回归到合理区位。这是因为，在没有明确地方
政府对居民住房负责的情况下，地方政府的利益与开发商的利益是
一致的，都希望抬升房价，房价升高后地方政府可以从出售土地中
获取更多的利益，同时房地产价格上升还可以使名义 GDP 增长。
在地方政府对居民住房负责任的情况下，地方政府应该乐见较低的
房价。因为房价越高，买不起商品房的人越多，地方政府需要建的
保障房也就越多。只有当绝大多数居民户能够买得起普通商品房的
时候，政府才能够把保障房的数量减下来，财政用于保障房的支出

才能降低。也就是说，当政府保障家家有房住时，低房价对中低收入者和地方政府都有利。

4. 应把住房作为调节收入分配的重要工具

一部分家庭拥有几套几十套房屋，一部分家庭只能蜗居甚至没有栖身之地，这是收入分配最大的不公。缩小收入分配差距不仅要缩小流量财富的差距，更应该缩小存量财富的差距。房地产是最大的存量财富，应该把缩小住房差距作为缩小收入分配差距的一项主要内容。原则是，占据住房资源的多少要与所付出的持有成本相联系，占据住房资源越多的家庭付出的持有成本应该越多。要通过征税等经济手段限制多套住房和大面积住房，减少空置房，调节房租收入和房地产交易中的利润收入，减少对土地的过多占用，阻止财富的代际间转移。住房的差距被遏制住，收入分配扩大的趋势才能被遏制住。

5. 对房地产市场的管理政策设想

在上届政府执政的十年中，政府对房地产市场调控力度之大、出台政策之多、频率之集中，超出了任何一个时期，也超出了任何一个行业。中央以限制投资、投机需求为特点的房地产市场调控政策其方向是正确的，这种政策对抑制投资、投机需求起到了一定的作用。但是，这种做法同时限制了供给，忽略了供给侧的作用，抑制了自住性需求。

对房地产业的管理应该怎样管？管什么？借鉴国内外的经验教训，不仅要管理增量房，也要管理存量房；不仅要使用行政手段进行管理，还要使用经济和法律手段进行管理；不仅要从利率、贷款条件等短期政策方面进行限购管理，更要通过税收、罚款等长期措施，从购买、出售（包括遗赠）、持有等三个环节进行全方位管理。管理的内容应包括房价、住房面积、房屋套数、空置时间、交易（遗赠）税收等五个方面，从而建立起稳定的居民可接受的房价机制。房地产业是高度垄断的行业，对垄断产品的价格进行管制，这是市场经济下的通行做法。住房是生活必需品，用税收等经济手段对关系民生大计的物品交易进行管理，限制其囤积居奇、倒买倒卖，也是市场经济国家采用的管理措施之一。

要采用上述的管理手段和管理方法达到既定的管理目标，就要建立完善的房地产法律法规体系，如政府责任法，信息披露法和房地产税收体系以及房屋空置罚款条例或房屋空置征税法律等。同时，地方政府的财政收入要从主要依靠出售土地转变为主要依靠对房地产征税和对空置房屋的罚款（或征税）。

（三）

对房地产这种特殊的产品有了正确的理念之后，需要改革完善对房地产市场的管理办法。

1. 构建中国特色的住房大保障体系

构建中国特色的住房大保障体系，要解决好下面五个方面的问题。

第一，在中国特色的住房大保障体系中，住房可基本划分为三类，一是普通商品房，二是廉租房（包括公共租房，下同），三是豪华型商品房（包括别墅，下同）。其中，普通商品房为大头，占到70%左右；廉租房和豪华型商品房为两个小头，分别占到20%左右和10%左右。住房大保障体系在重点满足中低收入者的住房需求时，也要满足高收入者的住房需求；在重点规划好廉租房和普通商品房时，也要规划好豪华型商品房。

第二，考虑到诸多种保障房分配的难操作性、政府官员腐败的严重性、居民对普通商品房价格的可接受性（下一个问题要讲到）以及国民偏好自有住房等问题，在7大类、11个品种的保障性住房体系中，除农村危房改造和游牧民定居工程外，应只保留廉租房（包括公共租赁房）一种。廉租房属政府所有，当一个租用廉租房的家庭购买了普通商品房后，原来他所租用的廉租房要回归政府手中。这样做，既保证了廉租房的公有性质，又可以把政府腐败对财富分配的影响减少到最小程度。

第三，住房大保障体系的政策要体现出向中小城镇的倾斜。这是因为，中国社会正处于向城镇化过度之中，住房大保障体系要与城镇化建设相一致。中国的城镇化进程中农村人口向城镇转移数量之多，是世界上任何一个国家所没有的。在这种转移中，几亿农民不可能都转移到北、上、广等几个大城市。因此，人口为几百万到几十万的众多中小城镇的规划和建设就显得特别重要。

第四，城镇化建设中的住房大保障体系一方面要解决已经市民化的农民工的住房问题，另一方面还要为解决农业规模经营问题创造条件。因此，对于生活在县级城镇和地级城镇已经市民化的农民工，政府要统筹解决城乡土地置换等问题。这是因为现在已有半数以上的农民工在城镇稳定就业，有四分之一以上的农民工是居家外出的，他们都已不再选择城乡双向流动就业的就业形式（韩俊《农民工市民化与公共服务制度创新》 新浪财经网 2013 年 02 月 01 日 14：17），解决这部分农民工在农村的承包地和住宅用地的条件已经具备。

第五，在供给方面，要允许并鼓励多种方式建房，如单位建房、联合建房和个人建房等，打破由开发商一家建房的垄断局面。企业使用经营利润建房可免征其所得税，事业单位职工合资建房可减少规划等税费。

2. 改革房价形成机制

政府在普通商品房价格和廉租房租金（包括公共租房租金）的形成中要起主导作用。首先，地方政府要依靠第三方（如民间房地产价格评估机构）调查测算住房的建造成本、开发商的应得利润、合理的市场价格以及本地居民的人均收入等；其次，地方政府要结合第三方提供的上述数据确定普通商品房销售指导价格和廉租房租金。

第一，政府所确定的普通商品房销售指导价格要与居民的承受能力相适应。一是指导价格要确定在家庭平均年收入的 3～6 倍上，也就是说房价收入比为 3～6。二是确定指导价格时，要以土地价格为"伸缩阀门"。当建造成本较低时，地方政府可收取一定数量的土地出售价格差价和税收；当建造成本较高时，要降低土地价格；建造成本加开发商的合理利润超过了销售指导价格时，地方政府应不收取土地费用和部分税收甚至还应施行财政补贴。三是对销售价格高于指导价格一定幅度（如20%及以上）的开发商，要实施罚款，严重者（如50%及以上）要施以刑罚。四是普通商品房价格上涨速度应与城市人均收入增加的速度相一致，不能高于人均收入增加的速度。

第二，廉租房的租金要低，使租住者能够负担得起，凸显出其保障特性。廉租房中的公共租房租金要兼顾房屋的建造成本和承租人的收入水平两方面，要具有合理性。同时，要管理好市场租房的租金。

第三，对于豪华型商品房，政府在把地价提到特别高的程度后完全采用市场化的方法管理。对于豪华型住房总的原则是，价格要尽量地高，使极少数超高收入者才能买得起、住得起。

第四，对于居住之外的商业用房，其销售价格实行完全市场化的办法管理。

3. 主要通过税收和罚款实施对房地产市场的多方面管理

第一，建立全国城乡统一的住房信息平台，将所有家庭与房屋的信息录入其中，实施联网监控和管理。

第二，在商品房的买卖、持有和转让环节上进行管理。在买卖和转让环节，要征收房地产取得税、印花税、固定资产税、所有权转移登记税、赠与税、继承税和房屋交易所得税等，但买卖和转让环节的间接税应该少征或不征，以免拉高商品房价格，也可方便人们买卖、转让，以鼓励人们优化配置住宅资源。对持有环节的税可适当多征，以促使人们节约土地资源和住宅资源。在持有环节，要对居住面积、住房套数等进行管理。例如，如果把居住标准确定为每人 50 平方米，那么，应该按照政府确定的房屋销售指导价格对家庭拥有的第一套房屋的超标部分征收年 0.5% 的税，对第二套房屋征收年 1% 甚至更多的税，对第三套及以上征收年 3% ~6% 甚至更多的税。如果第一套房屋不达标时可依次从第二套、第三套房屋中扣除。按照地域不同，可对一层或两层及以下的自建住房征收土地使用税，对超出使用标准的土地按递进税率征收。对两层或三层及以上的自建住房可免征标准之内的土地使用税。

第三，对空置房屋要罚款（或征税）。不管是普通商品房、廉租房、豪华型商品房还是自建房，闲置六个月以上的每月要按政府制定的销售指导价格的一定比例（如 0.1% ~0.3%）缴纳罚款（或税款）。

4. 要对开发商的利润进行管理

开发商获取暴利，推高房价，已是不争的事实。因此，政府要把对房地产的管理扩大到开发商的利润领域。不仅要对垄断企业的价格进行管理，还要对垄断企业的利润进行管理，这是反垄断的一般措施。对开发商的利润进行管理是对房价进行管理的基础。只有确定了利润，才能在成本加利润的基础上确定房价。取消开发商的高额利润，才能使资本回归实体经济，防止实体经济空心化。应将其利润确定在制造业资本利润率的平均水平上。

5. 要鼓励进城农民积极流转农村所属住宅和承包土地

要鼓励举家外出已经在城镇有稳定职业的农民有偿转让或无偿放弃农村承包土地和住宅。对于无偿放弃农村承包土地和住宅者，政府应保证他们能够租赁到城市的廉租房；条件成熟购买城市的普通商品房时，政府可给予一定的财政补贴，补贴数额应不少于原农村房屋的建造费用。这种做法相当于在赎买进城农民在原籍农村的土地使用权。进城农民土地的流转将会有力地推进我国城镇化和农业规模化经营的进程，同时他们转让或放弃农村的宅基地也将有助于解决城镇化过程中城市住宅用地稀缺问题。

七、垄断问题研究

市场结构理论中的垄断理论是微观经济学中的一个基础理论，这一理论与我们的经济生活密切相关。在经济学说的历史发展过程中，诸多经济学家对垄断理论进行了大量研究和多方面的探讨，提出过无数主张，出现过种种影响广泛的观点，在关于垄断的效率、垄断是否能够促进技术进步等问题的认识上意见分歧较大。研究发展方式转型，离不开关于垄断的话题。什么是垄断？垄断与竞争究竟是什么关系？垄断市场有效率吗？是竞争市场还是垄断市场有利于促进技术进步？在创新的发展方式中应该如何对待垄断问题？是提倡呢还是反对、禁止？有哪些垄断问题影响着我们的经济生活？要回答这些问题，需要对垄断做一番深入研究。

（一）

垄断市场与竞争市场相比较在效率和促进技术创新方面孰优孰劣，可以反映出垄断的利与弊。我们首先考察经济学家关于垄断市场与竞争市场在经济效率和促进技术创新方面的不同观点。（复旦大学龚维敬教授对垄断问题做了长达半个世纪的研究，在此对垄断与竞争的利弊之争做梳理时借助了他的一些研究。本节中凡是没有标明出处的引述，均采用自龚维敬教授的《西方经济学家的垄断利弊之争》一文，见《经济评论》，2003年第5期）

第一，关于垄断与竞争的利弊之争

经济学界有关垄断与竞争利弊之争的主要焦点集中在经济效

率的高低问题上，一直相持不下。

主流学派认为，竞争市场的企业是有效率的，而垄断市场上的企业是低效率的。竞争市场之所以效率高，表现为物品或劳务的价格低和产量大，没有造成无谓损失；垄断市场的价格高、产量低，减少了生产者剩余和消费者剩余即社会总福利，造成了无谓损失。在竞争市场上，价格等于边际成本和最低的平均成本，在长期中，竞争企业利润为零。在竞争市场的均衡点上，即由供给曲线和需求曲线相交的决定均衡价格的那个点上，消费者从最后一单位该物品或劳务的消费中所得到的边际效用，正好等于生产者生产最后一单位物品与劳务所需要的劳动边际成本（劳动的边际成本可用所放弃的闲暇表示）。萨缪尔森认为，价格等于边际效用，同时等于边际成本，资源配置就是有效率的；或者说，社会从消费最后一单位物品或劳务中得到的边际收益等于社会生产最后一单位物品与劳务的边际成本，就是有效率的。（萨缪尔森、诺德豪斯，《经济学》第十八版，138）而在垄断市场上，价格大于边际成本和最低的平均成本，价格在平均成本曲线较高的位置上，在长期中垄断企业是以获得垄断利润为目的的。萨缪尔森指出，经济学中最深刻的结论之一，就是资源在完全竞争市场中的配置是有效率的。（同上）

威廉·谢佩德也说："市场势力所产生的经济损失和社会损失是重大的，它在资源的有效利用方面所造成的损失，就内部的低效率、资源配置不合理和外部影响合起来高达国民收入的5%"。

另一部分学者持相反意见，他们认为垄断市场结构的生产效率不存在低效率问题，在某些情况下，竞争市场的生产效率是难以与垄断市场相比拟的。熊彼特批判了竞争企业具有高效率的观点，他说："很难设想是完全竞争一开始就会采用新生产方法和新产品，这就是说，我们所称为经济进步的东西，大部分和完全竞争不相容。""完全竞争的效率，尤其是就新技术效率而言，是低劣的"。

罗伯特·博克反驳了高度集中的垄断企业会使经济效率低下的论点，他认为规模经济形成的垄断企业与效率的提高有着密切关系。他还说，占有市场份额较大的企业，为了提高价格，限制产量，企业的效率必须是优越于它的竞争对手，否则，它的竞争对手会扩大市场占有份额，因而，市场自由地调节各自企业的效率。

德姆塞茨是这样论述垄断与效率之间关系的："垄断企业→效率高→利润大→占有市场份额增加→促进企业发展"。效率高低的标志是利润，各派学者们就各种市场结构的利润高低又进行了争论。伦纳德·韦斯通过大量资料研究得出结论：效率、利润与集中程度三者存在着明显的正相关关系。

哈耶克从垄断与竞争之间存在着辩证关系方面论述了这一问题，他说："竞争与垄断相连时，竞争才达到最佳状态"。"垄断企业是在激烈的市场竞争中获胜而留下的有效率的企业。"

有的经济学家进一步用价格与成本之间的差额反映企业利润率的高低，阐述了自己的论点。约翰·夸克研究了这一关系，他的结论是，在一些行业里，两家最大的垄断企业市场份额的增加，明显地提高了价格与成本之间的差额，这是由于集中率的增加，企业效率提高的结果。而诺曼·柯林斯等人的观点则认为，垄断程度高的企业之所以利润高，不是由于垄断企业效率高所导致的，而是依靠垄断企业的市场势力取得的。反映企业效率的一个重要指标是成本的高低，肯尼思·克拉克森认为垄断企业的成本比竞争企业的成本高。德姆塞茨则认为，垄断企业的规模效应所带来的成本效益远远大于大企业的机构庞大管理费用增加所导致的成本费用上升。

针对主流经济学关于垄断导致价格高和产量低的问题，一部分经济学家认为，垄断的结果导致价格上涨和产量减少的论点是不能成立的，在某些情况下，垄断会使价格下降，产量提高。这就是说，在垄断企业有较大的规模经济情况下，企业可以较低价格出卖更多的产品。

垄断一定就是坏的吗？张维迎并不这么认为，他觉得大企业可以带来人与人之间的信任，也能带来有效的市场。"如果《反垄断法》要解散大企业，市面上全都是各种小的牛奶厂商，结果就是我们哪种牛奶也不敢喝。"张维迎认为，在当下的国家语境下，"垄断"一词需要重新定义。不能打着反垄断的旗号干着反竞争的事情，最成功的企业就是在竞争中市场份额越来越大，最后形成"垄断"的企业。（腾讯文化网）

第二，关于垄断是否有利于技术创新的争议

垄断与技术创新之间究竟是正相关关系还是负相关关系，也是经济学家争论的一个话题。

一部分经济学家认为，只有竞争市场才具有开发新技术的积极性。

哈罗德·德姆塞茨认为"竞争可以产生更多的研究和创新活动"。这一派经济学家认为垄断市场结构会降低技术创新过程，影响技术进步步伐。新自由主义学派代表人物路德维希·艾哈德说，垄断"会使技术进步与经济进步有倒退"。谢勒说"垄断减弱大公司对竞争压力，可能降低它们进行技术创新的积极性"。

为什么垄断缺乏技术创新的积极性呢？一是因为垄断市场缺乏竞争压力。竞争企业在激烈的市场竞争中，只有不断进行新技术开发，生产新产品，进入新市场，才能使企业得以生存与发展。垄断企业有着稳定的市场势力，因而对技术开发的积极性不高。二是垄断企业在提高生产率方面不占优势，因而缺乏创新的积极性。三是技术开发投资多，风险大，影响垄断企业从事技术创新的积极性。

克拉克森从专利所形成的社会成本论述垄断对技术的压制，他认为，持有专利创新者可通过专利的排他性来获取垄断利润，然而垄断利润所形成的垄断价格造成资源配置不合理，进而造成社会成本可能会抵消取得专利的创新所提供的收益，有时专利制度的社会成本可能远大于提供给社会的利益，这样，技术创新必然会受到抑制。

在吉伯特和纽勃里的研究中，他们从专利的被搁置论证了这一观点。他们认为，垄断者处于垄断地位，它们获取专利权的主要目的并不是为了采用先进技术、促进技术的发展，唯一的目的在于加强进入壁垒，阻止竞争者进入，以继续维持它们的垄断势力。

另一派学者则持相反意见，认为竞争市场结构不利于技术创新，只有垄断者才有创新激励。肯尼思·阿罗认为，竞争市场结构投入研究开发费用后，不能占有投资的收益，也不愿承担投资风险，更不能从使用发明的递增收益中获取利益，所以，竞争性企业对技术开发的投资是不足的。这一派学者认为，只有垄断市场结构才是技术创新的开拓者。

泰勒尔认为，垄断者由于投入较多的研究费用，先于进入者占有专利，从而获得一个净利润，这表明垄断者具有更大的创新激励。

克拉克森分析了垄断企业在技术开发中具有规模经济的优势，认为大企业能使用小企业不能使用的专业化设备，从而能从小企业所不能从事的专业化生产中获利，这是因为在研究开发中存在着规模经济效益。同时，规模经济是与多样化生产联系在一起的，只有达到一定规模的企业才能进行多种经营，从而节约成本，提高效益。

戈特和克莱波还就垄断企业具有的进入壁垒能够促进技术创新作了论证。

西方创新经济学的创始人约瑟夫·熊彼特对竞争市场能够促进技术进步的观点持反对意见，他认为只有垄断市场机制才是促进技术变革的主要市场结构。他说，"在资本主义现实中，有价值的不是这种竞争（完全竞争），而是关于新商品、新技术、新供给来源、新组织类型（例如大规模的控制单位）的竞争，也就是占有成本上或质量上的决定性有利地位的竞争。在那里，似乎没有理由指望获得完全竞争的结果，却更适合于垄断的图式"。他批驳了竞争促进技术进步的看法，"很难设想完全竞争一开始就会采用新生产方法和新商品，这就是说，我们所称为经济进步的东西，大部分和完全竞争是不相容的"。

美国经济学家约翰·克拉克在他的代表作《动态过程中的竞争》一书中，提出了有效竞争理论，在这个理论中，他认为应区分两种不同性质的垄断，一种是靠独占形成的市场势力，是非效率垄断；一种是由于技术创新形成的市场优势地位，是动态性的、是效率垄断。克拉克的有效竞争论就是把后一种垄断视为动态竞争过程中不可缺少的因素，没有这种垄断，就不会促使企业技术创新，就不能实现技术进步。

浙江财大教授谢作诗指出，专利制度有力地促进了技术进步。然而专利制度保护的不是别的，正是垄断。垄断不是技术进步的阻力，而是动力。没有铁路的垄断，哪来飞机；没有飞机对高速运输的垄断，哪来动车。（东方财富网，博客）

（二）

从以上的分析中可以看出，经济学家对垄断与竞争的评价天渊地别。为什么会出现这种差别呢？龚维敬教授指出，客观现实的变化错综复杂，日新月异，随着客观实际的不断变革，人们对事物的理论概括会产生不同看法。另外，人们所处社会地位不同，利益各异，他们对理论的定位也会有所差异，因此，理论上的争论就势必难免。

同时，笔者认为，还有几个重大的原因造成了对垄断认识上的分歧，第一个原因是对"垄断"一词内涵的理解歧义，第二个原因是对效率一词含义的理解歧义，第三个原因是研究的角度不同造成的，第四个原因是没有把竞争的过程与垄断的结果区分开来，第五个原因是没有从两者的对立统一中把握他们，忽略了他们之间的统一，而把他们的对立看得很严重。

关于第一个原因，在垄断一词的内涵理解上，有两点需要指出，第一点是垄断与垄断市场问题，垄断与垄断市场是两个概念。垄断既可以指垄断市场，又可以指垄断行为。如果垄断仅指垄断市场，即完全垄断市场，那么，垄断市场是市场结构的一种，属于不完全竞争的一种市场结构，与完全竞争市场、垄断竞争市场和寡头竞争市场并列，是微观经济学中市场结构理论研究的问题。在垄断市场中既有垄断因素，又有竞争因素，垄断市场是否有效率，是否能够促进技术进步，要具体分析，不能一概而论。如果垄断仅指一种行为，则是经济学与法学共同研究的问题。垄断行为不仅在垄断市场上有，在不完全竞争的寡头市场、垄断竞争市场上也有。垄断行为是完全排斥竞争的，因而是缺乏效率的，也是不利于技术进步的。第二点是垄断市场有广义和狭义之分，狭义的垄断即完全垄断，也就是"独占"，一个市场上只有一个卖者。广义的垄断是一种泛称，包括了不完全竞争的完全垄断、垄断竞争和寡头竞争三种市场结构。

如果不从词义上加以区别，"垄断"问题永远打不成一致意见。要寻得一致认识，需要将垄断的每一种含义都列出来，然后详细分析每一种含义下的效率问题和对技术进步的作用问题，厘清哪种垄断是我们所要的，哪种垄断是应该取缔的。

关于第二个原因，即对效率含义的理解。萨缪尔森等主流学派认为，所谓效率，就是配置效率，或曰帕累托效率，有几种表述，一是表现为消费者剩余与生产者剩余之和即经济剩余最大化；二是产量达到生产可能性边界；三是一个经济体能够为消费者最大可能地提供各种物品与劳务的组合；四是边际效用与边际成本相等，都等于价格；五是社会在不减少其他人福利的同时，无法进一步组织生产或消费，以增进某个人的满足程度。主流学派所讲的效率既是企业生产效率，也包括市场的配置效率。

主张垄断是有效率的经济学家们对效率的一种解释，认为效率的标志就是利润，有利润就证明有效率，利润大就证明效率大。另一种解释认为在竞争中胜出者有效率，没有效率怎么能胜出呢？怎么能占有更大的市场份额形成规模经济从而垄断呢？

关于第三个原因，即研究的角度问题。主张竞争市场是有效率的经济学家是从整个社会的资源配置的角度研究问题的，认为只有竞争市场才能达到一般均衡，使每种商品的价格等于消费者的边际效用，同时等于生产者的边际成本；每种要素的价格等于其边际产品价值。当每个消费者都最大化其效用、每个生产者都最大化其利润时，经济作为一个整体就是有效率的。

主张垄断市场是有效率的经济学家，主要是站在企业的角度看待效率的，研究的是企业生产效率，或者说是站在行业内竞争过程的角度看待问题的，看到了竞争的结果，即胜者成为垄断者而胜出。

关于第四个原因，即竞争的过程与垄断的结果的关系问题。从资本主义二百多年的发展看，垄断不是从来就有的，在资本主义的早期阶段，即自由资本主义时期，仅有竞争而没有垄断，或者说在早期没有后来的托拉斯这种规模经济或曰资本集中产生的自然垄断形式，如果说早期也有垄断的话，那是政府或行业组织形成的垄断，即政府垄断或由政府产生的进入垄断。资本主义的历史表明，竞争必然导致垄断（自然垄断）。

关于第五个原因，竞争与垄断是紧密联系在一起的，竞争与垄断存在着对立统一的关系，彼此相别而又彼此相连，由竞争所导致的垄断是有效率的，正如前文所引哈耶克所说："竞争与垄断相连时，竞争才达到最佳状态"，"垄断企业是在激烈的市场竞争中获胜而留下的有效率的企业。"引申而言，从竞争导致出的垄断也是能够促进技术进步的。

（三）

下面仅就不完全竞争的三种市场结构即完全垄断、垄断竞争和寡头垄断中是否有竞争、是否有效率以及是否能够促进技术进步等问题做一些分析，谈谈自己的看法。

完全垄断市场与效率的关系究竟是怎样的？完全垄断也就是独占，在这种市场上有三种意义的垄断：资源垄断，政府或法律赋予的垄断，自然垄断或曰成本垄断。

资源垄断，即一种关键资源由一家企业拥有。如微软的视窗技术，再如北京的明、清历史文物，还有自然界天然给定的一些特殊资源，像冬虫夏草、茅台酒厂那口特殊的水井、泰国的香米等。

政府或法律赋予的垄断。专利和版权垄断属于法律赋予的垄断，盐业、烟草等行业由国有企业独占经营形成的垄断则是政府用行政权力赋予的垄断。

自然垄断或曰成本垄断。由于企业的平均成本呈现为"U"字形的一条曲线，自然垄断行业中企业的平均成本曲线比较平坦，所以只有一个企业生产时将产量提高到很大量才能使平均成本降低，这样的行业只允许一个企业存在，即如电力传输、铁路运输、城市自来水、电视网络等。

在这三种形式的完全垄断中，第一种资源垄断中的技术垄断如微软视窗，没有排斥竞争，因为从理论上说，别的 IT 公司也可以发明出更先进更实用的视窗代替微软的视窗，至于其他的公司有没有这个能力，或者更好的视窗技术发明出来之后能否占领市场推广使用，那是另外一个问题。微软所面临的竞争，比尔·盖茨体会的最深刻，他曾声称，某个小公司正虎视眈眈地待在微软身边，随时准备推翻它的垄断地位。实际上，一个行业经过颠覆性创新往往能够将以前的垄断者推翻，如数码相机将柯达的彩色胶卷颠覆了，照片存在相机里，不需要冲洗底片了。再比如用液晶显示器取代显像管的显示器，等等。这种竞争是你死我活的竞争。

资源垄断中的第二种情况即自然或历史给定的特殊物品所形成的垄断，是不能改变的事实。但这些自然资源往往存在着一定的替代品，有替代就有竞争。如果不是专业研究者，而仅仅是为了旅游参观，西安保存的秦、汉、唐等朝代的文物可以在一定程度上替代明、清的文物；茅台酒厂的那口水井也在一定程度上被杏花村的那口水井所替代；冬虫夏草的生长条件虽然十分苛刻，需要在海拔2000米~30000米以上的高山无树林的向阳草坡、疏松干燥、腐殖质多的土壤中才能生长，但它的增强免疫力功能有灵芝、枸杞的等植物可以替代。因此，有替代品的物品严格说不处于完全垄断市场上。自然界如此之大，就其使用功能来说，没有替代品的物品是不存在的，任何一种物品可能都有其替代品。总之，资源垄断无法取缔，也始终有竞争伴随，是可以允许其存在的。

第三种情况自然垄断，本身就是成本低有效率的体现，是不能限制也无法限制的，在这种情况下，一个企业将产量扩大从而成本降低要比有很多企业都在高成本上生产好得多。自由竞争所导致的垄断就是这种垄断。

第二种垄断中的被法律保护的垄断问题，即对专利、版权的保护问题，本身带来了垄断，但同时又带来的竞争。如果没有对专利和版权的保护，人们便没有发明、创新的积极性，虽然已经存在的专利、版权通过广泛使用能够给社会带来好处，但这种好处是有限的，从此以后很少再有人搞发明和创造，社会也就不能更多地享受发明、创造的福利。对专利、版权进行保护，实际上是对发明创造者的一种奖励，也是对竞争的一种奖励，它将鼓励更多的人进行新的发明创造。

关于由政府的行政权所授予的垄断问题，可分两种情况分析，一种是在公共事业领域，那些具有自然垄断性质的事业如城市自来水、供热系统、电力输送、有线电视、通讯电话等，由政府排他性地将生产的权力给予一家企业，并对其产量、价格及其服务质量进行多方面的监督和管理，正如我们分析过的自然垄断一样，是有效率的。实际上，公共事业领域中的这些自然垄断企业虽然有政府授予的经营权利，但也面临着竞争。邮政局中的固定电话业务已被移动电话替代或取代，邮递垄断已被快递公司打破。

另一种情况是政府基于计划经济的思维方式或者被利益集团绑架而把生产供给权力授予某一家或几家企业特许经营、专营专卖，排斥竞争，则将失去效率，会给社会带来福利的损失，是大错而特错的，是一种有害而无利的垄断。不过，任何情况下特例总是存在的，政府的行政垄断总体上来说是不好的，但政府在烟草业中的专卖垄断还是可以存在的，因为吸烟这种消费与别的物品的消费不同的是它不会给消费者带来正效用，始终带来的是负效用，垄断使得烟草产品价格提高，还能够在一定程度上限制烟草消费。同时，烟草专卖垄断还可以保障国家税收征收的低成本和税源的稳定。烟草专卖垄断的弊端是烟草公司管理人员和职工的工资畸高，影响了整个社会的收入公平。总而言之，除了《反垄断法》中明确的垄断行为外，就市场结构中的垄断而言，今天应该明确反对的我认为就是烟草专卖之外的其他政府行政许可垄断。

目前，最受诟病的就是出租车经营垄断、盐业经营垄断、

（四）

下面分析寡头市场和垄断竞争市场是否有竞争、是否有效率、是否能够促进技术进步等问题。

总体看，寡头市场与垄断竞争市场都属于不完全竞争市场，每个企业面对的市场需求曲线都是向右下方倾斜的，他们按照边际收益等于边际成本的原则决策时，价格大于边际成本，产量小于完全竞争市场上有效率的产量水平，服务质量也可能下降。单就价格高低与产量多少所标示的效率，寡头市场与垄断市场都不及竞争市场。

第一，按照规模经济效应，寡头市场只能容纳几个到十几个企业，也就是说这几个到十几个企业把产量增大，平均成本才能下降到较低点或最低点。由于企业数量较少，寡头市场上的企业相互之间会

发生影响，一个企业改变价格或产量，会影响到其他企业的经营状况，因此，寡头市场最大的特征是寡头之间的相互依赖性，即实行策略互动。实行策略互动的寡头可以呈现为两种状态，一种是非合作状态，一种是合作状态。合作即串谋、勾结。分析寡头市场，需要对非合作寡头和合作寡头分别进行分析。

非合作寡头各自独立做出决策。当一家寡头降低价格、增加产量时，其他寡头如果不予理会，则他们的销售量将会减少；如果其他寡头也采取降低价格、增加产量的做法，则将会发生价格大战，引起激烈的竞争。一个市场上的竞争不仅取决于企业数量，也取决于企业行为和企业规模。寡头市场上的企业存在着策略互动，每个企业的规模又较大，因此竞争起来就像大象之间的搏斗，往往地动山摇、你死我活。如果没有进入限制，随着非合作寡头或竞争性寡头数量的增加，一个行业的产量和价格将趋向于竞争市场的产量与价格。在这样的市场上，如果一个企业要超越其他企业，则必须进行技术、管理等方面的创新。因此，非合作性寡头市场是有竞争有效率的，也是能够促进技术进步的。

合作寡头市场则可能形成垄断。如果两个或多个寡头实行勾结，形成卡特尔，他们将会生产垄断产量，收取垄断价格，赚取垄断利润，与完全垄断市场的情况一样。一旦寡头之间形成勾结，整个市场就是平静的，每个寡头只醉心于闷头发大财，技术和管理创新就将无人问津。合作寡头之间不存在竞争，因而是低效率的，也没有进行技术创新的积极性。当然，一方面由于反垄断法的存在，国家要对垄断行为进行制裁；另一方面由于利己的原因，每个寡头都希望别人遵守协议生产一个有限的产量，自己暗地里加大产量，赚取更多的利润，因此，寡头勾结从长期看是难以持久的，欧佩克反反复复的行为就是明证。但尽管如此，国家也应该对寡头勾结行为采取严厉制裁措施，使其不至于形成卡特尔。

第二，垄断竞争市场作为不完全竞争市场中的一种，既有垄断与寡头市场的特征，也有竞争市场的特征，即其名称所示的，是一个垄断与竞争的混合体。

与完全垄断市场相同的是，垄断竞争市场的价格高于边际成本；垄断竞争企业所面对的需求曲线向右下方倾斜，面临着价格与需求量的矛盾，即价格高需求量小，价格低需求量大。企业在这种两难选择中，即要顾及价格，也有念及数量，才能实现利益最大化。与垄断市场另外相同的一点是可以实行价格歧视策略，即先将产品高价卖给富豪们，再降价卖给普通消费者。手机市场是典型的价格歧视市场，每一款新型手机上市后，把价格提的很高，以满足有钱人的欲望，当有钱人普遍买过后，再以低价争夺大众消费者。服装市场也是这种情形，新款式与旧款式的价格差别悬殊。这种"前赴后继"不断出新产品的模式，是一种特殊的竞争形式。垄断竞争市场与完全垄断市场不同的是，后者可以获得超额利润，而前者的利润为零。垄断竞争市场上的产品也有差别，但这种差别是微小的，差别往往来自于产品的性能或款式设计，相互之间的替代性极强，不像完全垄断市场上的产品那样，是根本不可替代的。

垄断竞争市场是一种特殊形式的寡头市场，即当寡头市场竞争激烈不能勾结结成卡特尔联盟时，寡头市场的价格与产量就趋向于垄断竞争市场。

与完全竞争市场相同之处有四点，一是进入行业的自由度高；二是有众多的卖者，很多企业争夺同一个消费群；三是价格等于平均成本；四是进入自由保障了竞争的充分性，但也正因为如此，垄断竞争企业在长期中与完全竞争企业一样，利润为零。当一个国家实行了对外开放的时候，不仅有国内企业的进入，也有国外企业的进入。由此可见，一个企业挣不到利润，并不意味着没有竞争或竞争能力弱，而是市场特征所致。当然，在众多企业的竞争中，那个在很长时间能够保持利润的企业，效率是相对高的。

与完全竞争市场不同的是，垄断竞争市场的价格不等于最低的平均成本，而与较高的平均成本保持一致。这种情况说明，垄断竞争企业还可以加大产量，使企业处于有效规模上，从而降低价格。但这样做的结果将消除产品的差别性。

产品的差别性是否导致了效率的丧失？这个问题要从两方面看，一方面，过多的差别性也可能造成了浪费，失去了效率；另一方面，差别性引起了竞争，竞争推动了技术创新，同时差别也能够增加消费者对多样性的需求，增加消费者的满意程度，从而增加社会总福利。差别性是创新的结果，同时，当大家都在追求差别性时，差别性便成为技术进步的原因。

（五）

在我们目前的经济生活中，存在着多方面的行政准入限制所带来的垄断，其中最典型、最受诟病的就是出租车经营垄断。随着互联网技术发展和易到、快的、滴滴等打车软件的使用，特别是专车的出现，搅动了出租车行业的一潭池水，一个持续了十余年的话题又一次被掀了出来，该行业又遭到了一波史无前例的声讨浪潮，许多文章称出租车业是最垄断、最腐败的行业之一。当然，也有维护出租车行业既有体制的声音。

赞成应该打破出租车行业垄断的意见主要有：一是出租车行业垄断是官商联盟的怪胎，通过行政许可的方式人为地控制出租车数量和价格是不合理的，它造成了服务质量低、打车难以及由打车难带来的所谓的"黑车"盛行和对"黑车"管理的高成本还有黑车的安全隐患等问题。二是由于准入限制使得出租车数量远远满足不了市场需求，北京十余年来出租车数量维持在6.6万辆左右，导致了城市中大量的私家车用于公共交通，加重了城市的交通负担。三是现在的出租车体制造成的结果是"富了公司，亏了国家，苦了司机，坑了百姓"，这些年平均每年国家财政给出租车行业发放的燃油补贴达60多亿。四是"份子钱"居高不下，出租车司机每天工作的前8个小时是为公司挣份子钱，超过 8 个小时的收入才是自己的工资，北京的份子钱每月高达 5000 多元，天津也有 4000 元，多地出租车罢工实际上是针对公司的，司企关系紧张；由权力垄断经营权而产生了一个"权力寻租者群体，即拥有出租车经营权的所有所有者群体，"富了持有牌照的人，肥了发放牌照的人"。五是进入限制产生了竞争不充分，导致打的价格高，而新的打车软件的出现是一种技术革命，它能够提高生产力，我们应该利用它更好地配置资源，将私家车等闲置资源利用起来，加入到城市的运输服务中，改变乘客与出租车之间的关系，即生产关系，使乘客能够更好地享受到打车服务。生产力发展了，必然要求改变生产关系，这是谁也阻挡不了的。如果有人要阻挡新的技术的使用和新的生产关系的改变，那么，代表新生产力的阶层一定要起来反抗。

反对应该打破现有出租车运营体制的意见主要有：一是出租车价格是经过国家发改委、物价局批准的，是经过听证会吸纳了各方面意见确定的，而专车可能乱收费，也存在安全问题。二是专车是不合法的，不符合城市运行规范，打破了城市合理运输的分工体现。三是考察国外发达国家对出租车行业的管理体制会发现，很多发达国家也是这么做的，如美国纽约，目前市场上每个出租车资质的价格约 70 万美元左右，由于价格高昂，拥有者也大部分是一些公司，出租汽车司机向公司每月缴纳 2500 美元的份子钱，占其营运收入的一半以上，每月工资在 2000～2300 美元，属中下阶层。法国巴黎个体司机运营证非常昂贵，一般需要几十万欧元，而公司司机需要定期向出租车公司交纳较高的份钱，司机每月收入其实不高。

针对私家车是否安全、是否合法、价格该如何决定、城市分工以及发达国家的出租行业现状究竟如何等问题，主张打破出租车垄断者做了回应。他们说，坐任何车都有安全问题，关键在于管理；专车合法与否，要从它是否能够提高社会生活的效率、是否能够给人们带来福利等方面看，有利于百姓出行、能够提高社会工作和生活效率的就合法，不能简单地以发改委、物价局是否批准为标志判断这件事是否合法，当年小岗村实行联产承包责任制，不符合当时的政策，但它促进了农村经济的发展，因而是合法的；我们搞市场经济，价格应该由市场决定；城市的分工体系是怎样的也应该由市场决定。至于纽约和巴黎也有营运证也需要交纳份子钱问题，情况确实属实，纽约对经营出租车有比较严格的限制，并且规定了出租车的数量限制，但是美国没有统一的出租车经营管理法规，各地的经营管理情况差异很大，像首都华盛顿地区对出租车数量完全不作限制。有些城市对出租车牌照发放也有限制，但不少地方因为需求不旺，其规定形同虚设。有的地方出租车驾驶员资格考试和普通驾照没有区别。

在法国，出租车的数量受到了严格控制，供需矛盾突出。司机要想进入这个行业先要取得资格证书，但要取得牌照是非常难的事情。每次政府决定要增加出租车牌照，都会因遭到出租车司机采取罢工堵塞道路等方式的抗议而放弃。因为司机是花大额资金得到牌照的，自然不愿意增加更多的同行抢他们的饭碗。按照 2012 年的统计，巴黎有合法出租车 17137 辆，比 1967 年的 14300 辆仅增加了 2837 辆，虽然巴黎市区的常住人口从 1999 年的 212.6 万人增长到 2014 年的 224.1 万人，增加不多，但 2014 年从国外涌入巴黎的游客高达 2240 万人次，17000 多辆车，远远难以满足人们的需求。还有，法国有严格的劳动权利保护法案，出租车司机每日工作不能超过 10 小时。因此，在巴黎要乘坐一辆出租车并非易事。在巴黎以外的城市，就更难见出租车踪迹。2008 年的圣诞节前夕，美国人崔维斯·卡兰尼克（Travis Kalanick）和格瑞特·坎普（Garrett Camp）在巴黎出席完会议后站在大街上久久打不到车，便酝酿出发明手机叫车的点子。三年后 Uber 走进了巴黎。根据 Uber 法国公司估计，他们每月为 40 万顾客提供服务；大约有 1 万名无运营牌照的司机加入了 UberPop，他们良好的服务态度赢得了顾客的欢迎。但是，有正式牌照的出租司机因他们瓜分市场而降低了 30% 到 40% 的收入，于是，2015 年 6 月 25

日，2800多名出租车司机示威抗议，发生了攻击 Uber 司机的暴力事件。

在英国，只要考到驾照就可以经营出租车，出租车的数量没有限制，出租车行业是靠市场机制运营的，出租车公司也不存在收份子钱之类的事。

从以上关于出租车行业的垄断是否应该被打破的争论中可以看出，一个市场如果是竞争市场，它的供给就是充分的，能够使价格降低到与边际成本相等，能够最大化整个社会的福利。如果是垄断市场，则提供的产品或服务数量少于社会所需要的数量，在供不应求的情况下，价格必然高于边际成本，整个社会的福利将被侵蚀。同时，还可以看出，垄断既是一种市场结构，从社会的角度看也是一个利益集体，有一部分人是垄断的食利者，要打破垄断相当于要革这些食利者的命，是非常困难的。因此，在今天，像小岗村那样的不损害别人利益就能够促进生产力发展的改革已经没有了，任何一项改革都要触动既得利益者的奶酪，因此，改革实际上就是革命。我们应该再一次打出革命的旗帜。当然，与过去完全是自下而上的革命不同，今天的革命一方面是自下而上的，如80年代初的农村改革，更重要的一方面是要自上而下进行，在党的领导下进行，依法依规进行，即要有顶层设计。改革或曰革命是为了提高整个社会的经济效率而调整各种利益集团的关系。

八、竞争市场有竞争吗？

许多经济学者认为竞争市场反而没有竞争，如浙江财大教授谢作诗在山东大学演讲时说："完全竞争理论根本不是关于竞争的理论。"

竞争市场真的无竞争吗？西方经济学的教科书主要是从竞争的结果来描述竞争市场的，因而把竞争市场描述的如此平静，把竞争过程中那种激烈、残酷的场面隐去了，故而显示不出竞争的那种波澜壮阔、惊心动魄的场景。不过，我们应该从竞争的结果看出竞争市场绝不是风平浪静的。竞争市场处处隐藏着竞争。

马克思深入地研究了自由资本主义时期的市场竞争。在自由资本主义时期，没有后来的托拉斯之类的垄断企业，市场中存在的基本上是完全竞争的企业。在《资本论》中论述到价值规律及其作用时马克思指出，商品的价值是由生产商品的社会必要劳动时间决定的，商品交换是以价值为基础进行等价交换的，价格围绕着价值由供求关系决定而上下波动。价值规律不仅调节生产资料和劳动力在不同行业之间进行流动，而且刺激商品生产者改进技术、改善经营管理、提高劳动生产率，并促使商品生产者在竞争中优胜劣汰。谁率先改进技术，改善经营管理，谁的生产率就高；生产率高者的个别劳动时间低于社会必要劳动时间，获利就多，在竞争中就能够胜出。相反，那些技术落后，经营管理落后，个别劳动时间高于社会必要劳动时间的商品生产者，获利少，甚至亏本，在竞争中处于不利地位，不可避免地要被淘汰。

在西方经济学完全竞争的市场结构理论中，实际上存在着多方面的竞争。

一是由众多企业带来的竞争。竞争市场是由众多小企业组成的，即我们过去所说的是一个小生产者的汪洋大海，这么多企业生产同一种没有差别的产品，其竞争的激烈场景是可想而知的。在现实生活中，我们体会过生猪市场、太阳能市场、西瓜市场、大葱市场、白菜市场、大蒜市场、玉米市场、家兔市场、焦炭市场、小煤矿市场甚至钢铁市场的竞争，哪一个市场上竞争的失败者能有好日子过？当然，经济学家们不在其中，没有切肤之痛。

二是由零利润带来的竞争。竞争市场上的企业在短期中可能盈利，也可能亏损，但在长期中把盈利与亏损折中后利润为零。零利润就意味着竞争，因为如果不努力保持住这种零利润状态，将会被淘汰出局。在这里与对手短兵相接、白刃格斗，没有消停的空间，没有任何回旋余地，不像垄断企业那样可以凭借积存的利润与对手巧周旋。让我们身临其境想一想，这种竞争的压力还小吗？竞争企业在短期中，只要价格等于或大于平均可变成本，即在不变成本亏损的情况下只要能够收回可变成本就要生产，这样才能将损失减少到最低限度，或者说才能使利润最大化。在长期中，竞争企业的价格等于平均成本，时刻处于亏损与破产倒闭的边缘，时刻处于战战兢兢、如履薄冰的状态，因而只有聚精会神、憋足全身的力气才能免遭亏损，这就是一种竞争的姿态。竞争企业时时刻刻都在竞争。

三是由没有差别的产品带来的竞争。经济学家所设想的完全竞争市场上的产品是同质的，没有任何差别，你生产什么，我也生产什么，你能够生产出来，我也能够生产出来，你我之间存在着完全的替代关系，因此，不是你取代了我，就是我取代了你，谁会在这种取代中获胜呢？那就来竞争吧。

四是由价格等于边际成本的特征带来的竞争。在竞争市场上，长期中价格、边际成本、边际收益、平均成本、平均收益五个量是相等的，特别是价格与边际成本相等，决定了企业必须想方设法降低自己的成本。降低成本的办法很多，如改进技术，提高效率；如提高劳动强度，延长劳动时间；如改善管理，鼓舞士气，精打细算，防止浪费，引进人才，提高决策能力和决策水平等。通过众多措施降低了成本，才能在竞争中不被打败。竞争企业的价格是由市场决定的，是既定的，企业仅仅是价格的接受者。在这种情况下，谁的边际成本等于或低于价格，谁才能保留在市场上；谁的边际成本高于市场，必定被淘汰出局。

五是由自由地进入和退出所带来的竞争。竞争市场是一个真正自由的市场，在进入与退出方面没有任何障碍，但正是这种自由给企业带来了巨大的竞争压力，同时也说明了竞争市场存在着巨大的竞争压力。1996年初美国有550万家企业，这一年有51.2万家企业倒闭，有59.8万家企业诞生。一个行业中众多企业不断进入和退出，使得供给曲线向左或向右移动，引起价格和供给量不断变化。如果一种产品的市场有利润可赚，很快便吸引了很多竞争的企业进入，使原有的利润消失，很多经营不善的企业带着一身伤痕被迫退出，即使投入的固定成本没有收回或没有完全收回，也只好放弃。投入的要素在这种转手中是要折兵损将的，价值大打折扣，甚至变成"沉没成本"，永无收回的可能。生猪市场是一个不断动荡的市场，那些投入全家劳动力和资金因规模小而享受不到国家对生猪补贴的小养猪户，几十年来经受了这种"自由进入和退出"的折磨，尝遍了其中的酸甜苦辣，每一次从养猪行业退出之后可能带来的是孩子从大学中的退出。在这里，"自由"中有不退出的不自由；由于缺少做其他工作的能力，也有"不进入"的不自由。自由的市场从现象上看是自由的，但从本质上看是不自由的。一个在竞争市场中的企业，其行为常常是由市场的力量决定的，其结果也往往是由市场的力量导致的，就像大河中的一片树叶，就像潮水般涌动队伍中的一个人，身不由己。

竞争市场存在着多方面的竞争，才能导致局部均衡的产生和一般均衡的产生。在一个完全竞争的市场体系中，一般均衡的出现就意味着资源配置是有效率的，这种效率已经达到了极点，即在不使任何一个人的境况变坏时便不能增加任何一个人的福利，也就是说经济已经处于生产可能性边界。

竞争市场是名副其实的。

第三章 转型与政府职能转变

一、发展方式转型主要应该依靠谁?

我国发展方式转型问题是在九五计划中提出来的,已经过去了二十年。二十年过去了,效果不明显,原因何在? 在于依靠的主要对象错了。发展方式转型以及与此相关的结构优化升级主要应该依靠市场而不是政府。所以这样说,原因有下面五点。

首先是因为政府在调结构从而转方式上的"权力"有限。这是因为采用什么方式发展是企业选择的结果,是市场的价格机制导向的结果。企业是以利润最大化为目标的,其行为原则是以最小的投入取得最大的产出,什么发展方式能够使企业投入小而产出大,企业便采用什么方式,在这里起作用的是市场。从另一个角度看,转方式与调结构是紧密相连的,而资源配置与结构调整是同一件事,同一个行为,资源配置的过程就是结构调整的过程,或者翻过来说同样是正确的:结构调整过程就是资源配置过程。谁有权力配置资源谁就能够调整经济结构。在市场经济体制下,资源配置的权力主要属于市场,市场起决定性作用,调结构、转方式的权力也主要属于市场。由此,我们可以逻辑地得出"政府在调结构、转方式上的权力有限"这一结论。在使市场起决定性作用的同时,我们也要认识到政府也拥有一部分资源配置的权力,从而能够在调结构和转方式上发挥一些作用,但与市场的决定性作用相比,它的作用带有辅助性、间接性、有限性特征,这是它在资源配置一线的作用特征。同时，政府配置资源也是要遵循市场经济规律的，本质上要同市场配置相一致，不能另搞一套，不能违背市场经济规律。为了防止政府的"主观"与市场的"客观"相背离时"另搞一套"，政府要尽量"放权"，把配置资源的大权尽量地让渡给市场。政府在一线配置资源的权力从而调结构和转方式的权力主要表现在制定与实施发展战略规划、财政的二次分配、保留的部分审批权以及制定的产业政策等方面。还有，政府配置财政资金时主要遵循是公平原则，起到的是弥补市场失灵、拾遗补阙的作用，因为财政的二次分配功能主要是提供公共服务和救助弱势群体。市场配置资源的原则是效率而不是公平。只有按照效率原则配置资源才能调整好经济结构，使发展方式转型，但效率原则会导致公平的缺失，因此，需要政府"帮忙"，需要政府在不失去效率的情况下把缺失的公平短板补齐。

政府在调结构、转方式上的作用主要是二线的保障性的作用，也就是我们要在下一篇文章中阐述的建设社会创新生态系统。

第二，政府调结构、转方式的"能力"也有限。在失去资源配置主要权力的今天，政府调结构、转方式的能力是很有限的；即使给了政府配置资源的主要权力，政府也没有能力调整好经济结构，没有能力转变发展方式。计划经济是政府发号施令的经济，在计划经济体制下政府具有配置社会资源的一切权力，也同时具备调结构和转方式的一切权力，但实践证明，政府配置资源是失败的，调结构和转方式也同样是失败的。无论改革开放之前还是之后，无论建立社会主义市场经济体制之前还是之后，新中国成立以来的几十年间政府从未停止过对经济结构的调整，但结果却是越调越扭曲，越调越需要花更大力气去调，理想中的那种优化的经济结构始终没有出现过。现在所要调整的经济结构和所要转变的发展方式就是政府主导的结果。政府调结构转方式有时功半事倍，有时无功而忙甚至越调越乱。政府没有能力调整好经济结构，没有能力转变经济发展方式，原因是政府没有能力配置好资源。由于信息不完全、不对称以及广泛存在的官僚主义等原因，政府配置资源是低效和无效的，在调结构转方式上也是低效和无效的。如果政府有能力配置好资源、调整好结构，我们就不需要改革经济体制了。在主流经济学教科书中没有经济结构调整这一概念，在实行自由市场经济制度的西方发达国家也是不存在这一问题的。在市场经济条件下，生产什么、生产多少、怎样生产、包括一次分配都是由企业根据市场导向自主决定的；消费什么、消费多少则是由消费者决定的。经济结构和发展方式是由生产者和消费者的行为决定的。生产者和消费者有什么样的行为就会产生与之相适应的经济结构和发展方式。存在经济结构调整这一问题的只有政府在经济发展中起主要作用的前社会主义国家如苏联和一些政府势力强于市场势力的发展中国家。苏联在 20 世纪 60 年代就存在着严重的经济结构失调和主要依靠投入的发展方式难以转变等问题，并提出了解决这些问题的方案，但到 90 年代解体的时候这些问题依然存在，没有解决好，说明政府主导只能产生并加剧结构失调，只能使落后的发展方式得以巩固和强化，同时也说明调结构转方式问题只能依靠市场而不能依靠政府。

正是因为政府在调结构、转方式上权力与能力有限，因此，我们主张"有限政府"。

第三，在市场经济的体制机制既定的条件下，经济结构决定于要素禀赋和要素结构以及激励机制，有什么样的要素禀赋、要素结构和激励机制就有与此相适应的经济结构，从而与经济增长和发展方式相关。调整经济结构以及转变发展方式最主要的基础性工作就是要改善要素禀赋、要素结构和激励机制，尤其是要提高人力资本的质量和对效率行为的激励。政府可以通过发展教育增加人力资本的数量并提高其质量，但它对于结构调整只是一种间接性的作用，因为由教育培育出来的人力资本究竟应该被配置到哪里，还是市场说了算。政府在很多情况下实施的激励不仅没有优化经济结构，反而恶化了经济结构，如对落后生产方式的补贴、对僵死企业的扶持、不计代价的招商引资以及对垄断和地方利益的保护等等。

第四，合理的经济结构是企业通过市场机制调整的结果，市场在无障碍地配置资源的过程中自然而然就调整好了经济结构。经济结构的调整是一个自然历史过程，如果市场机制是有效的，经济结构就会处于一个合理状态；如果离开市场机制人为调整它，则往往会被扭曲。靠政府的计划或规划调整经济结构，并依此实现发展方式转型是一种错误的路径选择。

第五，经济结构的优化升级是一个从低级到高级连续不断的演进过程，没有终点，永远在路上，正如资源配置没有终点一样，不可能一蹴而就、毕其功于一役。当要素的数量增加或质量提高后，通过市场竞争机制的调节作用，经济结构和发展方式就会发生相应的变化。如果没有市场竞争机制的作用，虽然要素的数量和质量发生了变化，经济结构也未必能够升级，发展方式也未必能够转变。

第六，不仅如此，政府直接控制创新，也将出现"创新"的悖论：越是提倡创新，越是扼杀创新。这是因为创新活动作为人类向未知领域的探索，有着独特的性质，它需要的是个人的自由意志和选择权，而非政府的集中控制（唐科．"创新"悖论．读书．2013（4）：3-7．）。市场经济条件下的发展，包括创新，不像计划经济条件下那样是一种政府主导的预设目标的发展，而是一种"不知去向"的发展，是偶然性在开辟道路的发展，这种发展是在市场多种主体各自自主决策下的结果，是多种力量交互作用的结果。由于科技创新是内生性的，所以，无论在微观企业层面上还是在作为领头羊经济体的宏观层面上看，能够在什么时候和什么技术上实现创新突破，能够产生出什么新知识、新产品甚至新行业，取决于许多不确定性因素，这些因素既包括社会环境，市场需求，企业的激励因素，还包括创新者发明者的个人兴趣爱好等。（赵春荣，政府的职责：创建创新生态系统，经济问题，2014.7期，122-125）

针对创新的特性，李克强总理在2015年7月27日召开的国家科技战略座谈会上说：'创新需要自由空间，没有科研人员的自主意识，创新之树就难以长青。在全社会倡导尊重知识尊重人才，首先要创新政府管理和服务，给科研机构和科研人员一片自由的天空，这样换来的一定是国家科技创新的大突破大繁荣"。

明白了经济结构调整和发展方式转型主要应该依靠谁，政府这只闲不住的手在此方面真正应该闲下来了，从而集中精力做应该做的事。

二、政府的重要职责就是建设社会创新生态系统

（一）

党的十七大报告中用"经济发展"替代了"经济增长"。经济增长是一个量的概念，而经济发展是质与量的统一，不仅包括 GDP 及人均 GDP 的增长，而且还包括发展的动力、环境、结构、效率等因素，涵盖了生产力与生产关系、经济基础与上层建筑各个方面，是一个多含义概念。经济发展的多维性决定了经济发展方式及其转型是多变量函数，决定它的有经济方面的因素，也有行政体制、法治、市场、文化、教育、企业家以及这些因素之间的互动关系等多方面因素。

经济发展方式转型可以从不同的角度解读。从供给侧即经济发展的驱动力分析，是从要素投入驱动转向效率提升驱动，即主要依靠全要素生产率的增长实现发展，这是发展方式转型的核心要义；从经济发展的表现特征分析，是从高投入、高消耗、高污染和低效益转变为低投入、低消耗、低污染和高效益；从产业价值链方面分析，是从获利低位的加工、组装、制造业向获利高位的研发、设计和品牌、市场服务转变；从需求侧即经济发展的短期需求拉动力分析，是从主要依靠投资拉动和出口带动转向主要依靠投资、消费和净出口三驾马车的协调拉动；从经济发展的主导者方面分析，就是

要从政府主导转向市场导向、企业主导，使市场在资源配置中起决定性作用，同时发挥好政府的作用；从社会治理方面分析，是从人治或法制经济转变为法治经济等；从人类生存环境方面分析，就是要坚持绿色发展，把生态文明的理念和原则融入经济建设的全过程，节约资源并实现对资源的循环利用，在经济发展的同时，建设好我们赖以生活的家园；从社会道德正义方面看，就是要坚持公平的原则，实现惠及民生的发展，消除两极分化，使所有社会成员都能够享受发展的成果。十八届五中全会提出的"创新、协调、绿色、开放、共享"五大发展理念就是新发展方式的发展理念。

发展方式转型的多维性说明了决定它能否转型成功的因素也是多维的，而不是单一的，我们应该把影响发展方式转型的因素看作一个系统，从系统论的角度探寻转型的路径。

当经济发展的主导者由政府转变为市场后，经济发展是否就不需要政府了呢？不是的，经济作为人类社会发展中的一项重要活动，自始至终是在社会中进行的，经济的社会性决定了它一时一刻也离不开政府。在经济发展中政府与市场只是分工不同。那么，政府应该做些什么才有利于经济发展而不是有碍于经济发展呢？在发展方式转型问题上政府应该怎样作为呢？我认为，政府应该做的最主要的工作就是建设好社会创新生态系统，也就是解决发展方式转型的动力和社会环境问题。

（二）

创新生态系统（Innovation Ecosystem）作为一个新概念是2004年12月美国竞争力委员会在《创新美国：在挑战和变革的世界中实现繁荣》一文中提出的。创新生态系统是一种系统思维方式，是把创新要素看作一个整体，认为在一个良性系统中这些因素协调一致、共同作用才能实现创新。也就是说，提升各要素的创新功能，优化创新系统的创新结构，才能实现创新。离开了创新生态系统，没有

132

其他因素的配合，单独的一个因素孤军奋战，是难以实现创新的。

Ron Adner 用法拉利轿车的例子生动地说明了创新生态系统的重要性。他说，一辆最具技术创新的法拉利轿车在没有汽油和高速公路的情况下，只能成为博物馆的陈列品。

研究在整体中把握经济发展的方法，最早可以追溯到 19 世纪上半叶德国经济学家李斯特。1841 年，李斯特在其著作《政治经济学和国民体系》中提到了"国家体系"（National system）概念，认为在德国工业落后于英国工业的情况下，政府应该建立国家体系，依靠政府的力量在科学技术发展的基础上带动工业化发展，并以此促进经济的起飞。

相类似的思想还有 1890 年英国经济学家马歇尔提出的"聚集"概念，即把相同产业或互补产业集聚在一起，形成产业群或相互依赖的区域经济网络，也就是把企业经济活动在地理空间分布上进行集中。这种集中除了产生外部经济即提高企业的效率外，还可以使企业间相互学习，相互竞争，激发创新。

创新一词是由英文 Innovation 翻译过来的，原意是从外界引入或在内部产生新事物。创新就是从外部或内部产生出新事物而引起的变化。创新理论是奥地利经济学家熊彼特在 1912 年发表的《经济发展理论》一书中提出来的，他以创新理论解释资本主义的本质特征，解释资本发生、发展和趋于灭亡的结局。熊彼特认为，所谓创新就是要"建立一种新的生产函数"，即"生产要素的重新组合"，就是要把一种从来没有的关于生产要素和生产条件的"新组合"引进生产体系中去。按照熊彼特的分析，创新有五种情况，一是创造一种新的产品，即消费者还不熟悉的产品，或一种产品的一种新的特性；二是采用一种新的生产方法，也就是在有关的制造部门中尚未通过经验检定的方法，或商业上处理一种产品的新的方式，这种新的方法不需要建立在科学上新的发现的基础之上；三是开辟一个新的市场，也就是有关国家的某一制造部门不曾进入的市场，不管这个市场以前是否存在过；四是掠取或控制原材料或半制成品的一种新的供应来源，也不问这种来源是已经存在的，还是第一次创造出来的；五是实现任何一种工业的新的组织，比如造成一种垄断地位，或打破一种垄断地位。人们将他所说的五种情况概括为五个创新，即产品创新、技术创新、市场创新、资源配置创新和组织创新。组织创新被理解为一种狭义的制度创新或部分的制度创新，与今天人们谈到的制度创新不是等量关系。

成思危把创新概括为三大类：技术创新、管理创新和制度创新。技术创新是指将一种新产品、新工艺或新服务引入市场，实现其商业价值的过程；管理创新是指将一种新思想、新方法、新手段或新的组织形式引入企业或国家的管理中，并取得相应效果的过程；制度创新则是指将一种新关系、新体制或新机制引入人类的社会及经济活动中，并推动社会及经济发展的过程（成思危：《创新性国家的建设》，《中国软科学》2009 年第 12 期）。

（三）

本书所论述的创新，由于是站在政府或社会而不是企业的角度，所以更多涉及的是行政体制及其政府管理的创新、法治体制及其法治社会的创新、市场建设和管理的创新、文化及其文化产业的创新、教育的理念及其体制和方法的创新、企业家成长环境的创新等，而较少论及技术创新及产业变革和企业内部管理及组织的创新。

创新就是人们在实践中为了变革客观事物或转变主观认识而采取的一些新举措或提出的一些新思想。

生态的本意是指自然界中生物之间、生物与环境之间环环相扣的关系，以及在这种关系中它们的生存状态。在这里，借用生态一词是指创新因素之间、创新因素与社会环境之间相互依赖、相互影响的关系，以及在这种关系中他们的创新状态。

创新生态系统是多层面的，但大多数的研究集中在企业层面，即企业内部或企业之间形成的创新生态系统。本书站在政府或社会的角度，从政府职能转变的视角研究创新生态系统，所涉及的因素主要是企业之外的政府及其政府所能够作用到的因素，故冠名为"社会创新生态系统"。

目前，社会创新生态系统的建设工作包括了如下几个方面：一是改革行政管理体制，转变政府职能，包括精简行政机构和行政人员，坚定地反腐败，以便在大众创业万众创新中更好地发挥政府的作用；进行市场治理，完善市场体系，营造一个优胜劣汰的好的市场环境，使市场在资源配置中起到决定性作用；建设法治社会，法治政府，搞好司法体制改革，实现公平正义，为转型发展保驾护航；发展教育特别是创新性教育，培养杰出人才，为转型发展提供人力资本支持；培育社会主义市场经济的创新性文化，促进转型发展，并促进文化产业发展；壮大企业家队伍，做大做强新型产业和现代企业等，并使这几方面有机结合和高效互动。

在自然界中，生态系统发生变化，生物种群就会发生变化；一种新的生态系统产生之后，适应旧生态系统的生物种群将会消失，适应新生态系统的生物种群将会产生，即有什么样的生态系统就有相应的生物种群存在。社会中亦然。只有在社会创新生态系统中，投资拉动的旧的经济增长方式才会消失，创新驱动的新的发展方式才会产生。也就是说，站在政府的角度看，由旧发展方式向新发展方式转型的路径就是建设好社会创新生态系统。只要建设好社会创新生态系统，只要置身于这个系统中，转型发展就具有了自然必然性，想不转都难。只要在创新生态系统中，市场通过价值规律、供求规律、竞争规律以及分工协作机制必然会调整好经济结构，使转型发展得以实现。

山西曾经有响彻全国畅销全国的名牌——海棠洗衣机、春笋电视机、芳芳洗洁净、太行缝纫机等，为什么在我们实行市场经济的初期纷纷破产、消失了呢？从微观研究，原因是多方面的，有企业内部的管理机制、分配机制、技术创新机制等问题，也有行业管理部门指导思想、用人失误、错误干涉等问题，但从宏观研究，原因只有一个，就是当时的山西缺少这些名牌企业生存、发展的动力和环境，即社会创新生态系统。由诸多因素构成的社会创新生态系统决定着经济结构优化升级和发展方式转型，没有社会创新型生态系统诸多因素从劣向优的转化，以及诸多要素趋向良性的相互作用，结构调整和转型发展都无从谈起。

（四）

为什么政府需要从经济增长的第一线退出，从事自身革命、市场管理、建设法治社会、发展创新性教育和创新性文化以及培养企业家队伍这些似乎与经济相距较远甚至很远的工作，才能促进转型升级和经济发展呢？这个问题应从资源配置效率的宏观视角分析。

资源配置效率可以从多方面研究。微观方面可以从企业内部研究，在企业内部，把一种资源从创造低价值的部门配置到能够创造较高价值的部门，或者调动了职工的工作积极性，或者吸引并发挥了重要人才的作用，或者发展循环经济将废物利用，或者将一笔资金盘活、将一块土地从效益低的用途转移到效益高的方面，等等，就带来了资源配置效率。宏观方面可以从一个地区和整个国家甚至从全世界的角度研究。例如，如果政府部门和人员精简后反而为社会为民生服务的更好了，如果能够建设一个在全世界廉洁指数较高的政府，如果我们身处的市场是一个优胜劣汰交易费用低的市场而不是一个逆向淘汰交易费用高的市场，如果我们的司法公正高效能够为社会伸张正义打击犯罪，如果教育培养出了大批量能够引领经济和社会发展的创新性杰出人才，如果我们的文化在无形之中能够促使人们产生新的思想使人们有一个更加宽阔的视野，如果我们培养出乔布斯、盖茨、马云、张瑞敏等一大批企业家或培养出一大批科技创新杰出人才，试想，那是怎样一种资源配置效率啊，我们何愁转变不了发展方式，何愁建不成一个屹立于世界东方的经济强国！

政府的经济发展战略事关资源配置效率，但是政府的经济发展战略应该与政府的工作职责紧密相连，应该在政府的作用力范围之内或者说在政府的"矢"所能达到的"的"上，不应该超越政府的作用范围，不应该定在政府的"矢"所不能直接达到的"的"上。超越了政府作用力范围的发展战略是一种空谈。很多地方都制定过响当当的发展战略，有些发展战略直指当地畸形的经济结构，应该说是很对症的，但过去了若干年，回头看一些发展战略的效果并不佳，原因何在？在于政府工作的着力点没有放对。经济结构是市场"自为"的结果，能够直接作用于经济结构的是市场，能够改变、优化经济结构的第一作用力是市场。因为市场经济就是要使市场在资源配置中起决定性作用，该采取什么样的发展方式，该形成怎样的经济结构，应该交由市场裁决，由市场说了算。政府的作用是为结构调整培育动力和营造环境，因此，政府的发展战略应该事关"建设社会创新生态系统"这样的宏观问题。建设社会创新生态系统是政府的职责所在，也是政府直接所面对的任务，是政府力所能及的工作。

社会创新生态系统是发展方式转型的关键性要件，缺失了它，发展方式转型就是无源之水，无本之木。建设社会创新生态系统非政府不能为，应该成为地方政府全局性、战略性的工作，是政府在发展方式转型中的主战场，抓住了它就抓住了发展方式转型的"纲"。

因此，政府只有建设好社会创新生态系统，才能有力地促使市场调整好结构，才能使资源配置产生出更高的效率，才能像十八届三中全会所讲的那样：使市场在资源配置中起决定性作用，同时更好地发挥政府的作用。

三、政府瘦身、放权、提效是发展方式转型的保证

改革开放三十多年来，伴随着经济体制改革，我们多次对行政体制进行了相应的改革，多次精简机构，其目的是将全能型政府转变为服务型政府，改变政府的管理职权和管理职责，转换管理角色，转变管理手段、管理方法和管理模式等，确定了政府的基本职责是"经济调节、市场监管、社会管理、公共服务"。新一届政府提出了"改革是中国的最大红利"，持续推出了简政放权、创业创新、民生兜底等重磅改革举措，多次下放和取消审批事项。但是，现在，政府的机构仍然显得庞大，职员仍然过多，有些地方政府或管理部门还没有找准自己的角色和位置，要么把权力抓得很死，利用权力牟利，要么为官不为，推诿扯皮混日子，服务经济社会的效率不高。这些问题的存在成为发展方式转型的不利因素，急需继续改革加以清除。王小鲁等人跨时 7 年、对中国 4000 多家企业经营环境进行调查形成的《中国分省企业经营环境指数 2013 年报告》指出，政府行政管理方面的障碍，是影响企业经营环境的首要因素，并强调"行政管理体制改革是当前迫在眉睫的任务"。在目前，只有政府瘦身、放权、提效，发展方式才能顺利转型。为此，各级政府要做到下面几点：

一是要定好位。我国在建立市场经济体制过程中不断弱化政府作用、强化市场功能的动力来自于政府自己，进一步完善市场经济体制和改革行政管理体制仍然要依靠政府的自觉自悟，自我革命。因此，地方各级政府官员要在思想上政治上行动上同党中央保持高度一致，贯彻落实十八届三中、四中和五中全会精神，学习市场经济原理，把握市场经济规律，认识经济社会发展的趋势，认识政府职能转变对于发展、转型的意义，深入研究政府角色的定位以及与市场、社会的关系，要有壮士断腕的毅力与决心"割爱"，把本该

属于市场的权力归还给市场，把本该属于社会的权力归还给社会，把市场与社会做不了、做不好的事情做好，起到拾遗补阙的作用。

二是要降低行政运行成本。要按照中央关于全面深化改革的部署，继续推进地方行政管理体制改革，对省、市、县、乡各级政府的组织机构、行政运行机制、政府管理方式等进行大胆地改革调整，减少管理事项，大幅度地精减人员编制、压缩经费，降低行政运行成本，提高效率。世界银行对全球 215 个政府的治理能力排名显示，中国政府的效能仅列全球第 93 名。

（http：//data. 163. com/14/0421/07/9QBATP0B00014MTN. html）

我国政府的行政成本每年大约以 20％左右的幅度增长。据国际货币基金组织统计，目前世界上政府行政管理支出占整个财政支出的比例平均为 15.6％。有关专家据相关资料测算出我国政府开支占财政支出比例高达 50％以上。我国政治和行政问题专家杜刚认为，中国是全世界行政成本最高的国家。

（http：//www. doc88. com/p－9035927527713. html）

从地方政府看，人浮于事的现象是普遍存在的。随着职能的转换和审批事项的减少，编制过多、人员过多的现象越加显得突出。

三是要搞好自身信用体系建设。要加强政府系统的信用管理，解决目前存在的信用危机。政府要严格讲信用，重然诺，取信于社会。例如，政府承诺的服务一定要兑现，文件规定的事项，绝不能随便更改，因为政府的文件就是政府对社会的承诺，文件一旦生效，便与人们签订了协议，如果中途变更，等于单方面撕毁协议，是不讲信用的行为。朝令夕改是自食其言的行为，不仅造成老百姓无所适从，不知所措，而且将严重地失信于民，使政府的威信下降。为什么在推行农村联产承包责任制的时候政府要一而再再而三地承诺农村土地政策五十年不变呢，原因即在于此。对于个别地方政府或个别部门失信于民的言行，领导机关一定要高度重视，该纠错的纠错，该道歉的道歉。目前和今后一段时期，政府信用管理应该被提上议事日程并当做一项重要工作来抓。

四是要做到权责明确。按照统一高效、分工合理、权责一致的原则，处理好地方省、市、县、乡四级政府以及同一级政府各部门之间的关系，涉及全省范围的事情，由省政府统一管理；县、乡能够做好的事情，由县乡负责。一个部门能够处理的，不必涉及其他部门。谁有权，谁负责；谁负责，谁就应该被监督。切忌政出多门，相互打架；切忌职责重叠，或职责空档；切忌有利之事争着来抓，无利之事相互推诿。

五是要监管好市场。要切实肩负起市场监管的责任，建设好市场体系，维护好市场秩序，保护好产权。一方面保障市场主体的权利和自由不受侵犯，另一方面坚决打击假冒伪劣、坑蒙拐骗、欺行霸市、侵权盗版等行为。目前，要特别抓好食品、药品安全工作，让人们吃放心的饭，用放心的药。

六是要实施好三种"清单管理"。把审批制度的改革作为政府职能改变的抓手和突破口，该下放的下放，该取消的一定要取消，要防止明放暗不放、只放小不放大以及边放边收、前放后收等问题的出现。要严格实行政府的权力清单管理、责任清单管理和对社会的负面清单管理，政府既要做到"法无授权不可为"，又要做到"法定责任必须为"；对于企业和公民，则要坚持"法无禁止皆可为"的方针。

七是要坚持反腐败，继续搞好作风建设。新一届政府上任以来得到了全国人民的高度肯定和赞赏，得分主要来自于反腐败斗争和作风建设。要巩固反腐败成果，深化反腐败斗争；要坚持不懈地抓好各级政府的作风建设，坚决把形式主义、官僚主义、享乐主义和奢靡之风从党政各部门清理掉。反腐败斗争关乎党心民心；作风建设，久久为功。

八是要真正处理好与市场的关系。地方四级政府都不准主导企业投资，不许搞形象工程和政绩工程，不搞招商引资、项目落地、现场观摩评比之类的非政府职能本质工作的活动，坚决从经济第一线撤离。政府在经济第一线奔忙，必定造成对企业家的挤出效应，使资源配置失误。

九是要提供优质的公共服务。加强和创新公共服务，加大对教育、医疗、社会保障、环境保护、民生事业等方面的投资，解决这些行业和部门存在的实际问题，提高公共服务的效率。

十是要搞好社会管理体制改革。发挥各类社会组织的作用，规范社会运行规则，政府在向市场放权的同时也要向社会放权，进行社会管理体制改革。在此方面，要破除政府"万能"思维，认为政府什么都可以管，什么都能管好，只要政府一插手就立竿见影，似乎政府是"万能"的，同时要树立社会分工和专业化的观念，重视各行各业专业人才的作用，使政府对各行各业的专业化问题持非常慎重的态度。

十一是要改革对行业的管理办法。除粮食生产和种草种树外要全部取消财政对企业各种名目的转移支付，如对国有企业的亏损补助、对养猪户的母猪补助以及出口产品退税等。从 2013 年12 月起山西已经取消了企业技改专项资金，这种做法的指导思想是正确的，应该贯彻下去。因为政府对某项产业实行扶持政策，不仅容易滋生寻租腐败，还打乱了经济系统的局部均衡和一般均衡，使市场难于有效配置资源。

四、大力发展教育，培养创新性人才

（一）

经济学家经过大量研究证实，人力资本是经济增长的源泉，对经济发展具有显著的促进作用。人力资本是通过教育等手段获得的，因此，研究发展方式转型这个大课题，必然包含着对于教育的研究，对于创新性人才培养的研究。

二战之后，日本、德国两个战败国受到很大的创伤，人们估计他们需要很长时间才能回复到战前水平，但仅仅过了大约15年，这两个国家的经济迅速上升到世界第二和第三的位置，其原因是什么呢？还有，从发达国家看，二战以后，国民财富增长速度远远大于土地、资本等要素的耗费速度，原因又是什么呢？

人力资本理论的创始人美国经济学家舒尔茨（1979年诺贝尔经济学奖获得者）在20世纪60年代提出了人力资本理论，回答了这些问题。他在研究美国农业产量迅速增长的原因时发现，人的技能与知识在其中起了重要作用，人力资源的提高对经济增长的作用远比物质资本增加重要得多。在影响经济发展诸因素中，人的因素是最关键的，经济发展主要取决于劳动者质量的提高而不是自然资源的丰瘠或资本的多寡。至于日本和德国为什么会迅速赶超，他认为，战争仅破坏了这两个国家的物质资本，没有破坏他们的人力资本以及两国的文化和重视教育的国策，他们仍然有丰裕的人力资本，仍然可以为经济发展提供大量高素质的劳动力，是两国的经济发展得以建立在高技术水平和高效益基础上。

舒尔茨认为人力资本是由教育、培训、保健、人口流动等投资所形成的人身上的各种生产知识、劳动与管理技能以及健康素质的存量总和，简言之就是人的能力的提高和生命周期的延长。

今天，决定人的能力的因素除了舒尔茨说到的知识、技术技能（既包括劳动的技术技能，同时也包括管理的技术技能）外，还应包括思想、精神、品格、创新意识等，所有这些都应该是教育不可遗漏的内容。

舒尔茨进一步分析了教育促进经济增长的途径，即教育是通过提高人们处理不均衡状态的能力实现经济增长的。所谓处理不均衡状态的能力，是指人们对于经济条件的变化、更新所作出的反映及其效率，即人们根据经济条件的变化，重新考虑合理分配自己的各种资源，如财产、劳动、金钱及时间等。舒尔茨称这种"分配能力"即为处理不均衡能力。这种能力的取得与提高，主要是由于教育形成的人力资本的作用。这种"分配能力"可以带来"分配效益",从而促进个人或社会的经济增长,增加个人和社会的经济收入。

我国著名经济学家成思危在谈到如何建设创新性国家时把发展教育列为应当采取的第一项措施。他多次指出:"经济只能保证我们的今天,科技可以保证我们的明天,但只有教育才能保证我们的后天"。有学者指出,如果教育发展滞后,改革的效果会受到人力资本的制约(田艳平,《经济改革、人力资本与中国经济增长》,《宏观经济研究》,2014 第四期)。

从世界发展史来看,强大国家的经济是随着教育的强大而强大的,而经济的强大又能够促进教育更加强大,两者相互促进共同发展,在良性循环中运动。从我国改革开放三十多年的实践看,东部沿海地区的经济之所以发展得快,除了得天独厚的地理优势和先行先试的政策外,得益于教育发展得快。原来在全国排名靠前的一些中西部高校,现在落伍了。2010 年东部地区各省高等教育毛入学率为 25% 至 60%,中西部地区则在 19% 至 35% 之间;东部地区每十万人高校在校生数 2360 人,中西部地区为 2000 人,其中山西为 1567 人,在中西部地区也是明显落后的。因此,要完成转型发展和赶超的任务,急需把教育的发展放在重中之重。只有高水平的教育特别是高等教育的发展,才有经济的持续健康发展。

(二)

教育对于人力资本如此之重要,那么,我们的教育能否承担起培养创新性人才之重任?中国的教育特别是高等教育对于支撑中国经济转型发展存在什么问题呢?

第一,对教育重视不够,财政投入不足

地方很多官员没有把教育当作兴国战略和强国战略来抓。关于教育的重要性，从中央到地方各级政府官员都能够认识到，但是，对于科教兴国战略和人才强国战略在实践中的落实情况就不能一概而论了。百年大计，教育为本，可是，由于 GDP 主义的干部考核体制所限，地方官员仅仅关心任期内几年的事情，即投资、项目、经济增长、财政收入等与自己升迁息息相关的问题，百年之久的事情是难以排上议事日程的。教育大计，教师为本，可是，在很多地方官员的眼里，教育的好坏与对自己的评价无关，教育连"小计"都算不上，教师这个"本"也就无所谓了。早在六七十年代计划经济时期，在地方领导干部的配备上就存在着这样的口头禅：一工交，二财贸，休闲干部管文教。这种说法一方面反映了地方官员的短视，另一方面反映了在人们的意识中，直接创造财富的生产和流通部门重要，消耗财富的文教卫体等部门不重要。这种意识实际上是处在温饱阶段的一种小农意识。

在这种小农意识的支配下，我国长期以来对教育的财政投入不足，财政性教育支出占 GDP4% 的目标从提出到实现用了整整二十年时间。山西地处中西部，中西部高等教育生均经费平均不到东部的一半。2011 年山西人均教育经费 1255 元，明显低于北京的 3038 元，也低于江苏的 1664 元。笔者所在的院校为省政府部门办学，2013 年生均财政性经费仅有 3300 余元，明显落后于东部地区，在中西部地区也比较靠后，处处捉襟见肘，限制了学院的发展。经济发展方式转型不是不要投资，而是要改变投资的方向，由原来更多投资物质资本转向投资人力资本和技术，即要大力投资于教育和基础科研。山西经济社会的发展要走在全国的前面，需要在几十年、上百年间始终坚持一项名"笨"实"巧"的政策：教育财政性投入占 GDP 的比重比全国平均水平高出一个百分点。从目前计，省、市、县各级地方政府应该把投资于很多工程项目的资金转投于教育；从长远计，要把对教育的人均投入量和投入增长率列入对领导干部的考核指标中，年复一年地展开一场场对教育投资的竞赛。这场竞赛的赢者必定也是经济社会发展的赢者。

第二，大学的行政化倾向严重，阻碍了创新性人才培养

行政机关是为了管理社会而设置的机构。行政是一个上级发号施令下级遵照执行的过程和组织。为了管理的方便，政府的行政机关要设置为金字塔形的等级森严的层级制，下级服从上级是它的基本要求。而学校是一个教书育人的地方，是学术研究的殿堂，学校在社会中应该成为特立独行的文化、教育组织。在学校尤其是大学的组织中，其组织结构应该是没有科层级的平的结构，人与人之间不存在谁服从谁的问题。如果说大学不是平的组织结构，非要排个高低不可，那么它的结构绝不是金字塔形，而呈现为倒金字塔形。最上边是学生，培养学生成才，是学校一切工作的目的；直接服务学生的教师处于中间层，说明教师是学校的核心，没有教师就不是学校，没有好教师就不是好学校；下边才是为学生和教师服务的中高层管理者（服务者）。不是中高层管理者（服务者）应该向教师和学生发号施令，而是学生在学习成长的过程中和教师在教书育人的过程中有什么工作、生活之类的具体困难时管理者（服务者）应该帮助他们解决，向他们提供服务。学校是教书育人和学术研究的地方，教书育人也好，学术研究也好，都要求平等，因为教书育人和学术研究都需要创新。世界越"平"，创新能力越强；创新能力越强越需要"平"的世界。等级制下只有威权和服从，只有专制；平等的世界里才有辩论，才允许不同的观点存在，才有学术氛围。只有在一个"平"的世界里，大学的精髓"独立之精神、自由之思想"才能存在。学校应该允许学生和教师有"独立之精神、自由之思想"；政府应该允许学校有"独立之精神、自由之思想"。没有自由的灵魂就没有真正的创造。还有，市场经济是一个竞争的经济，竞争也

需要平等和自由，没有平等和自由就不能竞争。市场经济中的教育需要向学生讲授平等和自由的思想，需要让平等、自由的思想深深地扎根于每个人的灵魂深处。所有这些都与等级森严的行政管理体制格格不入。

自由市场经济社会有三大组织构成，一个是企业，一个是政府，一个是非政府非企业的民间组织如学校。这三大组织是以法律为基础的平等的社会组织，不存在谁领导谁、谁服从谁的问题。过去我们迷信政府，认为政府能力无边、无所不会，实际上是错的。现代社会建立在高度分工和专业化的基础上，高校是由很多专业和学科组成的，每个专业和学科所研究的问题都是前沿性的，对外人来说高深莫测，需要专业人才在一个平的组织中引领。但是，我们的大学却越来越像行政官僚机构，正如有学者指出的那样：大学机构的级别化、大学组织的科层化和大学管理者的官僚化，导致了行政权力与学术权力的错位及盛行于大学的官本位、办学资源的行政化配置、学校和教师的尊严受损、行政权力导致的学术腐败、大学精神的沦落、对创新人才培养的阻碍等（《中国高教研究》2013.9）。长期以来存在的一个问题是把学校、企业等组织当作行政机关管理，把适用于行政机关中的规则搬入到学校和企业中实行，整个社会成为清一色的行政机关。在过去计划经济体制下，政府无所不能、无所不管，社会一切组织都被纳入政府的体系中，都按照政府的金字塔的官僚体制设计和运营，都是政府的下属机构，一举一动都要政府审批，毫无自主权和主动性，丧失了学校作为一个教育机构应有的特色。今天我们实行市场经济体制，应该放弃同一的尺度，分门别类地对待各种社会组织，使每一种组织都成为独一无二的自己。按照市场经济的平等要求和大学办学的规律去行政化，建立起自主办学、自我约束、自我激励的新的体制机制，是摆在每一所大学面前的紧迫任务。更进一步说，进行社会管理体制改革，处理好政府与社会组织的关系，就像20世纪80年代为了处理好政府与市场的关系而开始进行经济管理体制改革一样，显得十分必要。

第三，大学办学自主权不落实，很难办成一流大学，很难培养出创新性杰出人才

"为什么我们的学校总是培养不出杰出人才？"这是大家一直在讨论的"钱学森之问"。其实，"钱学森之问"的答案在钱学森的谈话中已经可见端倪，请看下面他说的这一段话："中国还没有大学能够按照科学技术发明创造人才的模式去办学，都是人云亦云，一般化的，没有自己独特创新的东西，受封建思想影响，一直是这个样子。""别人说过的才说，没说过的就不敢说。"（《钱学森的最后一次系统谈话——谈科技创新人才培养问题》2009年11月2日人民日报文化版）如果我们顺着钱先生的思路再追问下去，为什么"别人说过的才说，没说过的就不敢说"？为什么"都是人云亦云，一般化的，没有自己独特创新的东西"？不难发现，"总是培养不出杰出人才"的根源还在于高度计划性、统一性、集权性的高等教育管理制度，在于高等教育办学体制。在很长一段时间里，高校缺失办学自主权；即使现在，实际所拥有的办学自主权与《中华人民共和国高等教育法》所赋予的办学自主权也相差很多，很多自主权被悬在了天空。

大学办学自主权问题涉及政府与大学的关系问题，而政府与大学关系问题是政府与社会关系问题的一部分。

我国现有的大学管理制度，包括大学与政府的关系，是解放后在计划经济体制下形成的，虽经20世纪80年代改革，但基本框架没变，是一种高度计划性、统一性、集权性的高等教育管理制度。

1953年，中央人民政府政务院颁布的《关于修订高等学校领导关系的决定》规定："中央高等教育部根据国家的教育方针、政策和学制，遵照中央人民政府政务院关于全国高等教育的各项规定与指示，对全国高等学校（军事院校除外，以下同）实施统一的领

导。凡中央高等教育部所颁布的有关全国高等教育的建设计划（包括高等学校的设立和停办、院系及专业设置、招生任务、基本建设任务）、财务计划、财务制度（包括预决算制度、经费开支标准、教师学生待遇等）、人事制度（包括人员任免、师资调配等）、教学计划、教学大纲、生产实习规程，以及其他重要法规、指示或命令，全国高等学校均应执行。"这一规定中把政府与大学的关系安排为行政上的上下级关系，政府对大学的领导覆盖从人事、财务到教学的全部领域，大学丧失了办学自主权。

政府主导、高度集中的高校管理体制在 20 世纪 80 年代随着经济体制和行政体制改革开始发生变化，扩大高校办学自主权成为高等教育改革的焦点和难点。1985 年《中共中央关于教育体制改革的决定》指出："当前高等教育体制改革的关键，就是改变政府对高等学校统得过多的管理体制，在国家统一的教育方针和计划的指导下，扩大高等学校的办学自主权，加强高等学校同生产、科研和社会其他各方面的联系，使高等教育具有主动适应经济和社会发展需要的积极性和能力。"

1998 年通过的《中华人民共和国高等教育法》第 32 条到 38 条明文规定了高等学校在 7 个方面的自主权：一是按照国家核定的办学规模，制定招生方案，自主调节系科招生比例；二是自主设置和调整学科、专业；三是自主制定教学计划、选编教材、组织实施教学活动；四是自主开展科学研究、技术开发和社会服务；五是自主开展与境外高等学校之间的科学技术文化交流与合作；六是自主确定教学、科学研究、行政职能部门等内部组织机构的设置和人员配备；按照国家有关规定，评聘教师和其他专业技术人员的职务，调整津贴及工资分配。对举办者提供的财产、国家财政性资助、受捐赠财产依法自主管理和使用；七是高等学校不得将用于教学和科学研究活动的财产挪作他用。

2010 年颁布的《国家中长期教育改革和发展规划纲要（2010—

2020)》又继续提出了关于落实高校办学自主权的上述内容。

80年代以来中央多次提出落实高校办学自主权问题，既说明了它在高校办学中的重要性，也说明了落实它的艰巨性。

谈起民国时期的大学教育，即蔡元培主政的北京大学和西南联大的教育，人们总是流露出赞赏、羡慕的神情。西南联大全校不到1000人，创办了七八年却培养出了118名中科院院士（学部委员），蜚声国际学术界的不乏其人。办学的硬条件最差，培养人才的业绩却最好。西南联大的办学理念是：给予学术研究充分自由，发扬学术民主，反对学术垄断，鼓励百家争鸣和尊重人格尊严。蔡元培的教育思想是"思想自由，兼容并包"。他认为，大学是人格养成之所，是人文精神的摇篮，是理性和良知的支撑，但不是道德楷模，不是宗教之所。大学者，研究高深学问者也，囊括大典，网罗众学之学府。他还说：大学并不是贩卖毕业证的机关，也不是灌输固定知识的机关，而是研究学理的机关。

为什么民国时期的大学会产生这些新潮的教育思想呢？原因即在于他有独立于政府的办学机制，有人、财及专业、课程、教材、教学方法包括思想自由的完全的办学自主权，即有在不违法和不违背国家教育方针条件下的一切办学权力。

今天我们的改革，除了经济体制的改革即厘清政府与市场的关系之外，还应该实行社会体制改革，厘清政府与社会的关系，特别是政府与高校的关系，使高校远离政治变迁的掣肘，远离行政的牵制，远离政府体制、政府作风、政府思维方式的影响，拥有同世界一流大学一样的全方位的办学自主权。脱离政府的行政藩属关系，不等于大学脱离社会，恰恰相反，大学除了向社会贡献人才和知识以外，还要以自己"追求真理、主持正义"的思想和作风引领、影响政府和社会，促使社会进步。

落实大学办学自主权是培养创新性人才之首要。

第四，大学及其教育中存在着种种不利于创新性人才成长的

因素

下面将一些专家、学者关于大学教育中存在的对人才成长不利因素的看法摘编如下。

1）钱学森："我们不能人云亦云，这不是科学精神。科学精神最重要的就是创新。所谓优秀的学生就是要创新，没有创新，死记硬背，学习成绩再好，也不是优秀学生。"

2）王英杰："大学正在成为追求自身利益的主体，思想与行为日益与企业趋同，大学管理者正在演化为企业经理人员"。"大学内部行政权力不断膨胀，学术权力不断被挤压。大学主要负责人日益成为管理者的代表，而非学术领袖。大学的管理机构在大学的运转中成为主体，学术机构不断被边缘化。大学的管理者数量不断增加，成为大学中重要的利益相关者，许多重大决策或者是为了管理者的利益或者是为了管理者的方便"。"现在我们大学的管理越来越注重细节，越来越精细化。……他们通过细则的规定保证按照正常的程序做事，而常常忘记了做的事是否正确。"（王英杰：北京师范大学国际与比较教育研究院教授，《试论大学的领导与管理》，《江苏高教》2014年第5期）

3）郭大成："学生缺乏反思精神和质疑能力，缺乏独立思考和自主学习的能力这一现象比较突出，这种状况要想改变是很有难度的"。"大学本身在管理制度、课程设置、教育教学的方式方法等方面还未从根本上改变传统应试教育的模式。因此，课堂上老师讲什么，学生就听什么，学习教条化、书本化的现象还不同程度地存在"。教师"习惯于传统的教育教学方式方法。……教师本身的创新意识不强，尤其是创新能力不强。"（郭大成：北京理工大学党委书记，《大学》2013年第5期）

4）资中筠："在中国所有问题中，教育问题最为严峻"。中国教育"传输的就是完全扼杀人的创造性和想象力的极端功利主义。如果中国的教育再不改变，人种都会退化，这就像土豆要退化一样。"（资中筠：中国社会科学院荣誉学部委员、美国研究所退休研究员、原所长、博士生导师；

　　http：//www. nbweekly. com/culture/books/201208/30751. aspx）

　　"教育应该回归人性，应该引发孩子自然的创造力，每个孩子都是不一样的。有些外国的教育机构就觉得我们特别奇怪，三好学生，哪有一个学生什么都比别人好？"

　　（http：//zizjun. blogchina. com/index_ 5. html）

　　钱理群："我们的一些大学，包括北京大学，正在培养一些'精致的利己主义者'，他们高智商，世俗，老到，善于表演，懂得配合，更善于利用体制达到自己的目的。这种人一旦掌握权力，比一般的贪官污吏危害更大。"（钱理群：北大教授 http：//news. sohu. com/20120503/n342213439. shtml）

　　6）钱颖一：中国教育"在"才"的维度上"均值高"、"方差小"，在"人"的维度上"均值低"、"方差大"。"（钱颖一，清华大学经济管理学院院长：《光明日报》（2015年03月17日14版）

　　7）衣新发 蔡曙山："学生受教育，不仅仅是要学好数理化的工具理性，更要获得修身、齐家、治国、为人民服务的价值理性"。（衣新发、蔡曙山：陕西师范大学教师专业能力发展中心　清华大学心里学系，《北京师范大学学报》2011年第4期）

　　8）柯领："据我研究，中国的教育是以"知识"为中心展开的教育体系，美国的教育是以"能力"为中心展开的教育体系，我创建的教育是以"人格"（价值观）为中心展开的教育体系"。"好的教育＝人格＋知识＋能力"。

　　（柯领：美籍华人，教育学者，《教育的终极使命：以人格为本的教育——培养野性而又高贵的人》

　　http：//mp. weixin. qq. com/s？_ _ biz = MjM5Njk5Nzg5NA = = &mid =218205952&idx =2&sn = b3e667a7afd8ccc09713945e9da9c581&scene =5#rd）

　　9）光照的果子："中国教育摧残孩子的秘诀是：要求学生大量记忆碎片化的"知识"。现代教育研究证明，"碎片化的知识"必须被理性梳理并建构起系统化的秩序，才能显示出知识的力量"。"中国教育最大的罪恶就在于大批量制造出没有任何创造力和思考能力的书呆子记忆棒，他们对人类本身的认识，以及客观世界的认识都是零乱的，机械的，片面的。其后果将是他们无法认识人性，无法认识自己，同样也无法认识与人类生活息息相关的物质世界"。"中国教育的最大问题是，不提供建构逻辑一致性科学体系的思维工具（哲学、逻辑学，批判性思维，还有宗教的知识）。中国教育甚至不告诉学生有这些工具存在，而是哄骗学生花费巨大的精力和时间去无限的获得"标准知识答案"，这是极其野蛮和邪恶的。"

（http：//finance.ifeng.com/a/20140421/12167499_0.shtml）

10）还有人指出，中国人是很聪明很勤奋的，但经过从小学到高中的教育之后，就非常缺乏想象力和创造力了，只是锻炼出很强的考试能力。大学的宽进宽出，使得大学流行"60分万岁"，连考试能力都丧失了。中国教育对于科技创新是做负功的。一旦中国大学学习实行"宽进严出"，中国的科技实力就会爆炸性增长。

（http：//mp.weixin.qq.com/s?__biz=MzA4Mjg5NDMwMA==&mid=402314046&idx=2&sn=7f105b5e8517067e6bbae40fc714cdc9&scene=23&srcid=1104QsU1F9cYEOHEfHeQOxoh#wechat_redirect）

（三）

把由资源和实物资本投入的拉动增长方式转变为依靠科技进步的创新驱动发展方式，关键是要解决知识创新、科技创新、管理创新、制度创新等问题。由于科技进步是内生的，取决于劳动者、管理者的素质，所以，从长期看要把科技进步建立在本土创新的基础上，需要具有创新精神和创新能力的杰出人才。只有通过优先发展教育，深化教育改革，提高教学质量，在学生的成长过程中自始至终贯穿创新创业教育，才能培养出这样的人才，才能转变经济发展方式。山西制造业和煤炭、冶金、电力等支柱产业以及新兴产业要由资源密集型、劳动密集型为主向以发展技术密集型的高端制造业转换，必须依靠自主研发创新，必须要有自己的研发人才。

据国内外专家研究，创新性人才的核心素质包括了智力与非智力的多元化的创新能力。例如，朱清时认为，创新性人才应具备的素质是好奇心、想象力、洞察力和注意力（朱清时，《培养创新能力从原动力开始》，《新华文摘》，2013 年第 10 期）。徐小洲等认为，创新性人才应具备的智力因素有认知智力、情绪智力、社会智力等，非智力因素有动机、意志、人格等（徐小洲等，《高等工程教育研究》，2012 年第 1 期）。林崇德等认为，创造性人才的核心素质包括了创造性人格和创造性思维两个方面（林崇德，北京师范大学学报，2012 年第 1 期）。实施创新性教育，就是要使学生具备创新性人才特有的素质特征，包括创新性人格、创新性意识和创新性能力。创新性人格是指创新者非智力因素方面应该具备的素质，如责任心、自信心、意志力等。创新性意识主要是指强烈的好奇心和求知欲。创新性能力包括了创新所应具备的知识、技能、洞察力、分析力等。

创新性教育既要在高等教育阶段包括高职教育阶段实施，也要重视在基础教育阶段实施。实施创新性教育要反对以考试分数论英雄的应试教育，使受教育者有独立的思想、自由的表达，发展学生的想象力。应试教育阻碍想象力发展，扼杀创新，分数高可能会导致创新能力低。政府要采取措施制止中小学实行应试教育，特别要制止对学生加压式的应试教育。

中国的大学经过怎样的努力，才能培养出创新性人才呢？

第一，要正确定位政府与大学的关系

大学不是政府的下属机构，更不在政府的行政序列之内。大学要有高度的自治权，政府对大学不能管得统得过死。教育的外部性以及教育所起的缩小收入差距的作用决定了教育主要应该由公共财政投资，但政府投资不是政府控制的借口。要像《高等教育法》所规定的那样，从办学规模、专业设置、教学计划、学术研究、财务开支、机构设置、人事聘任等 7 个或更多方面落实高校的办学自主权。高校要为社会服务，也要在思想、知识、技术等方面引领社会。

要探索党和政府领导高校的新方式、新格局。领导不等于控制，更不是对细节的控制，领导也不一定要管过程，甚至可以不管战术性的事情，只管思想、战略、宏观、目标。领导有多重方式，政府对高校的领导应该体现在战略领导和目标领导上。只要高校按照社会主义核心价值观培养人，培养出建设国家的一流人才或有用人才就行！培养出追求真理、主持正义的人就行！过度重视对细节、过程的领导，会束缚住被领导者的手脚，甚至会将被领导者引向一个错误的目标，导致领导活动的失败。

不是政府应该在思想上领导大学，恰恰相反，大学应该成为一个社会思想的引领者。清华大学钱颖一教授仿照现代企业制度"产权清晰、权责明确、政企分开、管理科学"的治理模式，提出了现代大学"办学自主、政校分开、教师治学、校长治校"的治理模式。（钱颖一：《大学治理：美国、欧洲、中国》，《清华大学教育研究》，2015 年第 5 期）虽然钱教授在这里主要是为研究型大学提出的治理模式，但其基本原理同样适用于其他类型的大学。

1980 年 1 月 16 日，在中央召集的干部会议上邓小平同志作了题为《目前的形势和任务》的讲话，在谈到改善党的领导时指出："我们历来说，工厂要实行党委领导下的厂长负责制；军队是党委领导下的首长分工负责制；学校是党委领导下的校长负责制。如果今后继续实行这个制度，那么，工厂的车间是否也要由党总支领导？班组里边是否也要由党支部或者党小组领导？同样，大学的系是否也要由党总支领导？这样是不是有利于工厂和大学的工作？能不能体现党的领导作用？如果这个问题解决不好，可能损害党的领导，削弱党的领导，而不是加强党的领导。共产党实现领导应该通过什么手段？是用这种组织形式，还是用别的办法，比如共产党员的模范作用，包括努力学习专业知识，成为各种专业的内行，并且吃苦在前，享受在后，比一般人负担更多的工作。一个工厂的党委，总必须保证在产品的数量、质量和成本方面完成计划；保证技术先进、管理先进、管理民主；保证所有管理人员有职有权，能够有效率、有纪律地工作；保证全体职工享受民主权利和合理的劳动条件、生活条件、学习条件；保证能够培养选拔和选举优秀人才，不管是党员非党员，凡是能干的人就要使他们能充分发挥作用。如果能够保证这些，就是党的领导有效，党的领导得力。这比东一件事情、西一件事情到处干预好得多，党的威信自然就会提高。"

第二，要改革校长选拔任用机制

一是要改革书记、校长的"二元制"领导体制。办法一是"一人双肩挑"，一人党政双负责，即书记、校长由一人担任，就像多数政府部门中党组书记与部长（或厅长、局长）两个职位由一人担任一样。用这种方式配置"书记与校长"的职位资源，可消除内耗、掣肘，提高效率。这种办法对大多数高校都是适用的，因为现在大多数高校的校长都是共产党员，同时兼任学校党委副书记。在现任的书记和校长中，谁适合双肩挑就选谁。采用这种方式，不仅不会削弱党的领导，反而增强了党的领导。办法二是对于那些校长不是共产党员的学校，书记、校长仍然由两人担任，但要权力边界清晰、职责明确，要列出权力清单，决不允许越位用权。有职就有权，有权就有责，用权受监督。在职责明确的同时也需要书记、校长间相互配合，闹矛盾、不能配合的班子要调整，直到有为、和谐为止。

二是要实行班子成员任期制。任期届满时至少要有三分之一的班子成员退出。校长任期内没有特大业绩时，最多可任三届。以任期制的实行保证高校班子成员能够做到优胜劣汰，始终充满朝气和活力。

三是要有明确的任职要求。校长的人选除了要符合政治标准要求、道德标准要求等外，最重要的是要符合专业化要求，即选择具有较好学术成就或学术声誉的创新性杰出人才任校长。没有好校长就不会有好教师，没有好教师就办不出好大学，没有好大学就培养不出创新性杰出人才，因此，校长的人选对办好一所大学至关重要，校长必须是教育领域的一流人才。

四是在选拔校长的过程中教授委员会要发挥更大的作用。

五是学术权力要与行政权力并列，要赋予高校更大的学术权力。

第三，建设一流师资

从20世纪30年代清华大学校长梅贻琦先生提出大学、大楼、大师三者关系的精辟论述后，教育界从理论上即认可了"师资为大学第一要素"的观点。"有好的教师，才可能有好的教育"。要办出一流教育，要培养出一大批创新性杰出人才，必须建立起吸引最优秀的人才当教师的体制机制。只有创新性杰出人才当教师，才能更好地把创新性"基因"、杰出"基因"一代一代地传承下去。

第四，改革人才培养模式

把创新性人才培养作为重要目标加以明确。创新性人才是指在学术研究、商业运营、政府管理、艺术设计等领域做出新颖、独特而有价值的作品、产品、运营模式和管理体制的人才（衣新发、蔡曙山：北京师范大学学报，2011年第4期）。

人才培养模式就是在人才培养过程中涉及的人才培养目标、培养规格以及实现这些目标、规格的方法和手段，包括教学内容、课程体系、管理制度和评估方式等，即实施人才教育的过程或过程中涉及的诸因素统一之总和，用公式表示即培养目标＋教育过程与方式（教学内容和课程＋管理和评估制度＋教学方式和方法）。传统的人才培养模式是通过教师讲学生学的方式和过程达到培养目标、培养规格的要求的。在这种模式下，教师是主导者，教师、课堂和教材是中心，学生是被动接受者，学生的学习积极性难以被调动起来，学生主动建构知识的作用难以发挥出来；过分强调对知识的继承，对知识的批判和改造重视不够；教学的主要任务是传输知识，学生创新能力的养成是靠教师对所讲授的内容的质疑而耳濡目染给学生的，学生在今后的学习和工作中可以模仿教师去怀疑，去提出新的见解，总的看没有主动地培养学生的创新意识和创新能力。新的人才培养模式应该在学习掌握知识的基础上把怀疑精神、批判能力和创新能力作为主要目标，在教师与学生平等对话、相互质疑、相互批判和启发中引导学生主动学习、主动思考，自主地发现问题、分析问题和解决问题，养成学生的创新意识和创新能力。

第五，培养学生坚毅的性格

美籍亚裔心理学家、宾夕法尼亚大学副教授 Angela Lee Duckworth 经过长期的研究发现，无论在何种情况下，比起智力、学习成绩或者长相，坚毅是最为可靠的预示成功的指标

（http：//learning. sohu. com/20150612/n414895098. shtml）。

坚毅是对长期目标的持续激情及持久耐力，是不忘初衷、专注投入、坚持不懈，是一种包涵了自我激励、自我约束和自我调整的性格特征。在美国，越来越多的教育学家和心理学家认识到了坚毅在一个人成才过程中的重要作用。如美国心理学家 Daniel Goldman 关于完善的情商概念指出，儿童未来的学业表现、事业成就、生活的幸福程度，只有不足 20% 取决于智商，其余绝大部分是由情商决定的。情商即性格特质，如毅力、自我控制、好奇心、责任心、勇气以及自信心。

正向心理学（Positive Psychology）提出了学生未来成功的"七大秘密武器"，把坚毅摆在了第一位。七大秘密武器即：Grit 坚毅、zest 激情、self – control 自制力、optimism 乐观态度、gratitude 感恩精神、social intelligence 社交智力、curiosity 好奇心

（http：//learning. sohu. com/20150612/n414895098. shtml）。

从人类历史上看，任何人要想干成一件事情，必须要有这种坚毅的精神。"有志者、事竟成，破釜沉舟，百二秦关终属楚；苦心人、天不负，卧薪尝胆，三千越甲可吞吴。"蒲松龄这两句话中所说的越王勾践和项羽霸王的故事离开了强大的坚毅精神是做不到

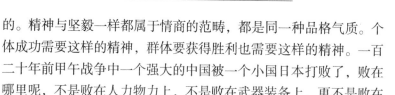

的。精神与坚毅一样都属于情商的范畴，都是同一种品格气质。个体成功需要这样的精神，群体要获得胜利也需要这样的精神。一百二十年前甲午战争中一个强大的中国被一个小国日本打败了，败在哪里呢，不是败在人力物力上，不是败在武器装备上，更不是败在国土面积上，而是败在国人懦弱的性格上，败在精神上。抗日战争初期，毛泽东同志提出了持久战战略，就是坚信用愚公移山的坚毅精神能够取得对日作战的胜利。

第六，面向市场经济办学

面向市场经济办学的第一层含义是要创建公平、竞争的办学环境，允许私人资本办学，促使高校办出特色，取消人为对高校的分等定级，打破金字塔形的高校排队结构，形成错落有致的山头型的结构，使每一所高校虽然因师资队伍、办学质量（水平）、办学规模、办学历史、专业设置、培养方向、培养方式等有差别甚至是巨大的差别，即"远近高低各不同"，但大家在办学待遇的基础上是接近平等的，每一所学校的头上都是同一片"天"而不是另一所学校，每一所学校都具备"后来居上"的竞争条件。

第二层含义是在办学资源的配置上建立起以绩效为基准的竞争性投入机制，使不同高校在获取财政拨款和科研资助等方面消除因身份的差异而形成的歧视待遇，享受相同的权力，即体现出"按劳分配"的原则，多劳多得，少劳少得，不劳动者不得食。

第三层含义是要在学生转换专业和选择学校方面给予市场"自由"的权力，即学生可以按照自己的爱好变化调整专业和学校，只要所涉及的学校同意即可，不必政府部门批准。

第四层含义是要向学生讲授市场经济知识，使学生懂得市场经济的精髓，掌握市场运行的规律，按照市场经济的规则行事，成为符合市场经济要求、能够在市场经济的大海中游刃有余的人。

第五层含义是要在大学开设符合市场经济要求的专业和课程，按照实际变化情况不断更新有关专业的相关教材，按照适应性原则安排教学内容。

第六层含义是要培养学生适应市场经济积极进取、敢于冒险、不断竞争、容忍失败、胜不骄败不馁、不屈不挠的心态；培养诚实守信的人格；培养法治、契约、创新以及坚毅勇敢、吃苦耐劳、团结协作的精神。在面向市场经济办学的过程中，要坚决反对把育人权力当作商品出售的商业化行为。

第七，要在高校普遍开设马克思主义哲学课程，特别是要学习唯物辩证法，使学生掌握当代最强大的创新思想武器

为什么说唯物辩证法是当代最强大的创新思想武器？这是因为辩证法承认事物的运动是绝对的，静止只是相对的；与此相适应，人的认识也要随着客观事物的发展变化而不断发展变化，即解放思想、实事求是、与时俱进，也就是创新。正如马克思指出的那样："辩证法在对现存事物的肯定的理解中，同时包含对现存事物的否定理解，即对现存事物的必然灭亡的理解；辩证法对每一种既成的形式都是从不断的运动中，因而也是从它的暂时性方面去理解；辩证法不崇拜任何东西，按其本质来说，它是批判的和革命的。"批判、革命与创新在本质上是统一的。创新就是要敢于突破与实际不相符合的成规陈说，敢于破除落后的思想观念，注重研究新情况，善于提出新问题，敢于寻找新思路，确立新观念，开拓新境界，在实践过程中不唯上，不唯书，只唯实。要创新就要反对思想僵化、因循守旧、抱残守缺、故步自封的思想和行为。在创新中怀疑和批判精神十分重要，要注重培养学生敢于怀疑、勇于批判的精神和品格，只有这样才能提高认识，才能进步，才能实现创新。

第八，要树立全新的教育理念

中国的教育尤其是中小学教育是一种应试教育，而应试教育是缺乏创造性的。在谋求经济转型、培养创新性人才的今天，应试教育已到了非改不可的时候了。改革应试教育不仅要改革相关的教育体制，如高考体制，而且要转变教育理念。

网络中流传的一篇文章写到了一种全新的教育理念，题目为《真正的教育是一种人格心灵的唤醒!》，现全文摘录如下，请读者一尝：

　　德国的著名教育学家斯普朗格曾说过："教育的最终目的不是传授已有的东西，而是要把人的创造力量诱导出来，将生命感、价值感唤醒。"马克思也说："教育绝非单纯的文化传递，教育之为教育，正是在于它是一种人格心灵的唤醒。因此说教育的核心所在就是唤醒。"

　　唤醒什么？唤醒学生生命中的灵性和欲求。我们人总是有着一种生命的创造冲动的，这说明人具有内在自我发展的动因，并外在地表现为他不满足于已有的定论，不相信唯一的答案，不屈从于任何外在的压力而放弃自己的主张。还表现为对现在时态下自我发展状况的不满足和否定，以至于追求更高水平、更完善的发展。因而我们的教育应该呵护、关怀人的这种生命的冲动意识，使学生在现实中能够大胆地去追寻自我，大胆地去展现自我，在追寻和张扬中各种能力得到充分的发展。

　　牛顿发现了物质世界的万有引力，它是宇宙大自然内在的科学规律；而博大深邃的师爱，是教育王国的万有引力，它是教育走向成功的最基本的前提和必需。

　　唤醒学生自尊、自信的天性 。

　　唤醒学生做人的良知 。

　　良知是人的道德底线；没有了它，你就成了次品、废品，甚至危险品。良知埋藏在心里，如不挖掘，便会泯灭。苏霍姆林斯基曾说，每个孩子身上都有某种善良的东西，只要有火星就能燃烧。教育者要时时事事处处为学生提供一块纯真、善良、友爱的沃土。不是凭教条灌输，而是坚持正面教育，充分利用各种教育手段、力量，引导学生做出善行善举，从而使学生道德的善根自由自在地生长。

　　唤醒学生自强、自律、自省的能力。

唤醒学生沉睡的潜能，唤醒学生开拓创新的意识。

教育中本质的东西不是制约，而是解放！教育应当是充满人性化和温情的，始终发扬人的价值、尊严和人性的光辉。教育应该培养全面发展的和谐的人格，唤起人对自身、对他人、对世界、对真理的探求的好奇、热情与执著，使人懂得珍惜自己、关爱别人和呵护世界，因此，"真正的教育"或"好的教育"在于"促进灵魂的转向"。教育是教育者与受教育者心灵的相互碰撞，感情的彼此交融，是在触击灵魂和抚慰心灵中对一个个鲜活生命的尊重、陶冶与唤醒，思维的火花、创造的灵感与智慧的亮光就是在一颗心灵唤醒另一颗心灵中自然流露的！

禅语有云，"一片白云横谷口，几多归鸟尽迷巢"。如何让当下的教育回归教育的本原，如何让教育呈现它最应该呈现的姿态，是每一个教育者应该承担的责任和义务。教育自从诞生之时就注定了是一个充满着人性和有着强烈价值追求与时代色彩的事业，教育的理想和理想的教育其实就在眼前，就在当下，就蕴含在那一个个生动而丰富、引人向善的教育诗篇之中。

"桃李不言，下自成蹊"。教育不是要改变一个人，而是要帮助一个人。教师只有用自己的爱心、责任和良知，用对教育的全部激情与虔诚，用那颗对学生的拳拳赤子之心，去唤醒那一个个暂时默默地沉睡着但却永远闪烁着人性的光辉与道德的魅力、精彩而又美丽的灵魂。我想，这也许就是理想的教育吧！

五、大力反腐，提高效率

随着反腐败斗争的开展和深入，在干部中流传着一种奇谈怪论，说什么反腐败影响了经济发展，近两年增长率下降的原因就在于反腐败。果真如此吗？

反腐败造成了一些高档饭店和私人会所的冷落，一些旅游和出国数字的下降，还有一种情况是一些该上的项目没人张罗着上了，很多该干的事情没人干了。高档饭店和私人会所冷落以及后面两种数字的下降，其原因是显而易见的。该干的事没人干，其原因也不复杂，无非是捞好处的机会没了，站在个人私利的角度看，干还不如不干。这些问题确实存在着。如果这也算影响了经济发展，那影响的是"腐败经济"的发展，扭转的是腐败经济主导的经济结构，这种"影响"真好，我们应该为此欢呼雀跃。由一部分官员肆意挥霍人民的财产而造成的经济繁荣，是人民受饥挨饿的繁荣，这种状况如不遏制，党将不党，国将不国。有些干部依此攻击反腐败斗争，可见其站在了什么立场上。

如果说在资源充裕、发展方式粗放的时候腐败对于经济增长的阻碍作用还不明显，那么，在资源短缺、市场竞争加剧、环境约束压力加大、成本不断升高、发展条件越来越严酷、不实行集约型便不能发展的今天，政府清廉已成为经济发展不可缺少的必要条件。

研究世界各国腐败与经济发展的关系可以看出，腐败与经济发展呈现为负相关关系，凡是腐败程度高的国家，经济发展程度低，人均收入低，腐败严重羁绊、拖累着经济发展。"腐败是强加于最有利可图的企业头上的私人税收体系，它带来的是产权的不确定性，并增加成本和抑制投资（保罗·萨缪尔森，《经济学》第十八版，522页）。非洲以及亚洲相当多的国家经济发展迟缓，原因即在于此。相反，凡是发达国家，一般都呈现为廉洁与发展两者的正相关关系。廉洁指数越高的国家经济发展就越好，两者交相辉映，相得益彰，相互促进。

2014年世界清廉指数排名前十位的国家是：丹麦，新西兰，芬兰，挪威，瑞典，新加坡，荷兰，卢森堡，加拿大。后十位的国家是：厄立特里亚，乌兹别克斯坦，利比亚，土库曼斯坦，伊拉克，南苏丹，阿富汗，苏丹，朝鲜，索马里。对这些国家的经济略有了解的人，一眼便能够看出腐败（或清廉）与经济发展的关系。

近十年中国的清廉指数在全球排名在 70 到 100 之间。

越来越多的人认识到经济发展、社会公平和政府廉洁是支撑社会稳定的三个顶梁柱。北京师范大学发布的《2013 年中国省级地方政府效率研究报告》指出，反腐败是提升政府效率的关键：反腐败有利于提升基本公共服务效率，有利于提升政府规模效率和治理效率，有利于缩小贫富差距（人民网《理论》独家特稿，2013 年 12 月 30 日 08：09）。

因此，研究中国的发展方式转型，不能不关注中国的腐败及其反腐败问题。

新中国成立之后在长达三四十年的时间里，我们曾是世界上最廉洁的国家之一。改革开放三十年来随着经济发展腐败问题越来越严重，现在腐败侵蚀到了政府机构的各个层面，并蔓延到了社会的各个方面。在党的十八大召开之前，腐败到了十分猖獗的地步，很多干部不以腐败为耻，反以腐败为能，社会上有一些人把吃喝嫖赌、贪污盗窃看作是有能力的表现，不会腐败的干部反而被认为无能、窝囊废，党的艰苦奋斗、廉洁奉公的作风几乎被一扫而光。解开你思想的所有束缚，尽情地想象，一个善良的人，一个在毛泽东时代成长起来的人也很难想象到腐败的严重程度！

据媒体公布的一个不完全统计数字，说我国有 118 万官员的妻子儿女全部移民国外。另据作者程凯的文章《中国人在美国制造的奇异景观：二奶村即"Ernai Village"、贪官城、月子中心》介绍，全美国到处可见中国二奶和贪官。二奶们群居一地形成"二奶村"，当属加州大洛杉矶地区一个名叫罗兰岗（Rowland Heights）的地方，贪官们群聚地是大洛杉矶地区的亚凯迪亚市（Arcadia）。在洛杉矶国际机场中国航班的出口接机处，每天都可以看到有华人少妇们在焦急等待航班降落。每当一位老男人走了出来，便有一位少妇欣喜若狂，上前拥抱老男人。老男人非富即贵，要么是厅局长以上的大官，要么有十亿八亿身家。所以要把二奶送出国外，一是怕大奶闹事，二是把资金转移出国外，需要有个照看资金的人。携巨款出逃的贪官，一到美国就要买豪宅以作安身，使得这些城市房地产空前兴旺，便有"贪官城"之称。为了获取美国的护照以及优质教育、医疗福利和孩子十八岁后父母可移民美国的权利等，有权势与富贵的很多家庭孕妇都选择到美国产子。到美国产子需要费用5万到10万美元，2014年到美产子的中国孕妇有3万人，2015年将有6万。

按照宏观经济学原理，收入可分为消费与储蓄两部分，而储蓄可以转化为投资，从量上考察，储蓄等于投资。近年来我国消费和投资都不景气，但收入是在不断增长的，那么，人们的收入到哪里去了？很有可能出现这样的问题：收入以现金的形式转移到了国外。收入以现金的形式转移到国外的时候，需要在人民币外汇市场上出售人民币，购买外汇，然后把外汇携带到国外。当这一过程发生时，人民币所代表的财富转移到了国外，增加了国外的储蓄和投资，在中国的外汇储备不变时，增加了中国的对外净投资，即使国外的某一国或几国如美国等的消费和投资增加。国内财富的漏出，减少了中国经济循环中的流量，对GDP的增加起到的是副作用。这种携国内财富到国外消费和储蓄的行为可被称为"经济汉奸"。经济汉奸的行为与携国内资本到国外投资者的行为有本质的不同，前者携财富到国外的目的是为了将非法得到的财富合法化，即洗钱；后者的目的是为了赚取国外的利润，在全球范围内优化配置资源。

下面我们考察腐败呈现的新特点。有人总结出目前腐败的四大特点，即集团化、部门化、市场化、黑帮化。集团化是指，近二三十年来，腐败分子逐渐结伙抱团，出现了一案几人、数十人到几百人不等的犯罪团伙，如2001年的厦门远华走私案、2005年初黑龙江政协原副主席韩桂芝贪污一案，到十八大之后揭露出来的副国级大老虎周永康、郭伯雄、徐才厚、令计划、苏荣等无不形成在自己势力范围内的集体犯罪特性。部门化是指某一职能部门和行业系统出现了连续性和复制性犯罪案例，如交通部门、组织部门、司法部门、教育部门、军队领域、医疗事业单位等腐败多发、频发的特性。复制性是说甲地是这些部门，乙地也是这些部门，如全国交通厅长犯罪，似乎是从一省复制到了另一省。市场化是指腐败有买方，有卖方，有交易，有核算，有价格，有行情，有讨价，有还价，有投资，有回报，有行规，有利润，已经是经济学意义上的市场，在这个市场上各个部门、各个行业办什么事都有约定俗成的价格。医药回扣、购书回扣、开刀送红包，各有各的行情。腐败的黑帮化是指司法系统的"涉黑"，以致警匪勾结、官匪一家，以及在执法过程中使用非法的黑道手段等。司法系统的黑帮化最常见的是司法干部和偷、赌、毒、娼等领域的黑帮人员共同作案，坐地分赃。以上所述的四大特点，虽然就全国而言不是在所有地区和部门同时猖獗，但每一特点都有大量案例佐证，在不少地区和部门都较为常见。

从以上对于腐败的分析中可以看出，腐败不仅在收入分配层面导致了两极分化严重，使资源配置失误，而且在经济的其他层面以及在道德层面、法治层面、政治层面等严重破坏了一个社会立足的基础，使整个社会的资源配置失误。如把道德败坏、理想信念丧失的人提拔到领导岗位，便错误地配置了资源中最重要的那一部分资源。再如腐败渗透在各种评选中时，是否当选或落选不再取决于评选对象本身是否优秀，而取决于评选之外的各种活动，这样就使得人们不再把主要精力集中在工作、事业上，而是放在如何搞好人事关系，如何行贿受贿、弄虚作假上，激励机制被误导。还如，把国有企业掏空挖尽、把国有资产尽数流失далее误导人们国有企业不适合中国国情，要把国有企业这一重要资源从中国大地上铲除。当整个社会都因腐败而出现逆向淘汰时，资源错配问题就不是个别问题了，所造成的人力物力损失对于有13亿人口的大国来说，其数额一定是天文数字。

因此，腐败不除，政府的什么工作都难于做好。腐败不除，人民辛辛苦苦创造出来的财富尽被贪官污吏攫取。腐败不除，政府工作的效率、包括整个社会的宏观经济效率都不可能提高。腐败不除，有可能亡党亡国。今天，各种社会矛盾的产生和激化无不与腐败有关。

十八大之后，以习近平同志为总书记的党中央铁腕反腐，老虎苍蝇一起打，把"反腐败"一词从口号转化为实际行动，并在高层揪出大批老虎，顺天意得民心，万众拥护。只有建设一个廉洁的政府，才能更好地发挥政府的作用，经济发展方式也才能顺利转型。反腐败工作目前只能说仅仅遏制住了腐败势头的蔓延，远不能说已经取得了决定性胜利。因为今天我们面对的腐败比历史上任何时候都严峻，它不仅仅是政府的腐败，也不仅仅是军队的腐败，而是全社会的腐败，包括最应该纯洁的教育、文化领域。

但反腐败在地方政府层面还没有打开局面，一些地方政府似乎被腐败牵制住了，似乎害怕引火烧身，一直在观望、等待，行动少，查处案件率低，是一件十分令人焦虑的事情。上边热热闹闹，下边冷冷清清，是目前反腐败的现状。反腐败一定要真正做到有腐必反，一定要深入基层，一定要全方位、全领域反，绝不能留下死角和孤岛，绝不能像演戏那样做做样子，哄哄百姓。这一次反腐败的战役如果不获全胜，如果不把战果巩固下来，后果将是非常严峻的。我们曾经在 20 世纪 80 年代末有过一次全社会反腐败的经历，但因种种原因，之后的腐败反而加剧扩大，终于发展到今天事关党和国家生死存亡的地步。今天的反腐败是背水一战，只能胜不能败，因为我们已经没有退路。下一步如何把反腐败引向深入，反发生在老百姓身边的腐败，反基层"七站八所"里产生的腐败，反政府之中和政府之外社会各个角落里产生的腐败，让老百姓真正感受到政府的清廉和清廉的政府所带来的好处，感受到社会各个领域廉洁的清风和正气，将是今后一段时间摆在各级党委面前的一项重大而又艰巨的工作。从省级政府到乡级政府，包括基层单位，都要花费大力气和长时间反腐败，要按照中央的要求做到有案必查，有腐必惩，斩断腐败的根系，铲除腐败的土壤。

六、创新干部管理体制，提供人力资源支持

古人云，善用人者无敌于天下。毛泽东同志曾指出，政治路线确定之后，干部就是决定的因素。

古今中外治国理政创业打天下的经验都说明，为政之要在于用人，不仅在于用谁，而且在于谁用，以及在什么体制机制下使用。要完成行政体制改革、转变政府职能的大任，实现发展方式转型，就要敢于和善于改革现行的干部管理体制，大胆启用新一代符合转型发展要求的人。

例如，适应政府职能由全能型政府向服务型政府转变，用人原则要从过去的重点用"能人"转变为用"老实人"，从"能人政治"转变为"老实人政治"，即高度重视公务员队伍的道德素养，把道德标准列为用人的第一标准，同时让"能人"转向企业，让"能人"下海，让一部分有科研能力的人转向科研部门，使"能人"能够在市场竞争中发挥作用。"能人"不一定是坏人，但能人认识、才能、胆识都比一般人要强，当他们掌握公共权力的时有可能做出一些与其权力要求不相一致的"出格"的事，这些事在服务人民的政府机关中是不能容忍的。但当他们把智慧转移到市场竞争和科研中时，恰恰能够发挥出他们的才能，市场和科研部门也急需这样的"能人"。只有让他们到能够充分发挥作用的地方去，才能使他们干出一番轰轰烈烈的事业，既能够丰富他们的人生经历，又能够推动经济发展。长期以来，行政机关吸引了大量优秀人才，实际上是对人力资源的错误配置，造成了全社会人才的严重浪费。很多一生在机关单位工作的大中专毕业生临近退休时都有空空无为的感觉，后悔不迭。同时，也只有让老实人留在政府机关中，政府机关才能真正成为一个服务型组织，才能生产出社会满意的公共产品。政府机关特别是地方政府机关需要的是执行政策的人，需要的是按部就班、老老实实、勤勤恳恳、任劳

任怨、埋头苦干的人，这些人应该是"循规蹈矩"的成分多，而另辟蹊径、别出花样、特别是与私利相联系的"创新创业"的成分却应该少。也就是说，在用人问题上要把每个人所具有的个性特征与工作岗位的性质和要求联系起来。20世纪80年代以来实行的"能人"政治应该到转型的时候了。

再如，解决用人上的权责不分和效率低下问题，可实行对行政官员的分类管理。对于地方正职决策性官员（如乡长、县长、市长、省长）在各级党组织推荐的基础上要逐步实行公民直选，对于执行性的官员（副职和各部门负责人）实行由决策官员提名、人大表决通过的办法任用。提名官员要对被提名者的无能、腐败和违法乱纪行为负责，如果发现被提名者无能力履职或有腐败、违法乱纪行为，提名者要受到牵连甚至引咎辞职，做到用人上的权责统一，即有权必有责，有责必有权。对于决策性官员的选拔使用要讲民主，对于执行性官员的选拔使用要讲效率。各级党组织拥有对决策性官员的推荐权、调整权和罢免权，同时也要负起推荐、调整和罢免的责任，即如果被推荐、调整、罢免的官员无能或有违法乱纪行为，党组织的有关负责人要负相应责任。对于决策型官员的选举要在竞争中实行差额选举，要把参加竞争选举官员的信息充分地提供给选民，让选民在知情的情况下做出理性的选择。

还有，要对所有地区、部门、行政事业单位的领导班子成员实行真正的任期制而不是六十岁制，任职一届期满后至少三分之一的成员要退出，特别优秀者可任职三届或更长时间。退出后的官员可从事一般工作、中层工作或转行从事业务研究工作，也可凭自己的能力到别的地区、部门或单位继续担任领导工作而不是通过组织安排再履职，使整个社会从纵向和横向两个方面流动起来，产生出生机和活力，避免内耗、惰性和低能者长期占位。党对干部的管理主要体现在对官员的思想、作风和选拔任用原则、程序的管理上，以及监督、罢免和对决策官员提名的管理上。要促使官群之间、上下之间的相互流动，改变阶层固化的现状。

针对我国人口老龄化速度加快、人口红利消失、劳动力出现短缺等问题，在身体健康和本人自愿的前提下，可大幅度地提高专业技术人员的退休年龄，如将男性教授级正高职专业技术人员的退休年龄延长至 70 岁甚至 75 岁，女性延长至 65 岁或 70 岁。延长专业技术人员的退休年龄，能够减轻劳动力短缺的压力，更重要的是做到了人尽其才，对人才充分加以利用，提高了人力资源配置效率，不至于造成人力资源的浪费。

七、建设法治社会，实现公平正义

发展方式转型必须以法治建设为基础，这是因为我们所讲的转型发展是在市场经济体制中的转型发展，离开了市场经济转型发展便不能达到既定的目标，而市场经济就是法治经济。市场经济是一个由众多主体通过竞争机制实现资源配置的经济，要高效率地配置资源，必须用法治解决两个核心问题：一是要保障市场主体的自由，二是要保障市场的秩序。这就要求约束规范公权力，保护私权利，给市场主体进行投资、生产、交易的充分自由和财产安全、人身安全的充分保障，使他们能够发挥自己的聪明才智创新创业。法治是市场经济发展的基本保障，没有法治做基础，经济转型将会化为泡影。因此，我们研究发展方式转型时，必须研究法治社会、法治政府的建设问题，以及司法体制改革问题。

（一）

建设法治社会的任务，是为转型发展奠定基石。

法治即法律之治，它不仅是法律条文、制度规范，而且是一种意识、理念，是一种生活方式和社会治理模式，体现着民主、自由、人权、平等、公平、正义等价值。建设法治社会，一是要树立法治理念，彰显权利优先、公平正义原则，使法治扎根于每个人的灵魂深处，使司法执法公职人员和每一位公民都成为宪法和法律的忠实崇尚者、自觉遵守着和坚定捍卫者，办事依法、遇事找法、解决问题用法、化解矛盾靠法，把法治作为一种生活方式和最高追求，同时把权力锁进法律制度的笼子里，决不允许一言代法、以权压法、徇私枉法（袁曙宏，《奋力建设法治中国》，《求是》，2013 年第 6 期）。二是要科学立法、民主立法，在立法的过程中倾听不同利益群体的声音，使立法反映绝大多数人的意志。要通过竞选把能够代表民意的具有较高参政议政能力的政治精英吸纳为各级人大的代表和人大常委会组成人员，减少官员代表和那些象征性的难于履职的代表，使各级人大成为各种利益诉求和平衡的平台。有了人大会议上的纷争激辩，才会减少社会冲突，化解社会矛盾。三是使每一部法律法规都得到严格执行，使人民群众在每一个司法案件中都能够感觉到公平正义。四是要发挥各级人大对一府两院的法律监督职能，发挥各级政协组织的民主监督职能，特别要畅通社会舆论监督渠道，允许并鼓励人民群众通过各种媒体如电视、报纸、广播等对政府人员进行批评，同时要认真对待人民群众通过其他各种形式的监督行为。

（二）

在建设好法治社会的同时，要建设好法治政府，从而为转型发展创造条件。没有法治政府，一切工作靠人治，市场经济便不能健康发展，更谈不上发展方式转型。

建设法治政府的核心要义是要用法律来制约和监督行政权力，从而保障公民的合法权力不受侵害、市场的作用能够得到有效发挥。这就要求一方面用公民的权利，用人大、政协、司法机关以及新闻舆论权力制约监督行政权力，另一方面把公共权力分解为决策权、执行权、监督权，实现公共权力内部的有效制约和监督。政府的权力只能来自于法律授予，不能由政府自己颁布的文件决定，要做到严格依法行政，即"法无授权不可为"。

在市场经济体制中严格依法行政表现为两点，第一要保障市场自由，即保障市场主体的物权、债权、股权、知识产权和依法投资、生产、交易的权利不受侵犯，不能用公权力侵犯私权利；第二要监管市场秩序，创造良好的市场环境，保护好公民和企业的产权，让人们从事商业活动和日常生活有安全感、公平感。很多地方政府在第一点上"越位"，过度限制了公民的自由，甚至侵犯了公民的权利。例如，有些地方政府配合房地产开发商强行拆迁居民住宅，强行企业搬迁或淘汰、关闭一些污染企业及有安全威胁的企业而不予以补偿，是对公民和法人企业权利的侵犯。政府要使污染企业关停，只有两种办法，一是给予合理补偿（或赎买）后使其关停，二是通过征收污染税使其经营成本加大在市场竞争中处于不利地位而自行关停，除此之外政府没有强行淘汰、关停合法企业的权力（政府也可对新增污染即超出企业成立时所允许之外的部分罚款）。很多地方政府在监管市场秩序的第二点上"缺位"，没有履行好自己的职责。

在政府的权力受到约束和监督、公民的权利得到保障的条件下，人们的创新潜质才能展示出来，创新活力才能得以迸发，市场也才能更好地配置资源，经济由投资拉动转向创新驱动才具有可能性。投资拉动的经济增长方式产生的一个原因就是政府乱作为导致的，而市场一系列失信行为、垄断行为、贿赂行为则与政府不作为有关。

（三）

在建设好法治社会和法治政府的条件下，要按照十八届三中四中全会的要求深化司法体制改革，为转型发展保驾护航。

目前在司法实践中，存在的主要问题一是有法不依、执法不严、违法不究的现象还普遍存在，二是存在着公职人员滥用职权、失职渎职、知法犯法甚至徇私枉法的问题，三是干扰人民法院、人民检察院独立行使审判权检察权的现象经常发生，四是存在有司法行政化、地方化以及选择性执法等问题，五是司法的透明度不够、监督不到位。

要依法治国、加快建设社会主义法治国家，要实行社会公平正义、维护社会和谐稳定和公民的合法权益，要保障市场经济正常运行、使转型发展能够实现，必须按照十八届三中全会作出的《关于全面深化改革若干重大问题的决定》和四中全会做出的《关于全面推进依法治国若干重大问题的决定》的要求深化司法体制改革：一是确保法院、检察院依法独立行使审判权检察权，公正办案，绝不允许上级或同级党委和政府的官员干涉办案；二是要健全司法权力运行机制，改革审判委员会制度，完善主审法官、合议庭办案责任制，让审理者裁决，由审判者负责，做到权责统一，责任终身制，错案能够被纠正，违法违纪行为能够及时得到应有的惩戒；三是推进司法公开，包括审判公开，检务公开，录制并保留全程庭审资料，保障公众对司法的知情权，增强公众的监督力；四是要加强对司法工作人员的管理，解决司法腐败、司法不公、司法效率不高等问题。

八、培育社会主义市场经济的创新性文化

（一）

为了促进转型发展和文化产业发展，必须培育社会主义市场经济的创新性文化。没有社会主义市场经济的创新性文化，转型发展便是无源之水、无本之木。

创新是民族进步之魂。一个民族是否能够创新，关键看这个民族是否拥有创新性文化。美国自建国以来经济社会飞速发展，迅速成为并且如今仍然是世界头号强国，究其原因，最根本的在于其文化的创新性强（李修松，《大力推进国家文化创新》，《探索与争鸣》，2013年第12期）。陈佳洱指出，只有营造良好的创新文化氛围，才能源源不断地孕育优秀的科技人才和自主创新的科技成果。以先进的创新文化引领科技进步，已成为一个国家和地区进入创新型国家和地区的必由之路。（陈佳洱，《科学影响时代》，《新华文摘》，2013年第24期）

创新性文化即市场经济的创新性文化，在我国，它是社会主义市场经济文化的重要组成部分，而社会主义市场经济文化是社会主义文化的重要组成部分。有什么样的经济就应该有什么样的文化，我们实行社会主义市场经济，必然有与之相容并能够促使其发展的社会主义市场经济文化。更进一步说，我们要实行创新驱动的发展方式，就必须建设与之相适应的社会主义市场经济的创新性文化。"十八大"报告提出了建设社会主义文化强国的宏伟目标，首次把"富强、民主、文明、和谐，自由、平等、公正、法治，爱国、敬业、诚信、友善"等作为社会主义核心价值观，成为社会主义核心价值体系建设的点睛之笔，丰富和发展了博大精深的中华文化，意义十分重大。社会主义核心价值观不仅继承了传统的中华文化，而且吸收、发展了西方发达国家的市场经济文化。社会主义市场经济文化的内涵除了社会主义核心价值观中包含的相关内容如自由、平等、公正、法治、诚信等之外，还有创新、竞争、契约、效率、效益等方面。对于我们转变经济发展方式而言，创新性市场经济文化极为重要。建立起创新性文化，创新活动就会像空气一样弥漫于我们的生活中。

创新性文化对发展方式转型的作用表现在两个方面，一是促进文化产业的发展。如果一个国家的文化具有创新性文化，那么在今天，它的文化产业就会发展成为国民经济的支柱产业，成为转型发展的重要引擎，在经济结构调整和转型中发挥自己主力军和先头兵的作用。文化产业是文化的硬实力。二是作为一种精神，为经济和社会转型立魂，成为经济和社会转型的精神支柱，激发人们的创新激情、创新活力，使各行各业的人们自觉创新，随时随地创新，时时刻刻创新，并将这种创新精神和创新成果转化为经济社会发展的宝贵资源和不竭动力。没有创新性文化做支撑的创新是个别的、偶然的、零碎的、小范围的，有创新性文化做底蕴的创新是普遍的、必然的、系统的、大范围的。也就是说，实施创新驱动战略、建设创新型国家的必备条件是建设创新性文化。创新性文化是文化的软实力。我们要同时利用好文化的软实力和硬实力这两种实力。

（二）

要创新文化内涵，建设社会主义市场经济的创新性文化，用创新性文化促进转型发展。

山西地处中部，思想观念相对封闭，文化中保守、落后、愚昧的东西相对多一些，更应该积极评价并且弘扬践行社会主义市场经济的创新性文化。2012 年通过社会调查有关部门确认了"信义、坚韧、创新、图强"为山西精神。山西人确实有这些精神，但我们同时也要看到山西文化中消极的一面。我们应该在推行社会主义核心价值体系的同时，建设社会主义市场经济文化，用社会主义市场经济文化特别是创新性文化改造山西的传统文化，消除山西传统文化中保守、内向、中庸、排外、怕变、不善交流、不思进取、思维僵化、循规蹈矩、故步自封、小富即安、惰性缠身、不敢冒尖、妒贤嫉能、见富仇视、满足现状、抱残守缺、畏首畏尾、坐而论道、论资排辈、讲究等级、迷信权威、崇拜权势、盲目赞同等因素。

市场经济的创新性文化的本质常常外形于充满自信、善于怀疑、敢于争辩、挑战即成之事、对任何问题都持有异议、"两个人有三种见解"、没有任何思维定式、独立思考、长于分析、勇于探求、无惧权威、憧憬冒险、常常挑战自我、追求卓越、永远不满足、反"听话"教育、反等级观念、有时甚至于不拘小节、实施扁平式组织和领导、富有团队合作精神、对失败包容等表象中。我们要赞赏、传播、践行创新性文化。

(三)

要创新文化产业，做大做强文化产业，以文化产业为载体带动创新性文化的发展。

与发达国家相比，我国的文化产业是相对落后的。西方主要发达国家文化产业在国内生产总值中所占的比重平均在10%以上，而我国还不到4%；在世界文化产业中所占的份额，美国为43%，欧盟为34%，日本为10%，剩下的7%为中国以及其他所有国家的，这种状况与我国作为世界第二大经济体的地位是很不相称的。近几年来，山西省委省政府出台了促进文化产业发展的相关政策，对影响文化产业发展的体制机制进行了改革，很多人逐渐认识到发展方式转型文化要先行，文化产业获得了前所未有的发展，其中旅游、文物、戏剧等方面的产业发展的较快。山西在文化产业的发展上存在的问题有三点，一是创意性文化产业发展不够；二是在现有的文化产业中对创新性文化的凸显不够；三是文化产业的发展主角还没有完全从政府转为企业，发展的基础还没有完全从政府支持转向市场竞争，文化企业还没有真正成为文化市场的主体。

(四)

要在文化硬实力与文化软实力的结合上创新。

一方面借助文化产业的发展弘扬、传播、扩散市场经济创新性文化，把市场经济的创新性文化溶于文化产业中；另一方面要建设好市场经济的创新性文化，用创新性文化为文化产业立魂、定力并助推其发展，使两者在有机结合的基础上相互促进，比翼双飞。

九、壮大企业家队伍

（一）

壮大企业家队伍，是发展方式转型的最重要条件之一。

创新驱动的发展方式就是由全要素生产率的提高而带动发展的生产方式。全要素生产率是由资源配置效率和企业微观生产效率两部分构成的。资源配置效率是由改革开放、宏观政策带来的，过去的三十多年我们享受的就是改革开放的红利以及政策和人口红利，未来一段时间我们还可以享受改革红利，但随着刘易斯转折点的到来，人口红利正在消失。企业微观生产效率是由管理创新、技术创新、体制机制创新和效率高的企业的产生、壮大以及效率低的企业破产、退出等行为（实际上也是一种"资源配置效率"）带来的，而所有这些都与企业家相关，非企业家而不能为。

威廉·鲍莫尔、罗伯特·利坦等人在《好的资本主义 坏的资本主义》一书中把资本主义分为四种，即国家主导型资本主义、寡头型资本主义、大企业型资本主义和企业家型资本主义，并指出在长期中最能够实现经济增长的是企业家型经济体制和大企业型经济体制的混合体，因为这种经济体制能够使技术进步。

19 世纪末之前，经济学家仅认可三种生产要素，即劳动、资本和土地。19 世纪末，马歇尔把在企业管理中发挥了重要作用的企业家才能列入生产要素中。

熊皮特强调企业家是创新的主体，是对旧生产方式进行"创造性破坏"、实行生产要素新组合的人，是经济增长的关键。在熊彼特看来，多数经济变化都是周而复始，人口增加，经济总量也增加，但人均水平没有太大的变化——那是一种平庸的经济。要冲破这种平庸的、周而复始的经济，实现现代经济增长，真正的关键、最激动人心之处就是突破平庸，达到人均产出和人均所得的持续提高。为此，熊彼特提出了一个新概念——创新。他认为，如果没有创新，很难突破经济增长仅仅随人口增加而增长的困境，就无从实现人均所得的持续提高。那么，谁来创新呢？企业家。谁是企业家呢？谁突发奇思怪想，谁坚持把想法变成产品，谁的跳跃性产品得到市场的认可，谁就是企业家。

德鲁克认为，企业家是革新者，是勇于承担风险、有目的地寻找革新源泉、善于捕捉变化、并把变化作为可供开发利用机会的人。

从近代世界史看，一个国家的兴起无不伴随着一批优秀企业和企业家的涌现。中国能够发展为世界第二大经济体，企业家功不可没。中国若要进一步发展，成为世界经济强国，没有一大批一流企业和企业家是不可想象的。很多研究者指出，中国企业最迫切需要的既不是资金、资源，也非政策、技术，而是一批富有创新精神、守法、守信、守则、具有强烈的社会责任感、善于利用各种资源、能够创造经济奇迹的企业家。它是中国最突出也是最容易让人忽视、最难以克服的一种经济瓶颈性制约因素。（胡礼文，《论企业家精神与企业家精神的培育》，http：//wenku. baidu. com/link？url＝cmQiCg7eqs2O7EANk70FPlmRMvca－L1ggYPBrUSSLYXNJ0x8Rv5btTgtQKjVYCmgVwWfE5uaDwg8sUavGOkVq3mG7XS_ － GoNwpga6dLVSFG）

2006年诺奖获得者美国哥伦比亚大学教授埃德蒙·菲尔普斯更直接说，中国有企业没有企业家，这是国家的发展路径差异。（埃德蒙·菲尔普斯，《企业家是创新主体》，《新华月报》，2013年第10期下）这种观点虽然难于被国人接受，但与美国相比，企业家的规模、能力与作用还是有很大差距的，这是我国由政府主导的市场经济体制所造成的一种必然结果。我国的发展方式难以转变、科技转化率低、大学生就业难、居民储蓄难以转化为国内投资、大量的资金以债权投资的形式流向国外后又以股权投资的形式流回使巨额利润损失等问题成为阻碍经济发展的大问题，究其原因即在于企业家的缺失。

（二）

如果说我国转型发展面临的大问题是缺少企业家，那么，在山西这一问题就显得尤为突出。山西省工商联党组书记、副主席杨临生指出，从全国500强排名比较，山西民企与全国民企存在有几大差距：一是数量有差距，榜首浙江139家，江苏第二93家，我省仅8家，在中部6省里仅超过江西，居倒数第二；二是规模有差距，全国500强2012年度营业收入总额户均211.5亿元，江苏户均达253.7亿元，我省8家户均只有108.9亿元，为全国户均水平的50%多一点；三是产业有差距，500强里高科技高附加值产品发展强劲，现代商业物流、金融服务业领域投资企业最多，投向政策性住房、国防科技工业等领域增长较快，而我省8企，除通达集团是制造业外，其他7家企业都在钢铁煤焦领域发展，产业后劲不足，抗风险弱，科技含量低；四是发展速度有差距，滞后于全国。（赵向南，《从500强排名看我省民企差距》，《山西日报》，2013年10月10日A3版）据王小鲁等人《中国分省企业经营环境指数2013年报告》，山西在全国三十个省市自治区排名，2006、2008、2010、2012分别被排在第21、30、17、26位，始终位于后半部分，其中2008年位于倒数第一名。（王小鲁等，《国家行政学院学报》，2013年第4期）

正是由于山西缺少企业家，所以，山西的经济结构单一，严重依赖自然资源，煤、焦、铁、铝等重工业产值占工业总产值的80%以上，经济的创新能力不强，科技含量不高。

长期以来，我们做任何工作都习惯于采取行政化的办法依靠各级党政领导干部，似乎各级党政领导干部思想统一了，行动起来了，一切问题都能够自然解决。今天我们谋求发展方式转型，一部分人仍然把眼光仅盯在行政干部身上，这是一种误区，是计划经济的旧思维方式和工作方式在作怪。在自由市场经济体制下，经济发展最直接最重要的依靠对象是企业家，创新的主体是企业家，发展方式转型非企业家主导而不能转。因此，培育企业家精神，壮大企业家队伍，是全国更是山西转型发展必走之路。

（三）

既然企业家在经济发展中的作用如此重要，我们就应该发扬企业家精神，培育企业家队伍。

一是要在全社会倡导、弘扬企业家精神，号召人们学习、模仿、实践企业家精神，使其受到应有的尊重，包括采取舆论宣传、在中小学进行企业家精神教育、在大学和研究生阶段普遍开设创新创业课程、在管理类专业和院校中注重培养学生的管理才能等，使人们争相创新创业，使学生在潜意识中具有成为企业家的潜质。

二是要继承和发扬晋商的进取精神、敬业精神、群体精神和诚信文化、学而优则商文化等。

三是要支持、鼓励、引导年轻的机关高学历公务员到企业一展身手，优秀大中专毕业生到企业就业、创业。

四是要建立相应机制，分散创业风险，容忍创业失败。

五是要开放创业股资本市场，开辟科技企业融资渠道。

六是要创新企业分配制度，保证企业家有相匹配的责权担当和合理的利益分享，保护企业家的合法权益。

七是要设立企业家、职业经理人的培训机构，使其有条件进修、深造，不断提高学习力和创新力，不断提高自身素质。

八是要改革完善选人用人的市场化机制，营造企业家成长的良好社会环境，为他们施展才华提供用武之地。

十、完善市场体系，营造一个好的市场环境

发展方式转型是以一个好的市场环境的存在为必要条件的。没有一个好的市场环境，市场在资源配置中就起不到决定性作用，配

179

置效率的改善和全要素生产率的提高也就不可能。所以，需要建设一个平等的市场、竞争的市场、自由的市场、诚信的市场、统一的而不是碎片化的市场、产权清晰且得到保护的市场以及普惠的金融市场和发达的资本市场，以确保转型成功。

（一）

平等是市场品质的第一要求。

马克思曾说，商品是天生的平等派。这是因为只有平等才能进行市场交易，没有平等和在市场主体自愿条件下的商品易手不是市场交易，是强盗的掠夺，或者是政府的强制性征税。在市场交易中，从表象上看是商品与商品的平等，即等量价值的交换，实质上体现的是商品所有者之间的平等。因此，实现发展方式转型，需要建设一个权利平等、机会平等、规则平等的市场，平等地对待各种市场主体。国有经济与民有经济在获得土地、金融等要素方面和在各个领域的进入退出方面要平等，在获得政策支持方面也要平等。要反对有些国有企业在用工上的歧视待遇，反对各种歧视制度。讲平等必须抑制强势群体，扶助弱势群体。面对市场的不平等，政府应该主持公道，抱打不平。

（二）

竞争是市场的本质特征。

竞争是市场的灵魂，是前进的动力，只有竞争的市场才是有效率的市场。竞争的天敌是特权、垄断，反特权、反垄断要成为市场经济的永恒主题。要在全国消除普遍存在的行政垄断、地区垄断、行业垄断，取消各种各样的行业保护和地方保护，打击欺行霸市行为和串谋勾结行为。各个行业、各种生产要素要对所有市场主体全面开放，形成充分竞争的格局，保证优胜劣汰。

（三）

自由是市场运行的基础。

公民的合法财产是自由的，神圣不可剥夺。市场主体的交易是自由的，营业是自由的，投资是自由的。对于公民和企业，法无禁止即可为。三十多年改革开放的历史，就是不断放权松绑给人们以自由的历史。农村搞联产承包责任制给了农民种什么怎么种为谁种的自由，便解决了困扰多年的吃饭问题；城市改革给了企业生产什么、生产多少、怎样生产的自由，中国经济便很快告别了短缺时代。随着改革开放的不断深入，市场和社会得到的自由越来越多，越来越大，经济就越来越发展，人们生活水平越来越提高。改革开放就是要把长期束缚人们思想的枷锁彻底打破，把非法捆绑在人们手脚上的绳索彻底解开。解放生产力，必定发展生产力。

（四）

诚信的市场是成本最低的市场。

诚信是一种特殊资源，是经济发展的核心竞争力。离开了诚信，市场将不能运行，或者运行的成本会很高。参照国际经验，建设诚信市场需要建设社会诚信体系。党的十六大、十七大、十八大都提出了建设社会信用体系的任务。建设社会诚信体系，政府首先要讲诚信，重然诺，言必行，行必果，无欺于任何个人和组织。同时，要依靠政府、公众、媒体多方面力量形成对失信的监督体系，使守信者得益，失信者受损，制假售假、欺诈拐骗、逃债骗贷者必须受到严厉惩罚。诚信是德之外化，建设诚信市场，还有赖以践行社会主义核心价值观。将诚信贯穿于生产、交换、分配和消费的各个环节，成为人们从事各项活动的行为准则，将会降低交易成本、稳定市场预期、优化资源配置。

（五）

市场的天性要求统一和不断扩大而不是分割和碎片化。

十八届三中全会指出，建设统一开放、竞争有序的市场体系，是使市场在资源配置中起决定性作用的基础。一个统一的市场也就是一个开放的市场，要求打破各种保护主义，消除各种壁垒，拆除各种藩篱，实行统一规则。例如，要打破城乡二元分割，实行统一的国民待遇。再如，要全面开放要素市场，同市同价等。

（六）

产权清晰并得到保护是市场交易的基本要求。

产权不清晰，市场主体就不明确；市场主体不明确，市场交易就无法进行，市场经济也就不复存在。在当前，要尽快确定农民的土地产权。土地确权后，土地才能有效流转，农业规模化经营才有可能。同时，要进一步完善国有企业产权，界定好民营企业产权。

（七）

无论商品市场还是要素市场都需要完善的普惠的金融市场和发达的资本市场给予支持。

虽然我国从20世纪90年代中期以来已经不是一个资金短缺的国家，但中小企业贷款难、农民贷款难、创业者尤其是风险投资者贷款难的问题长期存在，表明金融服务业发展滞后，金融体制改革长期滞后。为此，要深入进行金融体制改革，鼓励金融创新，全面放开民营资本准入，发展以市场化为主的金融体系，完善多层次的资本市场，设立风险基金、创业保险基金，建立发达的股票市场、债券市场以及其他形式的中长期信用市场。

第四章　转型与人民币汇率制度改革

一、贸易盈余与贸易赤字的利弊得失

几十年来中国经济增长在国内高度依赖投资拉动，而在对外经济方面则高度依赖出口拉动，特别是 2001 年加入世贸组织以来，中国经济高速增长的一个重要拉动力就是出口。从 20 世纪 80 年代后期形成了出口导向增长模式，长期保持贸易盈余，累积了大量的外汇储备，2014 年最高时接近 4 万亿美元，造成了国民经济结构失衡和发展不可持续。转变经济发展方式，在对外经济方面，就是要改变以创汇为目标的出口导向的增长模式，力争实现国际收支平衡，学会利用国内外两种资源、两个市场为经济发展服务。

贸易盈余好还是贸易赤字好？这个问题涉及 13 亿中国人的福利，需要认真加以研究。

（一）

要研究贸易盈余与贸易赤字的利弊得失问题，首先需要回顾宏观经济学关于净出口与一国经济的关系问题。净出口是出口减进口的余额，贸易盈余时净出口为正数。在宏观经济学中，净出口与一国经济的关系可从短期和长期两种视角研究，而这两种视角研究的结论是截然相反的。

在宏观经济学中，所谓短期，就是经济处于衰退的时期，即总需求小于总供给的时期。实现了充分就业之后，或者说发生通货膨胀之时，即总需求等于或大于总供给的时期，经济就由短期进入到了长期。

在短期中，按照凯恩斯主义对外贸易乘数理论，净出口是总需求中的一个重要组成部分。当一个社会还没有实现充分就业的时候，由于一部分资源还被闲置，潜在的总供给能力还没有被充分利用，因而，社会的总供给能够适应总需求的增加而增加，均衡的国民收入由总需求决定，总需求大则均衡的国民收入大，总需求小则均衡的国民收入小。当总需求中消费、投资和政府支出不变时，均衡的国民收入的大小则由净出口决定。净出口为正数即贸易盈余时，国民收入增加；净出口为负数即出现贸易赤字时，均衡的国民收入减少。为什么净出口为正数与为负数时，国民收入相应地增加与减少呢？这是因为净出口为正数时，国内货币收入增加，使经济从生产到消费包括投资、出口的不断循环中注入了新的变量，新变量再经过一系列连锁反应，即对外贸易乘数作用，会引起消费与投资的不断增加，从而使国民收入增加额数倍于当初的净出口额。

　　对外贸易乘数是指出口增长可以带动一国 GDP 成倍增长的倍数。假如中国对外贸易中净出口增加了一元人民币，假设一元中的三分之一用于储蓄，三分之二用于消费，即边际消费倾向为 0.67，也就是把每次收入中的三分之二都用于消费，那么，在收入、支出的多次循环中，GDP 会最终增加 3 元。

　　在这里，净出口为正数时均衡的国民收入是否会增加，取决于社会是否实现了充分就业。如果社会已经实现了充分就业，各种资源已经被充分利用，生产已经达到或超过了潜在 GDP 水平，经济就由短期进入到了长期。在长期中，总供给就不能够适应总需求的增加而增加了，在这种情况下，总需求增加时，包括投资、消费、政府购买和净出口增加，只会引起通货膨胀，因为总供给已经满足不了总需求，供给不变时需求增加必定发生通货膨胀，而不是实际 GDP 的增加。

　　在短期中，工作的重心是需求侧；在长期中，工作的重心则是供给侧，即要素增加或效率提高，才能使实际 GDP 增加。

长期中，在总供给不变总需求中的投资、消费、政府购买增加时，将会直接拉动市场价格上升，发生通货膨胀；当净出口增加时，是否会引起通货膨胀，要看实行哪种汇率制度。

　　如果一个国家实行的是固定汇率制，当国内需求不变时，即消费、投资和政府支出不变而净出口增加时，净出口的增加额会引来等额的外币增加，外币通过银行兑换出人民币，使流通中的人民币增加，引起通货膨胀。这是在固定汇率制下净出口增加引起通货膨胀的一般路径。

　　如果央行要制止通货膨胀，就需要动用宏观货币政策，削减流动性。具体措施一是回购流动性，即通过发行政府债券或央票把经济中多余的货币回收回来；二是提高准备金率，使商业银行多存款，少放款。但这些措施都会增加央行的成本，而央行的成本归根结底是由持币人承担的。也就是说过多的净出口不仅不会带来产量的增加，反而减少了国民的福利。如果净出口增加时央行没有采用货币政策削减流动性，而是任其在流通中泛滥，那么，国内需求就会大增，带动物价快速上涨。在物价上涨情况下，同样减少了国民福利。

　　如果一个国家实行的是浮动汇率制，出口增加引起外汇储备增加时，会同时引起这个国家的货币对外升值，而不必引起国内通货膨胀。货币对外升值后出口减少，进口增加，进出口的变动能够平衡总供给与总需求，使国民经济步入健康轨道。

　　由此可见，在长期中，经济增长依靠的是投入的增加和效率的提高，而不是总需求的增加。因此，净出口的增加在短期中能够推动经济增长，而在长期中，净出口的增加与经济增长无关。

　　1995 年至 2001 年间，美国经济实现了充分就业，这时，美元升值，进口增加，出口下降，避免了一次通货膨胀，诺贝尔经济学奖获得者保罗·萨缪尔森先生对此情况大加赞赏，他写道："如果当时美元是贬值而不是升值，外贸部门必定会扩张，美国经济就会出现通货膨胀，联储就会采取紧缩的货币政策来控制通货膨胀。因此，20 世纪 90 年代末美元升值和净出口减少对于宏观经济调控当局来说，真可谓是一件求之不得的事情。"（保罗·萨缪尔森，《经济学》，第 19 版，516 页）

（二）

下面，我们再从宏观经济的恒等式看巨额的贸易盈余意味着什么。

从一个国家的国际收支平衡表可以看出，净出口与对外净投资总是相等的。净出口表示的是一个国家贸易方面的不平衡，对外净投资表示的是一个国家资本金融进出的不平衡。当一国出售物品与劳务时，购买国需要用一些金融资产来为这些物品和劳务支付，这些资产的价值与物品和劳务的价值是相等的。当把每一项都加起来时，一国的净出口与资本净流出是相等的。中国靠贸易盈余累积的 3 万多亿美元外储，又通过购买美国金融资产等种种渠道回到了美国资本市场。2007 年美国的贸易赤字是 7390 亿美元，对外借款也是 7390 亿美元，因为要为所进口的物品付款，必须减少国外资产或向国外借款。也就是说，在国际经济方面，贸易盈余意味着对外投资，即本国的资源被国外利用，而贸易赤字则意味着从国外借款，或者说是国外对本国的投资，即本国对国外资源的利用。

宏观经济的恒等式是，一国的净出口恒等于储蓄（私人储蓄加政府储蓄）与国内投资的差额。也就是说，贸易盈余就是对外投资，对外投资等于净出口。如果一国净出口为正数，说明该国的储蓄大而国内投资小，储蓄没有完全用于国内投资，有一部分被用于投资到国外，本国的资源被外国利用了。

中国长期就是这种情况，3 万多亿美元的外汇储备是由国内储蓄转化来的，这么多外汇储备的存在意味着中国向美国的投资，落后国家向发达国家的投资，穷国向富国的投资，虽然中国是发展中国家，虽然人均收入水平在世界上排队 90 名以后，但长期以来把大量的储蓄以净出口的形式投资到发达国家。一个穷国把不多的储蓄投资到发达国家，不能不说这是资源错配，因为投资是经济效率提高、经济长期增长、人们生活不断改善的一个不可或缺的因素。在长期中保持贸易的巨额盈余是不利于本国经济发展的。对于一国来说，在储蓄既定时，净出口大，必然减少国内消费和投资。改革开放以来，我们利用包括超国民待遇等各种优惠政策千方百计吸引国外投资，据国家统计局数据，从 1979 年到 2010 年的三十多年间，我国共吸引外资 1.25 万亿美元。但我们流向国外的资金更多，是国外投向国内资金的两倍多。

中国不仅长期保持了经常项目盈余，而且还保持了资本金融项目盈余，即所谓双顺差。进一步考察可知，在经常项目盈余时，进入本国的外国资本实际上来源于本国的外储。本国的外储以债权形式投资到外国后，外国又以股权形式反投资于本国。双顺差增加了本国的外储，实际上增加了本国的对外投资。只有在外储不变时资本金融项目盈余增加的情况下，新引入的外资才可能被国内利用。双顺差是国际收支不合理的体现，也是产业结构不合理的体现，贸易产业过度发展，而非贸易产业受到了抑制。

人们的收入可分为消费与储蓄两个方面。大量财富投向国外，必然减少国内的投资和消费，而国内投资减少，经济发展减慢；国内消费减少，人民生活水平提高受阻。消费是人力资本投资，人力资本投资减少会使国民受教育减少，劳动力再生产的质量降低，人才匮乏，技术进步延缓。人才匮乏以及科技进步缓慢，则将使我国的制造业长期处于产品价值链的末端和国际贸易的价值洼地，极不利于产业升级和经济发展方式的改变以及经济增长。

中国净出口长期保持盈余，最高时积累了近 4 万亿美元的外储，但这种情况的出现并不意味着在中国前三十年的建设中不缺少资金，恰恰相反，中小企业在这个期间一直存在着资金饥渴症，很多中小企业通过银行之外的渠道融资，用高于银行利率 5 倍以上的资金在支撑发展。那么，为什么中国在需要用储蓄投资于国内经济的时候会出现长期贸易盈余的情况呢？我认为，这是由高利率和低汇率的政策造成的。为了弥补银行的坏账、呆账，在存贷款没有市场化的情况下，银行长期实行高利率政策，贷款利率比发达国家的利率高出 3 到 4 个百分点；同时长期实行固定汇率制度，用低汇率支撑出口，造成了储蓄不能有效用于国内投资而被"强制"出口，甚至把收入中本该用于消费的另一部分也节省下来出口。关于人民币汇率问题，我们在后面的文章中讨论。

与中国形成了大量外储相反，美国作为世界上最发达最富裕的国家，从 80 年代以来一直保持经常账户赤字和资本金融账户盈余，在国内储蓄不足的情况下利用了国外储蓄进行投资，保持了经济的增长。2002 年，美国经常账户赤字 5030 亿美元，金融账户则盈余 5030 亿美元，意味着所进口的 5030 亿美元货物款项全部来自于国外借款。今天的经济学家普遍认为，国际贸易赤字不一定有害于一国的经济，国际贸易赤字实际上是国内投资与国内储蓄之间不平衡的一种反映。美国之所以出现贸易赤字，是因为该国的投资盈利率高，因而从国外借款对于促进国内投资是有利的。

2000 年，美国总统经济顾问委员会在一篇经济文献中对美国的贸易赤字问题进行了如下分析："出口贸易与经常账户赤字自身并不存在一定好或一定坏的问题。关键在于造成赤字的原因。今天，美国赤字产生的主要原因似乎来自于美国经济的扩张，而同时，其他国家的经济增长出现了缓慢甚至负增长的现象……这些赤字从根本上说，是一种宏观经济的现象，所反映的问题是国内的投资率高于国内的储蓄率。赤字的增长……更多地是反映了投资的增长而不是储蓄的下降。"

（三）

在西方经济学史上，重商主义者是主张贸易盈余的。

　　重商主义大约经历了三个世纪，即从 15 世纪到 17 世纪，但重商主义的思想影响直到 1820 年之后才被亚当·斯密的自由贸易主张完全取代。在长达三个世纪中，重商主义的发展可分为两个阶段，从 15 世纪到 16 世纪中叶为早期重商主义，16 世纪下半叶到 17 世纪为晚期重商主义。早、晚期重商主义的学说和政策主张虽然有所不同，但基本内容是一致的，都主张在贸易中多卖少买，多收入少支出，实现盈余。早期的重商主义侧重于多卖少买中的"少买"，晚期重商主义侧重于"多卖"。为什么重商主义者要主张多卖少买呢？因为在他们眼里，只有货币才是财富，货币是财富的唯一形态，他们认为拥有货币的多寡是一国富裕程度和实力大小的标志。同时，他们把对外贸易看作是财富的直接来源，一国财富的增加主要靠对外贸易中的盈余，因此，必须出口大于进口，以便最终保证货币流进本国，使本国致富。为了保持贸易盈余，保证本国商人购买外国商品的货币总额必须少于出售本国商品所取得的货币总额，他们主张实行政府干预，以行政手段保护关税，奖励出口，限制进口，禁止货币输出。恩格斯曾指出，重商主义者"就像守财奴一样，双手抱住他心爱的钱袋，用嫉妒和猜疑的目光打量着自己的邻居。"（《马克思恩格斯全集》第 1 卷，人民出版社 1956 年版，第 596 页）

　　在今天，支持国际贸易的理论是机会成本、比较优势理论。从比较优势原理来看，重商主义追求货币积累的主张是多么的荒唐可笑。不过，重商主义流行的时候流通中使用的是金银等贵金属货币，是商品货币。金银等贵金属货币与其他商品一样，是劳动产品，凝结着人类的一般抽象劳动，是价值的载体。并且，几个世纪以来生产金银的劳动生产率一直没有大的提高，也就是说，金银自身经过几个世纪也没有发生大的贬值。还有，它们的市场价格总的看是随着时间的流逝、随着美元等法定货币的贬值而不断上升的。所以，重商主义者的主张在荒唐可笑之中还保持着几分真理的成分，而我们一味追求作为法定货币其自身没有价值的绿票子美元，才是真正的荒唐可笑。一味追求美元，便很有可能掉进美元陷阱。

（四）

英国经济学家杰弗里·克洛舍（Geoffery Crowther）1957年首次提出了一个国家在经济发展的不同时期先后出现的国际收支六阶段假说，即年轻债务国、成熟债务国、债务偿还国、年轻债权国、成熟债权国、债权减损国。

在每一个阶段上，一国的贸易项目、投资收益项目、经常项目会有不同的组合，经常项目不会实行平衡。在一个国家的国际收支平衡表上，经常项目主要由商品、服务贸易项目和投资收益项目组成。当然，各国由于各方面条件的不同，在有些阶段上这三个项目的关系会有所差异，也可能出现有些阶段的特征不太明显的情况，与克洛舍的六阶段假说不完全一致。

在克洛舍六阶段假说中，第一阶段和第二阶段中，储蓄小于投资；在第三、四、五阶段，储蓄一直大于投资，大约到第六阶段，储蓄又小于了投资。

第一阶段，一个国家的经济开始起飞，起飞阶段的一般情况是收入水平较低，存在着投资与储蓄的缺口。由于储蓄小于投资，对外贸易处于赤字。这种情况说明在本国资源有限时利用了国外资源，以国外资源促进本国经济的发展。另外，投资收入项目也必定处于赤字，而且逆差不断增加。由于贸易和投资收益项目为赤字，经常账户也就为赤字。同时，资本金融账户为盈余，用资本金融账户盈余弥补经常账户赤字。经常账户赤字和资本金融账户盈余说明，该国是年轻债务国。

第二阶段，贸易项目转变为盈余，但投资收益项目仍然为赤字，而且前者的盈余小后者的赤字大，经常项目仍为赤字。同时，资本金融项目为盈余。由于贸易项目转为盈余，该国成长为成熟债务国。

第三阶段，贸易盈余超过了投资收益赤字，经常项目出现盈余，资本金融项目转为赤字，该国已成为债务偿还国。

第四阶段，投资收益转为盈余，经常项目盈余与资本金融项目赤字进一步加大，该国成为年轻债权国。

第五阶段，贸易项目转为赤字，回到了原来的状态，不过，投资收益的盈余加大了，经常项目还保持着盈余。贸易项目之所以出现赤字，是老龄化的到来，竞争力下降了。投资收益之所以能够增大，是因为海外资产的量在不断积累。该国成为成熟债权国。

第六阶段，由于国内储蓄下降，投资收益盈余在变小，同时贸易赤字在变大，经常项目转为赤字。由于储蓄不足，再加上海外资本回流，资本金融项目出现盈余。储蓄下降和资本回流，使得海外资本净值在减少。该国成为债权减损国。

克罗舍的六阶段假说是一个国家由弱变强又由强变弱的一个否定之否定的过程，许多变量都经历了这个过程，如储蓄与投资的关系、贸易项目的赤字与盈余、投资收益项目的赤字与盈余、经常项目的赤字与盈余、资本金融项目的盈余与赤字，以及经常项目与资本金融项目的关系、贸易项目与投资收益项目的关系，等等。

从克洛舍的六阶段假说看，由于一个国家的储蓄和投资处于动态变化中，贸易项目、投资收益项目和经常项目要实现平衡是很艰难的，而不平衡却是经常的。但是，应该说，克洛舍概括的一个国家国际收支的演进过程虽然在每一个阶段都没有实现经常项目的平衡，但这种不平衡对于发展中国家来说在发展的早期阶段能够有效利用国外资源弥补国内储蓄不足以加快发展，是一种好的现象。早期发展的一些国家能够赶超别国顺利成为世界强国，与在当时环境下利用了更先进国家的储蓄资源是不无关系的。

以美国为例，从独立战争到南北战争期间，可算作年轻债务国，贸易一致保持赤字。为了在赤字状态下仍然能够进口，他们向欧洲借款。在当时，欧洲的一些国家都比较富裕，储蓄大于投资，特别是英国，是世界第一强国。1873 年到 1914 年，美国经历了成熟的债务国时期，贸易实现了盈余，但要偿还以前的借款以及利息，经常账户有时还会出现少量的赤字，同时金融账户与经常账户相对应，在多数时间里保持着平衡。在第一次世界大战与第二次世界大战期间，美国成为一个新兴债权国，国际贸易保持了盈余，同时将在出口中赚取的外汇借给英法盟国，金融账户为赤字。大约从二战后到 80 年代初期，美国成为一个成熟债权国，特征是有大量的对外投资收益，而这些收益又转而投资到海外各国。

　　二战之后被称为"四小龙"或"四小虎"东亚国家的国际收支动态变化状况与克洛舍的模型也是基本吻合的，在经济起飞阶段一方面积极开展国际贸易，另一方面又大力吸引外资，较长时间里保持了贸易赤字、经常项目赤字和金融项目盈余，这种状况一直存在到亚洲金融危机发生后。尽管东亚国家实施出口导向政策，但并未以追求贸易盈余为目标，而是以大量的外资引入支撑贸易赤字，把金融项目盈余成功转化为贸易项目赤字。应该说，国际收支的这种不平衡状态，即经常项目赤字和金融项目盈余是有利于发展中国家发展的，因为在人均收入还很低的时期，发展中国家维持一定的经常项目赤字和金融项目盈余，可以充分利用国际市场资源，实现资源的跨期优化配置。这正如一个穷人，在谋求摆脱贫穷走上富裕道路的时候需要向别人既借物又借钱，绝不能做相反的事情，即把自己不多的一点钱和物借给富人，把自己的致富手段丢弃。

　　亚洲金融危机发生后，东亚大部分国家从经常账户赤字转为经常账户盈余，同时也保持着金融账户盈余，出现了被称为"坏的国际收支不平衡"。（余永定，《纠偏国际收支不平衡问题需综合治理》，《新金融》2014 年第 5 期）所以出现这种变化，主要原因是为了防止再次发生金融危机。其实，亚洲金融危机发生的主要原因，并不是因为这些国家存在着经常项目赤字和金融项目盈余问题，而是他们同时实行了固定汇率、资本自由流动和货币政策的独立性三项制度，在汇率形成机制上违反了"不可能三角"的原则。为什么同时实行这三项制度就会遭受游资袭击而发生金融危机，这个问题留在后面的文章中研究。当然，如果一个国家拥有庞大的外汇储备足以抵御国际游资的侵袭，同时实行固定汇率、资本自由流动和货币政策独立性也不是不可能的。但不要说小国，即使一个大国所拥有的令人惊讶的外储也不足以阻挡国际游资的侵袭。

中国现在的情况与克洛舍假说中第三阶段相似：贸易项目盈余，投资收益赤字和经常项目盈余，不同之处是中国在前期阶段没有像其他发展中国家那样积累大量外债，恰恰相反，中国一直是债权国，即使在人均收入很低的时候也在输出资本。更大的问题还不在于将国内储蓄投资于国外，而在于巨量的海外资产的收益是赤字。在过去十多年大部分时间里，中国对外投资收入都是负值。以2012年为例，中国对外资产51749亿美元，其中负债34385亿美元，净资产17364亿美元，而利润是负1270亿美元。面对这个问题，余永定先生担忧会不会出现这种情况："尽管存在大量贸易顺差，但因投资收益逆差越来越大，并最终超过顺差，结果使经常项目变成逆差？这种情况很有可能发生。近几年这种情况在巴西已经发生。我们不能排除这样一种可能性：未来若干年后，中国必须维持贸易顺差以弥补投资收益逆差。这种情况一旦发生，中国的出口就将无法换来相应的进口和财富积累，而只能用来为外国投资付息"（余永定，《纠偏国际收支不平衡问题需综合治理》，《新金融》2014年第5期）

（五）

1993年以来，中国一直保持着经常项目盈余，同时也保持着金融项目盈余，2002年之后经常项目盈余急剧增加，"双盈余"（或称"双顺差"）说明，中国不仅是资本净输出国，而且还以高代价引入外国资金，并把引入我国的资金又以低代价转手借给外国。2005 年前后中国成为世界最大经常项目盈余国和世界最大资本净输出国，2008 年，中国资本净输出额占世界资本输出总额的约四分之一，是第二位德国的两倍左右。长期以来中国实行鼓励出口的政策，累积了大量的外汇储备，最高时达到近 4 万亿美元。巨额的外汇储备给我国造成了巨大的负担和诸多弊端。

第一，造成了通货膨胀成本。从 1994 年汇率并轨以来，我国实行的是以市场供求为基础有管理的浮动汇率制度，2005 年汇改后增加了参考一篮子货币进行调节的内容，在这里虽然有"浮动汇率制度"的字样，由于是有"管理"的，实际上是偏向固定的汇率制度，1997 年金融危机之后的 8 年间和 2007 年全球金融危机之后的 2 年间更是采取了盯住美元的固定汇率制度，2012 年之前人民币汇率浮动区间仅有 0.5%。1994 年汇改之后实行强制结汇制，不允许企业留汇，后来虽然取消了强制结汇制，但为了保持人民币汇率稳定，央行出的价格最高，这样由贸易盈余带来的外汇基本全有央行持有。央行每收到 1 美元外汇，就要按照当时的汇率价格发放若干人民币。央行购汇形成的外汇储备是有成本的。央行购汇使用的人民币或者被央票（包括提高法定准备金率）对冲，或者形成基础货币。如果对冲，用债券购回人民币，则要对这部分人民币付息，形成持有的成本。利息由央行出，买单者却是所有消费者。如果形成基础货币，便要产生通货膨胀。

央行购汇使用的人民币如果不再被央行回购，就形成了基础货币。大量的基础货币在流通中漫游，很容易形成通货膨胀。从 2002 年之后的 10 余年里，我国通货膨胀居高不下，原因就在这里。如果按目前 3.5 万亿美元的外汇储备和 1：6.3 的汇率水平计算，约发行了 22 万亿人民币，如果其中的 80% 被央行发行的债券或央票对冲，实际发行的基础货币也有 4 万多亿。我国的货币乘数大约是 4，那么，4 万多亿基础货币通过各商业银行的货币创造工作，会有约 20 亿元的基础货币在流通中漫游。20 万亿元是 2011 年 GDP47

万亿元的近50%。如此巨量的货币往哪种物品聚集，那种物品的价格便飞涨。前些年资产价格、房地产价格、农产品价格飞涨，其根源就在这里。通货膨胀造成了我国居民的巨额利益损失。据国家统计局资料，2011年，我国CPI比上年上涨5.4%；而当时调整的银行一年定期存款利率为3.5%，百姓实际存款利息收益为负1.9%。也就是说，把钱存一年定期，一万元会"缩水"190元。根据央行数据，截止到2011年底，金融机构居民存款余额达到35.2万亿元，如果按照这个规模计算，全国居民当年存款财富缩水将达6600多亿元，相当于全国居民人均财富缩水了500余元。

第二，对冲外汇付出了巨额利息成本。如果近4万亿美元外储的80%被央行回购，汇率按1美元兑7.3元中间价计，即回购支出23.36万亿元，按三个月国库券利率约2.5%（2002年至2010年8年间，最高时3.51%，最低时1.86%）估算，一年需支付利息约5840亿元。

第三，提高存款准备金率所带来的成本。为了应对通货膨胀，近十几年来央行不断提高存款准备金率，最高时达到了20%多，使商业银行的部分存款滞留在柜台内而不能有效贷给企业，由此必然给商业银行带来利润损失。当然，商业银行会将这笔损失通过提高贷款利率的方式转嫁给实体经济。

第四，3万多亿美元的外汇储备面临着大幅缩水的严重风险。据黄剑、李石凯研究，美元外汇储备面临着汇率、通胀和信用三重风险（黄剑、李石凯《美国法定债务上限与美元债权的三重风险》，《光明日报》2011年8月12日）。有数据显示，美联储自1913年建立以来的一百年中，美元已贬值97%。20世纪70年代储备的美元，其实际购买力已损失超过四分之三。自2002年之后美元在不到10年的时间已贬值40%左右。从2005年到2011年，美国的CPI上涨了17.76%，美国发生通货膨胀，美元必定贬值。从2005年人民币汇率改革至2011年，美元对人民币已贬值约30%。或者美国要减低巨额外债，或者他国要减少在美国的投资，都可能使美元汇率进一步走低。

第五，巨额外储的汇兑损失也会带来成本。所谓汇兑损失就是收购外汇所付出的人民币与当前外汇的市场价之差。2000 年 1 月至2014 年 6 月，央行形成了 36392.145 亿美元的新增外储。按 2014 年6 月 1 美元兑 6.1557 元人民币，36392.145 亿美元折合人民币224019.13 亿元，而此期间央行新增外汇占款为 258069.61 亿人民币元，两者相差即汇兑损失 34050.48 亿元。

第六，造成 3 万多亿美元的外汇储备的原因除了汇率因素外，另一个原因是长期以来出口补贴政策。出口补贴也造成了我国经济利益的巨大损失。世界很多国家长期实行出口补贴政策，鼓励本国企业出口创汇，我国也是这样。但是，据彭美秀研究，出口补贴会导致国内价格上升，消费减少，生产和出口增加，财政支出增加，贸易条件恶化，社会总福利下降（彭美秀《出口补贴福利效应分析》，《国际商务》2005 年第 5 期）。也就是说，财政用纳税人的钱补贴出口企业不仅直接减少了国内公共福利，而且使得国内价格上升，也损害了消费者的福利。不仅如此，中国出口总额的大头是海外跨国公司和从事加工贸易的外资企业制造的，贸易顺差也主要是由这些企业带来的，因此，享受到较多财政补贴的也主要是这些外资企业。据国家统计局统计，2008 年，中国商品出口总额为 14285 亿美元，其中外资企业出口达 7906 亿美元，占出口总额的 55.3%，另外加工贸易出口 6752 亿美元。同年，中国出口商品的顺差为 2954 亿美元，其中外资企业商品出口的顺差为 1706 亿美元，占顺差总额的57.7%，另外加工贸易顺差达 2968 亿美元。在来料加工贸易上，我们仅能挣到 1% 的劳务费。

第七，负债高成本，投资低收益的窘境，也使得本国福利减损。用出口物品换回的外汇可以投资于外国，但是，我国对外投资主要是债权投资，收益率约为 3% ~ 5%，有时低至 2%。外来投资主要是股权投资，收益率约为 20%，两者相差巨大。国家统计局数据显示，截至 2011 年末，我国对外金融资产 47182 亿美元，对外金融负债 29434 亿美元，对外金融净资产 17747 亿美元，这其中储备资产占比近七成。2004—2009 年间，中国对外资产中储备资产平均占比为 66.73%，比美国高出 63.56 个百分点；对外负债中，FDI 占比高达 59.96%，高出美国 55.21 个百分点。3.2 万多亿美元的储备资产年收益约 1013 亿美元，1.53 万亿美元的外国直接投资的年收益为 3060 亿美元，相差 3 倍，凸显出我国"负债高成本、资产低收益"的严重失衡局面（张茉楠，《中国不能再为美国廉价融资了》，和讯网 2012、05、04，来源《上海金融报》）。

第八，贸易摩擦增多。近 20 年来，中国是全球遭受贸易摩擦最多的国家，其数量呈上升趋势。以 2012 年为例，中国共遭遇来自 21 个国家发起的贸易救济调查 77 起，同比增长 11.6%，其中 7 成案件与发展中国家有关；涉及金额 2777 亿美元，同比增长 369%。

二、认识人民币汇率

改革开放以来，中国在对外贸易中长期保持盈余，积累了大量的外汇储备，给经济造成了巨大的负担，也产生了种种弊端。长期依靠出口拉动的增长方式是怎样形成的呢？要回答这个问题，必然涉及人民币汇率及其形成机制。

（一）

研究人民币汇率形成机制，首先需要从研究人民币汇率形成机制的历史发展开始。

人民币汇率形成机制的历史发展大致可按新中国成立后至改革开放前、后至 2005 年 7 月 21 日和 2005 年 7 月至 2014 年三个阶段研究。

1. 新中国成立后至改革开放前的汇率安排

由于人民币一开始发行的时候没有规定含金量，因此对美元的汇率不是按两国货币的黄金平价来确定，而是按两国的物价水平来计算的，这与布雷顿森林体系时期其他国家的情况不同。对其他货币的汇率，则是根据它们对美元的汇率间接套算的。在这个区间，又可分为三个小阶段。

第一阶段，1950 年 3 月至 1952 年底。在这个阶段我国的汇率政策兼顾进出口两个方面，由于物价不断变化，汇率也在不断进行调整。当时对外贸易主要由私营进出口商经营。1952 年 12 月，1 美元兑 26170 元旧人民币。

第二阶段，1953 至 1972 年。一开始，随着国内物价趋于稳定，再加上世界上以美元为本位的固定汇率制度的确立，人民币汇率采取了稳定政策，并逐渐与物价脱离关系。从 1955 年 3 月 1 日发行新人民币到 1971 年，汇率一直是 1 美元等于 2.4618 元人民币。在此期间，对外贸易开始由国营企业统一经营。当国内外物价差距扩大之后，进口与出口成本悬殊，于是外贸系统采取了进出口统负盈亏、实行以进口盈利弥补出口亏损的办法，人民币汇率对进出口的调节作用减弱。由于对外贸易由国营企业统一经营，虽然这种汇率价格脱离了物价水平，但通过这种补贴的办法还能够使进出口维持下去。

第三阶段，1973 至 1978 年。在这个阶段，随着布雷顿森林体系解体，发达国家实行了浮动汇率制，为了避免国外通货膨胀和汇率变动对我国经济的冲击，我国采取了钉住加权的"一篮子"货币的办法，频繁调整人民币汇率，仅 1978 年人民币对美元的汇率就调整了 61 次，人民币汇率总体呈现升值之势。1972 年 1 美元等于 2.24 元人民币，1977 年升值为 1 美元等于 1.755 元人民币。

自 50 年代中期至 80 年代初，国家外汇储备处于零状态，进出口主要局限于当时的社会主义国家。由于实行计划经济和公有制，国内物价被冻结，人民币汇率被严重高估。

2. 改革开放后至 2005 年 7 月间的汇率安排

改革开放之后政府对外贸部门的管理体制进行了改革，允许民有企业经营进出口。此期间又可分为四个小阶段。

第一阶段，1979年至1984年。由于国内价格长期固定且偏低，国内外市场价格相差悬殊，出口亏损，人民币汇率不能同时平衡进口与出口两个方面以及贸易和非贸易两个部门。为此，1981年起实行两种汇率制度，即另外制定贸易外汇内部结算价，并继续保留官方牌价用作非贸易外汇结算价。这就是所谓的"双重汇率制"或"汇率双轨制"。从1981年1月到1984年12月期间，贸易外汇1美元兑2.80元人民币；官方牌价即非贸易外汇1美元兑1.50元人民币。前者主要适用于进出口贸易及贸易从属费用的结算；后者主要适用于非贸易外汇的兑换和结算。80年代初期随着美元升值，我国相应调低了人民币外汇牌价，使之同贸易外汇内部结算价相接近。1984年底公布的人民币外汇牌价已调至1美元兑2.7963元人民币，与贸易外汇内部结算价持平。

第二阶段，1985年至1990年。由于双重汇率导致外贸企业亏损，加重了财政负担，国际货币基金组织以及外国企业也提出异议，因此，1985年我国政府取消了内部结算价，恢复了单一汇率制，1美元等于2.80元人民币。1986年后形成了官方汇率与市场汇率新的双轨制，直到1993年底。随着国内物价上涨和西方国家物价走向稳定，我国对人民币汇率多次做了下调。1986年1月1日起，人民币放弃钉住一篮子货币的做法，改为管理浮动。

第三阶段，1991年4月9日至1993年底。1991年4月9日我国开始对人民币官方汇率实施有管理的浮动运行机制，进行适时适度、机动灵活、有升有降的浮动调整，在两年多的时间里，官方汇率数十次小幅调低，但因国内物价上涨，所以仍赶不上水涨船高的出口换汇成本和外汇调剂价（市场价）。

第四阶段，1994年1月1日至2005年7月21日。1994年1月1日人民币汇率实行并轨，将官方汇率1美元5.8元人民币调整为当时的市场汇率1美元等于8.7元人民币，实行单一汇率。同时，取消外汇收支的指令性计划，取消外汇留成和上缴，实行银行结汇、售汇制度，禁止外币在境内计价、结算和流通，建立了银行间外汇交易市场，改革汇率形成机制。这次汇率并轨后，我国建立的是以市场供求为基础的、单一的、有管理的浮动汇率制度，并承诺2000年前实现经常项目下人民币可兑换。在此期间，先后取消了经常账户下非贸易非经营性交易的汇兑限制、因私用汇汇兑限制和外商企业的汇兑限制，实现了人民币经常项目可兑换。总的汇率政策是以稳定为主，同时用足每日3‰的汇率浮动区间。1998年亚洲金融危机之后约7年间实行盯住美元的固定汇率制度。

3. 2005年7月至今的汇率安排

2005年7月21日，我国进行了人民币汇率改革，开始实行以市场供求为基础、参考一篮子货币进行调节、有管理的浮动汇率制度。这次汇改之后，人民币不再盯住单一美元；每一日的收盘价，为下一个工作日该货币对人民币交易的中间价格；每日浮动区间为中间价的3‰；人民币汇率开始小步渐进升值。2007年金融危机之后的两年间实行盯住美元的固定汇率制度。2012年和2014年人民币汇率浮动区间由0.5%扩大到1%和2%。

从新中国成立至今，人民币汇率经历了上升、下降、再上升三个阶段后，2015年进入了浮动阶段。从1949年到1980年，人民币一直处于升值阶段，1949年7月，1美元等于3.5元人民币（折算人民币新版后的价格）；1980年，1美元等于1.4937元人民币，人民币大约升值了134%。从1980年到2005年，人民币汇率一路下降。2005年，1美元等于8.3元人民币，（1994年汇率并轨时，1美元等于8.7元人民币，随后人民币汇率回升至8.27元左右）。2005年7月21日汇率改革至2014年，人民币汇率又经历了一次上升过程，2014年1美元等于6.15元人民币。2015年，人民币进入了上下浮动阶段。

（二）

人民币汇率的功能和作用是什么呢？由功能和作用所决定的人民币汇率的实质又是什么呢？

在人民币流通的中国大陆，购买物品和劳务时直接支付人民币便能够完成购买行为，达到购买目的。但是要购买中国大陆以外其他国家和地区所生产的物品和劳务，则必须先用人民币兑换有关国家和地区的货币，再用这些国家或地区的货币进行支付，才能完成购买。两国货币的兑换涉及汇率。

汇率是两种货币的交换比例或曰成交价格，是用一国货币表示的另一国货币的价格。人民币汇率就是人民币与有关货币的交换比例，是用人民币购买有关货币的成交价格。例如，1元人民币等于0.158730美元，说的是1元人民币的价格就是0.158730美元。当然，1元人民币等于0.158730美元，是用间接标价法表示的人民币汇率价格。人民币汇率价格有两种表示方法，还有一种方法叫作直接标价法，即1美元等于6.3元人民币。按照我国习惯，一般是用直接标价法表示人民币汇率价格的。直接标价法是以一定单位的外国货币（大多是美元）作为标准，折算为一定数额的本国货币来表示其汇率的方法。1美元等于6.3元人民币的直接标价法，是以1单位美元作为标准，折算6.3元人民币来表示人民币汇率的。如果1美元等于8.3元人民币，表示人民币贬值，美元升值。如果1美元等于4.3元人民币，则表示人民币升值，美元贬值，即能够兑换到的另一种货币更多，说明该货币升值；相反，则是贬值。

一国与他国在两个方面发生经济关系，一是物品与劳务的交换，一是对外投资（或表现为引进外资，同时还包括了投机），这两个方面都是通过汇率而发生关系的。

两国货币之所以要交换，一方面是因为两国的物品与劳务要交换，表现为一国的进口与出口；另一方面是因为要对外投资（或投机，就其获利的目的而言，投资与投机是相同的）。对外投资包括直接投资与间接投资两方面。直接投资时两国货币相交换，其目的还是为了购买外国的物品与劳务，只不过所购买的物品与劳务是在对方国内使用。间接投资时获得利息收益后连本带息要么重新带回国内换回本国货币，购买本国物品与劳务，要么滞留在外国购买国外的物品与劳务。因此，一国货币之所以要与别国货币相交换，归根到底是为了两国的物品与劳务相交换，表现为一国的出口与进口。本国货币的汇率上升从现象上看是本国货币能够兑换更多的外国货币，但其本质上表明的是该国出口物品与劳务的价格昂贵了，进口物品与劳务的价格下降了；本国货币汇率贬值则相反，现象上反映的是本国货币兑换的外币少了，但实质表示的却是本国物品与劳务的出口价格下降了，进口物品与劳务的价格上升了。人民币汇率上升，中国大陆出口的物品与劳务的价格上升，进口物品与劳务的价格下降。

从货币作为交易的工具看，一国货币汇率作为两国货币交换的比率，仅是现象上呈现的含义，它的实质却是两个贸易国之间物品与劳务的相对价格，即用汇率表示的一国进出口物品与劳务的价格。在国际市场上，一国货币汇率作为价格，是该国所有进出口物品与劳务的总价格。总价格是大价格。每一种物品的价格是具体价格，是小价格。大价格决定着小价格。汇率作为总价格与出口物品的具体价格正相关，与进口物品的具体价格负相关。人民币汇率作为价格，它决定着中国所有进出口物品与劳务的价格。如果要想中国生产的物品与劳务价格低，便于多出口，那么就压低人民币汇率，但这样做使中国要进口的物品与劳务价格升高。出口与进口物品和劳务价格的高与低就像对立的两极一样，每一方的存在是以另一方的存在为条件的，没有了此方的高，也就没有了彼方的低，两者相互依赖，相互依存，谁也离不开谁。如果提高人民币汇率，虽然使出口的物品与劳务的价格上升了，但进口的物品与劳务的价格却下降了。

汇率的实质既然是一国进出口物品与劳务的价格，那它就应该由市场决定，趋向于均衡。不管是一种物品的价格还是如汇率这样由许多种进出口物品与劳务组成的总价格，都应该由市场决定，应该形成均衡价格。物品与劳务的价格由市场供求关系决定，这是市场经济的法则，是违背不得的；也只有由市场决定，才容易形成均衡。价格形成均衡的过程，正是市场配置资源的过程。如果价格不是由市场上利益攸关的供求双方决定，而是由一种外在的力量如政府决定，那么，就常常会出现短缺或过剩的非均衡状态，达到均衡状态的概率要低得多。市场处于非均衡状态时会使资源配置失误和社会效率降低。涉及国内市场与国外市场的两国货币汇率，本质上也要求由市场决定，形成均衡汇率。如果汇率是均衡的，那么，每一种物品的具体价格才能反映出在国内与国外两个市场上的稀缺程度，一个国家才能在国内国外两个市场上优化配置资源。如果汇率不均衡，出口与进口的物品与劳务的价格便被扭曲了。（赵春荣，《对人民币汇率是否应该升值的思考》，《宏观经济研究》，2013 年第 4 期）

（三）

人民币汇率的上升或下降决定于什么呢？人民币汇率是怎样形成的呢？

一国货币汇率的高低决定于多种因素。

第一种因素是市场上的供求关系。

如果一国实行的是浮动汇率制，该国货币汇率的高低基本上是由外汇市场上对该货币的需求与供给决定的。

以人民币为例，如果人民币实行的是浮动汇率制度，那么，在人民币外汇市场上，任何一个企业或自然人都可以用人民币购买外汇，或用外汇购买人民币，从而形成对人民币的需求与供给。人民币外汇市场上的需求与供给决定人民币与别国货币的交换比例——

汇率的高与低，或者说，决定人民币对外价值的升与降。当人民币外汇市场上需求不变，供给增加时，人民币对外贬值，相反，则升值。

在人民币外汇市场上，人民币的供给来自于要用人民币购买外汇的中国人。中国人购买外汇的目的或者是为了进口，或者是为了对外投资（包括投机，下同）。进口则减少了中国的净出口。在净出口既定时，购买外汇就是为了对外投资。因此，人民币的供给来自于资本净流出（对外净投资）。因为要到外国去进行投资，无论是直接投资购买外国的资本品还是间接投资购买外国的有价证券，都需要将人民币换成外币。例如，要到美国去投资，需要将人民币兑换成美元。这样，在人民币的外汇市场上用人民币兑换外币形成了对人民币的供给。

在人民币外汇市场上，人民币的需求来自于要用外汇购买人民币的外国人。外国人购买人民币或者是为了对中国投资，或者是为了购买中国的物品和劳务。对中国投资，则减少了中国的对外净投资。在对外净投资既定时，人民币的需求来自于要购买中国物品和劳务的外国人。这是因为，要购买中国的物品和劳务需要向中国的企业支付人民币，这种要支付的人民币对于持有外汇的人来说，只有在人民币的外汇市场上才能购买到。这样，在人民币的外汇市场上，用外汇兑换人民币形成了对人民币的需求。例如，一个美国人要购买中国的茶叶和玩具，就需要将美元兑换成人民币。购买中国的物品和劳务可用中国的净出口来表示，这样，人民币的需求来自于净出口。

当然，这种中国人与外国人的区分只是为了理解的需要才加以强调，有时中国人也需要用外汇兑换人民币，而外国人也需要用人民币兑换外汇。

总之，在人民币外汇市场上，用人民币兑换外汇，即对外净投资，形成了对人民币的供给；用外汇兑换人民币，即净出口，形成了对人民币的需求。人民币均衡的汇率水平就是中国的净出口与中国的对外净投资决定的。见图。

当人民币汇率升高时，中国的物品和劳务价格相对上升了，外国的物品和劳务价格相对下降了，中国更高价格的物品和劳务对国外消费者的吸引力变小了，外国较低价格的物品与劳务对国内消费者的吸引力变强了，从而使中国的进口增加，出口减少，净出口减少。

由于在人民币的外汇市场上人民币的需求来自于净出口，所以，净出口减少意味着在人民币外汇市场上对人民币的需求减少。这一结论可从外汇市场上人民币的需求曲线向右下方倾斜看出（见图）。向右下方倾斜的人民币需求曲线表明，如果人民币汇率上升则对人民币的需求减少，如果人民币汇率下降则对人民币的需求增加，汇率与人民币的需求呈负相关关系。

图中的人民币供给曲线是垂直的，这是因为对外净投资（资本净流出）不取决于汇率，而且取决于人民币存贷款市场上的利率。在研究外汇市场时，我们把利率和对外净投资作为既定的量。

汇率的调整可以使外汇市场上人民币的供求平衡。如果现行汇率高于均衡汇率，则人民币的需求小于人民币的供给，净出口小于对外净投资，人民币过大的供给量将迫使人民币汇率下降。相反，在现行汇率低于均衡的实际汇率时，人民币的需求大于人民币供给，净出口大于对外净投资，过大的需求迫使人民币

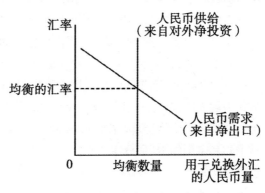

人民币外汇市场

汇率上升。在均衡的实际汇率时，由净出口所引起的对人民币的需求与由对外净投资所引起的对人民币的供给恰好相等。

人民币汇率形成机制改革的大方向是浮动汇率制度，将来只有实行这一制度才能更好地保证经济健康、持续地发展，经济发展方式也才能从主要依靠出口拉动转向依靠进出口平衡带动。现在人民币汇率实行的是"以市场供求为基础、参考一篮子货币进行调节、有管理的浮动汇率制度"。有管理的浮动汇率制度是固定汇率制与浮动汇率制中间的一种汇率制度。在这种汇率制度下，市场的作用可以大一些，央行的作用也可以大一些，究竟谁的作用更大一些，要看在实际运行中市场与央行的博弈。如果市场作用更大一些，那么汇率可能将更加趋向于均衡；如果央行的作用大一些，偏离均衡状态的可能性就会大一些。

如果央行将人民币汇率定在均衡汇率以下，那么对人民币的需求会大于供给，出口会大于进口，净出口为正数，这时便形成了大量外汇储备。1994年汇率并轨以来出现的就是这种情况。如果央行将人民币汇率定在均衡汇率以上，便出现了对人民币的需求小于供给、出口小于进口、净出口为负数的情景。1953年至改革开放前出现的情况就是这样的情形，不过由于当时不能对外进行金融资产融资，不能从国外借款，没有出现出口小于进口、净出口为负数的情况，而是出口多少就进口多少，用出口赚取的外汇进口，净出口为零，外汇储备为零。

从1994年汇率并轨以来人民币汇率是怎样形成的呢？也就是每天中国人民银行授权中国外汇交易中心公布的银行间外汇市场上美元对人民币中间价是怎样形成的呢？它由设在上海的中国外汇交易中心和全国的18个分中心形成，有了国外交易中心后离岸市场也是形成汇率的一个因素。中国外汇交易中心是一个交易所类型的市场，实行会员制。在中国有权合法经营外汇业务的商业银行和其他金融机构，包括外国的同类机构，经央行审查批准，都可以成为该交易中心的会员。进入中国的外汇，首先与商业银行进行交易，商业银行再拿这些外汇在中国外汇交易中心竞买竞卖。正是在这个意义上，我们说人民币汇率的形成是以市场供求为基础的。如果美国政府欲使人民币升值，只要在这个中心大量地购买人民币就能达到目的。

在中国外汇交易中心的会员中，除了商业银行这些企业外，还有一个特别会员即央行（或中国外汇管理局）。虽然央行也是按照市场规则行事的，没有强买强卖、欺行霸市，没有操纵汇率，没有阻止任何一个会员的进与出或买与卖，他购买外汇的行为与其他会员一样必须用货真价实的人民币，来不得半点虚假，但我们还是认为他特别。之所以把央行称为特别会员，不仅是因为他是这个中心的管理者，是中国外汇的最后购买者，购买了中国外汇的绝大部分，实际上在多数情况下他出的价格最高是人民币汇率的最后决定者，而且因为他不是一个企业经济组织，而是一个政府机构；他购汇的目的不是为了自身利益的最大化，而是为了人民币汇率稳定以及与此相关的出口创汇、经济增长和就业率上升；他购汇的购买力不是来自于自身的财富或盈利，也不是来自于税收或国有资产收益，而是来自于央行负债。所有持币人是央行负债的债权人，也就是说，现在中国央行储备的3万多亿美元是借所有持人民币的人的钱购买的。央行作为债务人与其他债务人不一样的地方是借钱不需要征得债权人同意，也不会有债权人上门索债，他是在债权人完全不知情的情况下借到钱的。

从以上分析可以看出，在浮动汇率制下，决定汇率的因素是市场；在中间汇率制度下，决定汇率的因素是市场与央行两种力量；在固定汇率制下，市场被排除在外，决定汇率的是央行（政府）。

第二种因素是中国与贸易伙伴国的相对物价水平。

从长期看，决定一国货币汇率的因素是物价水平。假设中国的贸易国A国一篮子物品的价格为100元A国货币，同样的一篮子物品在中国为 1000 元人民币；再假设两国货币的比率为 1：1，即"1元人民币：1元 A 国货币"。在这种情况下，表明 A 国一篮子物品的价格低，而中国一篮子物品的价格高，中国的价格是 A 国价格的10 倍，中国将会进口 A 国的物品。在其他条件不变时，中国进口A 国物品，中国的净出口会减少，从而人民币汇率会下降（在图上，代表对人民币需求的净出口曲线向下移动），相对应的 A 国货币的汇率会上升（即在 A 国货币的外汇市场上，代表对 A 国货币需求的净出口曲线向上移动），这将导致需要用更多的人民币才能购买到同样多的 A 国物品。人民币汇率会下降多少呢？当两国的物价水平不变时，直到 A 国的货币与人民币的比率为"10 元人民币：1 元 A 国货币"时，从 A 国进口物品的贸易才会停止。当两国货币比值为"10 元人民币：1 元 A 国货币"时，两国的物价水平是相等的。

购买力平价理论说明的就是这个问题：两国的物价水平决定两国的货币交换比率。这一理论认为，在 A 国一揽子物品的价格为100 元 A 国货币，在中国一揽子物品价格为 1000 元人民币时，两国货币的交换比率应该是"10 元人民币：1 元 A 国货币"。

如果中国发生通货膨胀，人民币不仅对内要贬值，对外也要贬值。例如，如果一揽子物品的价格上涨到 2000 元人民币，那么，两国货币的比率就应该为"20 元人民币：1 元 A 国货币"。对外贬值就是人民币汇率的下降。

购买力平价理论说明的只是在长期中的一种趋势，汇率在许多年里仍然能够背离这一理论。同时，这一理论产生作用的前提条件是自由贸易和实行浮动汇率制等。

一国货币汇率由价格水平决定，这个问题涉及实际汇率。两国货币的交换比例说明的仅是名义汇率。

实际汇率是剔除了通货膨胀（或通货紧缩）后的名义汇率，或者说是两国间物品与劳务价格的交换比例。如果两国物品与劳务的价格采用一国货币衡量，那么，实际汇率就是用一国货币衡量的国外价格水平与国内价格水平的比值。可用公式表示如下：

实际汇率＝名义汇率（直接标价法）×国外价格水平÷国内价格水平

如果两国货币的名义汇率为1:1，A国一揽子物品价格为100元A国货币，中国一揽子物品价格为1000元人民币，那么，实际汇率等于（1元人民币÷1元A国货币）×100元A国货币÷1000元人民币等于一揽子A国物品100元人民币÷一揽子中国物品1000元人民币。两国货币的名义汇率为1:1而两国的物价水平悬殊10倍，说明名义汇率偏离了实际汇率。只有名义汇率变动到"10元人民币:1美元"时，名义汇率才反映了两国的物价水平，名义汇率与实际汇率才能够相一致。

从公式中可以看出，若使实际汇率发生变动，有两种办法，一种办法是在两国价格水平不变的情况下，改变名义汇率；第二种办法是在名义汇率不变的情况下，价格水平发生变动。价格水平发生变动既可以是本国的价格水平发生变动，也可以是对方国的价格水平发生变动，还可以是两国的价格水平同时不同方向、同时同方向但不同比例发生变动。

在货币供给等其他条件不变的情况下，随着劳动生产率的提高，一国的物价水平会下降。当物价下降时，在长期中名义汇率将会上升；如果名义汇率不变，实际汇率也会上升。

实际汇率是决定一国进出口的决定性因素。

第三种因素是中国的贸易伙伴国经济增长状况。如果美国发生了经济衰退，美国的进口会下降，这就使得中国的净出口减少；净出口减少，对人民币的需求减少，人民币汇率下降。相反，当世界经济处于复苏时期，中国的净出口增加，汇率便会上升。

第四种因素是中国与他国的相对利率水平。如果中国的利率高，国际金融资产会流向国内，这样便减少了对外净投资，引起汇率上升（即图中垂直的供给曲线向左移动）。相对利率水平是否会引起汇率的变动，取决于资本是否可以自由流动。当前，中国还没有完全取消资本流动的限制。随着人民币国际化步伐的加快，中国也将会放开资本管制，实现资本项目下的可自由兑换。

第五种因素是预期以及其他一些短期的或偶然的因素。如国际收支状况、外汇储备、经济增长率、汇率预期、央行干预政策的差异以及政治事件等。

三、人民币汇率是否实现了均衡？

什么是人民币汇率的均衡呢？目前人民币汇率是否实现了均衡？什么条件下人民币汇率才容易实现均衡？

（一）

斯坦福大学的纳克斯（Nurkes）最早对均衡汇率进行了完整阐释，认为一国在实现了内部均衡和外部均衡时，即达到了潜在产出、充分就业和国际收支平衡时的汇率就是均衡汇率。（姜波克、李怀定：《均衡汇率理论文献综述》，《当代财经》2006 年第 2 期）纳克斯在这里所指的内部均衡是指经济达到了潜在产出、实现了充分就业时的状况。外部均衡则是指国际收支平衡，即经常账户加资本金融账户为零时的均衡。

但是，就国际收支而言，余永定认为它有三个不同的定义。一个是贸易平衡，另一个是经常项目平衡，还有一个是经常项目加上资本项目等于零的平衡。"在文献中，一般来说，所谓的国际收支平衡是指经常项目加上狭义的资本项目（长期资本）之和等于零，它的差额就是外汇储备的变动。如果把短期资本的跨境流动也包括进去，我们就有了第四种平衡，即经常项目加资本项目之和等于零的平衡。""中国学者讨论国际收支平衡时往往指第三个定义的平衡。但是，西方学者在全球危机爆发前后所说的全球不平衡主要指的是经常项目不平衡，特别是指美国的经常项目逆差和中国的经常项目顺差长期共存这种情况。经常项目主要有两个组成部分：贸易项目和投资收入项目。在过去十年的大部分时间，中国的投资收入项目是逆差，而美国始终是顺差。因而，全球不平衡主要又是指美国和中国之间的长期贸易不平衡。"（余永定，《新金融》，2014 年第 5 期）

经常听到这样的说法，汇率实现了双向浮动，外贸顺差已经从金融危机前的 2007 年占 GDP10%，降到了近几年（如 2014 年）2%～3%，净出口已经收窄了，汇率基本稳定在 1 美元兑 6.3 元人民币左右，应该算是人民币汇率处于均衡水平了。无论是按照纳克斯关于均衡汇率的说法，还是按照余永定关于国际收支平衡四种定义中任意一种来衡量，这种说法都是不对的。

（二）

笔者曾指出，首先，汇率稳定并不表示汇率均衡。过去我们实行统购统销时，几乎所有物品的价格都在长时间中保持稳定，但不能说这些物品的价格就是均衡价格。其次，如果说贸易顺差收窄表示汇率均衡，这也只能是一种局部均衡或短期均衡，是增量均衡，3 万多亿美元的外汇储备和由外汇占款过多所引起的通货膨胀蔓延证明了人民币汇率还没有在长期和全局上实现均衡，没有在存量上实现均衡。（赵春荣，《对人民币汇率是否应该升值的思考》，宏观经济研究，2013 年第 4 期）还有，按照纳克斯给出的定义，就中国经济来说，一是 2002 年时经济摆脱了亚洲金融危机之后的低迷、衰退，达到了潜在产出、充分就业的水平，但时间不长，很快就出现了通货膨胀；二是国际收支一直处于盈余状态，后来还出现了"双顺差"，经常账户盈余，资本金融账户也盈余，在这种情况下也不能说人民币汇率实现了均衡。

由于汇率的实质是一国进出口物品与劳务的价格，人民币汇率是中国进出口物品与劳务的价格，因此，在对外净投资不变时，人民币汇率均衡的标志是中国进出口物品与劳务的平衡。在一个横轴表示中国进口与出口数量，纵轴表示人民币汇率的坐标系中，向右下方倾斜的需求曲线表示出口，出口与汇率呈负相关关系；向右上方倾斜的供给曲线表示进口，进口与汇率呈正相关关系。假设对外净投资不变，那么，在人民币外汇市场上，人民币的需求来自于出口，即购买出口物品形成了对人民币的需求；人民币的供给来自于进口，即出售进口物品形成了对人民币的供给。均衡的人民币汇率是由出口与进口两种力量决定的。这种均衡被称为贸易均衡。

由于出口与进口是相对立的，所以，汇率变动是一把双刃剑，对供求双方的影响以及对贸易部门与非贸易部门的影响是相反的，正如货币价值的变动对买卖双方的影响相反一样。一国汇率高于均衡汇率时，该国物品与劳务的价格变得昂贵，有利于本国进口而不利于出口，使国内的消费者受益，生产者受损；同时，对非贸易部门有利而对贸易部门不利。这种高汇率对本国的贸易国来说，有利于出口而不利于进口，有利于生产者而不利于消费者，有利于贸易部门而不利于非贸易部门。相反，如果汇率低于均衡价格，则该国物品与劳务的价格便宜了，低价格对于生产者来说便于向国外出售，却不利于消费者从国外进口；低价格对贸易部门的扩张有利，而会造成非贸易部门的萎缩。汇率变动在两国之间的出口与进口、生产者与消费者、贸易部门与非贸易部门之间，使一方受益的同时必定要使另一方受损。因此，要顾及两国以及每个国家内部各方的利益，就需要汇率形成均衡。均衡汇率能够平衡进口与出口两个方面。

如果将资本的流进流出即对外净投资考虑在内，那么，正如前文《认识人民币汇率》所指出的，均衡的汇率由净出口与对外净投资决定，就是余永定所说的第三种或第四种均衡。

（三）

为什么汇率价格容易导致失衡呢？这个问题主要与汇率制度相关。实行固定汇率制度的国家比实行浮动汇率制度的国家，其货币的汇率价格容易导致失衡。实行浮动汇率制的国家，汇率的价格是由市场决定的，当汇率价格高的时候，进口增加，出口减少，也就是对该货币的供给增加、需求减少，其价格必定下降。当价格低的时候，情况相反，则价格上升。在浮动汇率制下，众多的持汇人以自己利益最大化的理性行为可以使汇率价格保持均衡，也就是说浮动汇率利用了市场力量，所以容易使汇率保持均衡。

但在固定汇率制下，汇率价格由政府主导，一方面，政府或者为了积累外汇储备，以防止外国资本的侵袭，或者为了保持汇率稳定，以促进国内的就业和经济增长，在这两种情况下，经常压低汇率，鼓励出口创汇，使汇率低于均衡水平。另一方面，卖与买的行为，出口与进口的行为，在一国外汇市场上对该国货币的需求与供给的行为，常常来自不同的企业，他们对汇率价格高低的偏好恰好相反，出口者希望价格低，进口者则希望价格高。而在注重生产、轻视消费的旧的发展理念指导下，政府往往偏向出口者，所以总是压低汇率，以便于出口。如果出口与进口是同一个企业所为，例如某企业在一年中既要出口 100 亿元的制成品，又要进口 100 亿元的原材料等物品，那么，它对汇率价格高低的感受是相同的，价格偏高或偏低给其带来的利益增与减也是一样的，在这种情况下，它所要追求的就是均衡的汇率价格。1953 年至 1972 年，我国的人民币汇率与国内外价格严重背离，被高估，出口亏损而进口盈利，但进出口还能够维持下去，就是因为当时的国营外贸部门是一个整体，可以通过用进口补贴出口的办法进行，仍然不影响整体的利益平衡。只是由于出口亏损，所以没有积累外汇储备的积极性。但也不能够大量进口，因为进口要受到外汇的制约，当时能够得到外汇的唯一渠道就是出口。所以，那个时候中国人把出口创汇当作一项重要任务甚至政治任务来完成，岂不知道问题出在人民币汇率价格上，更深层次的问题则是人民币汇率形成机制——人民币没有与黄金挂钩，如果不能与国内外价格水平的变化相联系及时调整汇率，便会出现背离均衡汇率的情况，甚至是长期背离。

均衡汇率是难以直接观测的，但在没有政府干预和其他障碍的条件下，售汇方和购汇方以自身利益最大化为目的的自由而理性的行为可以使汇率形成均衡。当然，如果有对冲基金攻击则另当别论。

市场均衡的形成必须以买卖双方的自由意志、自由行为为前提，同时双方行为所导致的后果又必须与自己的利益休戚相关，也就是说买卖双方都必须是追求自身利益最大化的企业或自然人。因为追求效用最大化的买者是以自己的支付意愿为限制条件的，而支付意愿又以自己的利益为基础，即买者均衡于对物品的评价与物品的价格，只有价格等于或小于评价时，买者才会购买。追求利润最大化的卖者则以生产成本为限制条件，一般情况下不会低于成本价格出售物品或劳务，即卖者均衡于成本与售价，只有售价大于或等于成本时，卖者才愿意出售。支付意愿和成本价格是市场主体自身潜在的制衡因素。市场均衡是以市场主体自身潜在的制衡因素为基础的。

如果买方或卖方中有一方的实力足以决定市场价格而其行为结果又与自己的利益无关，也就是说其自身缺少潜在的制衡因素，那么这样的市场是难以形成均衡的。有央行参与的人民币外汇市场就是这样一个难以形成均衡的市场。因为央行作为中央政府的一个机关，不是人格化的财产主体，它所持有的外储是借所有持人民币的人的钱购买的，这种钱是可以少还或不还的，债权人不会向其索债，购汇的目的也不是为了自身利益最大化，其行为所导致的人民币汇率无论是上升还是下降，均与央行这个机关的利益没有直接关系，因此央行自身缺乏潜在的制衡因素。如果说央行也有潜在的"制衡因素"，那就是经济增长率和通货膨胀率。只要有利于出口企业出口，央行就把汇率压低；如果担心通货膨胀率升高，就通过对冲、提高利率和提高准备金率的政策工具消减流动性。但是，这些"制衡因素"不足于使央行的购汇行为停止。潜在的制衡因素表现为行为中的获利激励因素和成本约束因素。央行在外汇交易中没有获利激励因素和成本约束因素。（赵春荣，《中国人民币汇率制度改革取向研究》，《宏观经济研究》，2015 年第 7 期）

自身缺乏潜在制衡因素的央行参与人民币外汇市场交易时，由于实力雄厚，一家独大，任何竞争对手都不能对其形成制约，使得人民币外汇市场也缺少了制衡力量。央行欲使人民币汇率低估人民币汇率便被低估，欲使人民币汇率升值人民币汇率便升值。缺少制衡力量的人民币外汇市场是难以形成均衡的。人民币汇率不能形成均衡，相对价格不能发挥作用，资源便不能在国内和国外两个市场上有效配置。央行的参与有时即使外汇市场形成均衡，也是一种偶然状态的均衡，不是常态均衡，这种偶然状态的均衡常常稍纵即逝。

在一个交易双方为利益攸关方的市场上，市场很容易形成均衡。这是因为供求双方都是理性的，供给方不愿意低于成本价而供给，需求方也不愿意高于自己的意愿价格而购买。交易双方为了自身利益最大化，对价格非常敏感。当市场变动到均衡点时，供求双方都不愿意再改变自己的决策，即不再增加或减少生产量和消费量，使交易价格与数量处于静止不变状态。但在有政府参与的市场上，价格虽然有时也是静止不变的，但却不是均衡的，例如节假日到一些城市的火车票价格。为什么政府参与价格的决定时市场就难于形成均衡呢？这是因为政府的动机、目的和手段使然。政府难以同时代表供求双方的利益，他总是偏向某一方，或有供求双方利益之外的目的。政府常常采取稳定的方法求得价格的平衡，这是大错特错的。市场价格是在动荡变化中趋于均衡的。同时，政府远离生产第一线，其定价也不能及时反映劳动生产率的变化。在很长一段时间里，由于央行特殊的购汇目的，使人民币估值过低，再加上财政实施的出口补贴政策，刺激了企业的出口意愿而抑制了进口意愿，便形成了大量的贸易顺差，积累了3万多亿美元的外汇储备。

弗里德曼说过，如果汇率是由一个自由的外汇市场决定的，那么它就会停留在任何使外汇市场出清的水平上。弗氏的意思是说，如果名义汇率是由外汇市场决定的，那么名义汇率就会与实际汇率相一致，使一国的国际收支均衡。

（四）

浮动汇率制能够起到"均衡器"的作用，消除国际收支不平衡。（保罗·萨缪尔森：《经济学》第十八版，人民邮电出版社出版 2008 年）其作用机制是：当对外投资不变时，出超过多，汇率升值，升值后出口困难，进口增多；入超过多，汇率贬值，贬值后进口减少，出口增加。在浮动汇率制下，可以通过直接调整汇率而实现国际收支均衡。

在固定汇率制下，要使本国的价格水平与那些参与了本固定汇率体系的其他国家的价格水平相一致，实现国际收支均衡，则必须不断地调整实际产出和就业。调整的路径是这样的：如果本国物品与劳务的价格高，即发生通货膨胀，则导致出口少，在社会总供给不变时，出口少即总需求减少会使价格水平走低，从而平衡国内价格水平与国外价格水平以及国际收支。相反，如果本国价格水平低，则有利于出口，使出口增多；出口增多，总需求加大，在总供给不变的情况下，使价格水平走高，与国外价格水平保持一致。固定汇率制下的这种调整机制，本质上与金本位制下休谟所阐述的调整机制是相同的。

休谟所阐述的黄金本位制下的调整机制是：如果中国的国际收支出现盈余，黄金就会向中国流入，同时从贸易伙伴国美国流出；黄金流入中国使中国的货币供给增加，流通中的货币量增加后引起物价上涨，这时中国的对外贸易便会出现这样的情况，即出口减少，进口增加；当中国的进出口发生变化的时候，中国的国际收支便会出现新的均衡。当黄金从美国流出之后，美国的物价会下降，从而出口增加、进口减少，使国际收支也出现新的均衡。

在法定货币本位制下，实行固定汇率制时如果不调整产出和就业，则容易导致国际收支不平衡，并使其进入恶性循环：在汇率被低估时，汇率不能升值，储备必然增多；储备增多，产生通胀；要抑制通胀，利率、准备金率必升或要发行央票。如果利率上升，套利资本进入；而套利资本进入，储备再增加，使汇率升值压力加大或发生通货膨胀。如果准备金率上升或多发行央票，则银行成本加大，商业银行会将加大的成本以高利率的形式转嫁给实体经济，央行会将加大的成本以通胀的形式转嫁给所有消费者。如果要保持物价稳定，央行则要不断地提高利率、准备金率或加大央票发行量。在汇率被高估时，情形相反。

浮动汇率制通过直接调整汇率而实现均衡，固定汇率制则是通过调整产出和就业而影响价格水平实现均衡，或者在产出和就业不变的情况下通过货币政策的调整实现均衡，即提高利率和准备金率或发行国债、央票，哪一种调整机制成本低呢？显然是在浮动汇率制下直接调整汇率的成本低。

我国实行的是偏向固定汇率制的有管理的浮动汇率制，在十多年的时间里价格不断走高，而经济也同时保持了高增长率，并没有按照固定汇率制的调整原则而对产出和就业加以调整，但它也付出了惊人的成本，这就是本书在《贸易盈余与贸易赤字的利弊得失》一文中所指出的那些成本。如果在此期间我们没有增加外汇储备，而是压低了产出和就业率，那就会产生低增长率、高失业率的成本。总之，天下没有免费的午餐。

四、中国人民币汇率制度改革取向研究

　　IMF 把汇率制度分为无法定独立货币、货币局、传统钉住、水平区间钉住、爬行钉住、爬行区间钉住、不事先公布干预方式的管理浮动和独立浮动等 8 种，其中前两种为完全固定的汇率制度，第八种独立浮动汇率制度与其相对立，中间的 5 种介于两者之间。我国 1994 年汇率并轨以来实行的是以市场供求为基础有管理的浮动汇率制度，2005 年汇改后增加了参考一揽子货币进行调节的内容，人民币汇率开始小步渐进升值。1998 年亚洲金融危机之后约 7 年间和 2008 年全球金融危机之后两年间曾一度实行钉住美元的固定汇率制度。据此，IMF 先后将我国汇率制度归为传统的钉住类、水平钉住类和爬行钉住类，实际上属于中间汇率制度。2012 年、2014 年人民币汇率浮动区间由 0.5% 扩大到 1% 和 2%，双向浮动弹性增强，但总体看 20 年间我国实行的是由央行管理的偏向固定的汇率制度，2005 年之后升值的幅度和节奏也主要是央行主导而非市场主导。

　　汇率并轨以来，央行外储不断累积，1994 年 1 月仅有 212 亿美元，2005 年 7 月增至 7327 亿美元，2010 年 10 月汇改再启动时剧增至 28473 亿美元，2014 年最高时接近 4 万亿美元。外储的快速增长说明中国所面对的国际收支失衡不是暂时性的，是有其失衡机制的。我们需要研究并改革这种机制。

　　随着外储的膨胀，人民币汇率在国际上成为热点、焦点问题，专家、政要们对此众说纷纭，大致形成了升值论、稳定论和浮动论三种观点，长期争论。现在多数学者认为人民币汇率形成机制的改革方向是市场化，从长期看应该走向自由浮动，同时也有学者主张应继续实行固定汇率制度，认为"浮动汇率制最优"是个伪命题，还有些学者赞同管理浮动或爬行区间钉住等。笔者曾经分析过固定汇率制下人民币汇率被长期低估所产生的种种弊端，呼吁实行更加灵活的汇率制度以消除这些弊端。（赵春荣：《对人民币汇率是否应该升值的思考》，《宏观经济研究》2013 年第 4 期）在关于人民币汇率的另一篇文章中，笔者认为，人民币汇率形成机制改革的关键问题是要建立通过名义汇率浮动使实际汇率具有弹性从而使两者能够自动趋向一致、保持汇率均衡的机制，即独立浮动汇率制度。（《中国人民币汇率制度改革取向研究》，《宏观经济研究》2015 年第七期）

固定汇率制度与浮动汇率制度的本质区别在于是否对汇率规定货币平价和波动幅度，如果规定汇率只能围绕着货币平价在很小范围内波动的为之固定汇率制度；如果现实汇率不受平价制约，也没有规定波动幅度，货币当局不承担维持汇率稳定的义务，任由市场供求关系决定的制度为之浮动汇率制度。1973 年 2 月布雷顿森林体系解体后主要工业国普遍实行的是浮动汇率制度。

按照 IMF 的评价，汇率制度本身无所谓好坏之分，固定汇率与浮动汇率的优劣是相对的，究竟哪种制度适合本国关键看各国的具体情况。那么，中国为什么应该选择独立浮动汇率制度呢？

（一）

按照不可能三角理论，中国应放弃固定汇率制度或中间汇率制度。

不可能三角理论指出，一国在固定汇率、独立货币政策、资本自由流动三难选择中不能同时选择三项，只能两两组合做出如下三种选择之一：（a）固定汇率与独立货币政策；（b）固定汇率与资本自由流动；（c）独立货币政策与资本自由流动。

如果选择（a）项，即固定汇率与独立货币政策组合，那么，将失去资本自由流动选项。从 1994 年汇改以来，我国实行的就是这种政策选项。

实行这种组合的结果之一是出现了"坏"的国际收支不平衡，

即中国经常项目顺差，甚至经常项目和资本金融项目"双顺差"，美国经常项目逆差。（余永定，《纠偏国际收支不平衡问题需综合治理》，《新金融》2014年第5期）中国作为穷国把自己的储蓄通过出口物品换回外汇，然后以购买美国国库券的形式再投资到美国，甚至还把用高代价从美国引入的资本转手以低代价借回给美国。在这种坏的国际收支不平衡中，实际上是对美国的两次投资，第一次是通过出口把实物资本（或资源）投资到美国，第二次是把出口所获得的外汇即金融资产再一次投资到美国。

结果之二是经济结构失衡，并难以调整。据张斌、胡文君研究，在这种组合下实际汇率处于粘性，难以发挥调节资源配置的价格杠杆作用，对经济结构带来的影响是资本深化程度减弱和产业升级缓慢、初次分配中资本边际报酬提高和劳动边际报酬下降、贸易品部门和贸易余额占GDP比重提高等，威胁到中国经济的可持续增长。（张斌，胡文君.《实际汇率扭曲对经济结构的影响》，《南京大学学报哲社版》2014年第5期）

结果之三是巨额外储成为负担，需付出高昂的成本，以及引起了国际上的贸易摩擦增多（详见本章"一、贸易盈余与贸易赤字的利弊得失（五）"）

如果选择（b）项，即固定汇率与资本自由流动，则失去了货币政策的独立性，在这种情景下，不仅存在着输入性通胀，造成宏观经济动荡，而且一国金融极易遭受国际游资的袭击，发生金融危机。20世纪90年代世界爆发了多次经济危机，无不与此相关，如1991—1992年的欧洲汇率体制信心危机，1994—1995年墨西哥比索危机，1997年东亚金融危机，同年的俄罗斯债务危机，以及巴西、阿根廷、土耳其金融危机等。当危机向纵深发展难以再维持固定汇率时，这些国家纷纷转向浮动汇率。与此形成鲜明对照的是，实行浮动汇率制度的西方发达国家却没有因汇率问题发生过金融危机（英国发生货币危机的原因是因为当时英国作为欧洲货币体系中的一员，与其他国家之间实行的是固定汇率制度）。

在固定汇率制下货币政策本来就难以发挥作用，如果对外开放过度，并要推行人民币国际化战略，热钱的流进流出就不易控制。这些年来中国"有管理的浮动"实际上是在固定汇率制下的不完全独立货币政策和不完全资本自由流动的混合体，这种混合体属于不同组合的中间汇率制度。实行中间汇率制度不仅汇率难以稳定，而且货币政策失去了自主性和灵活性，同时还不断遭受热钱套汇套利袭击，蓄积了严重的金融风险，表明作为发展中大国，中国不适宜采用固定汇率制度，也不适宜采用中间汇率制度如"软"钉住、爬行钉住、可调节的钉住、目标钉住和管理浮动等汇率制度。

中国若要成为经济强国，人民币必须成为自由可兑换货币，成为国际储备货币，这就需要将国内金融市场与国外金融市场连成一体，使人民币国际化，而不是相反走"闭关锁金"、与世隔绝的路子，所以资本自由流动一项是无论如何都不能舍弃的；同时，作为大国，货币主权一项也不能舍弃，否则将危机频发。基于此，在"三难选择"中所能舍弃的只能是固定汇率选项。

如果选择（c）项，即放弃固定汇率制，拥有独立的货币政策和资本自由流动，这就意味着要实行浮动汇率制。

在纸币本位制下，作为大国只能实行浮动汇率制。在黄金本位制下，世界各国使用的是同一种货币，区别只是名称和价值量的不同，实行固定汇率制是不存在任何问题的。黄金本位制退出后，无论是在布雷顿森林体系时代还是后布雷顿森林体系时代，固定汇率制在要保持独立货币政策的两个或多个大经济体之间实际上已经死亡了。黄金货币与法定纸币有着本质的区别。黄金是价值实体，纸币仅是价值符号。用纸币与黄金挂钩是挂不住的，布雷顿森林体系的解体绝不是偶然的。1971年美国总统尼克松宣布美元不再与黄金挂钩，绝不是说不能挂钩仅是暂时性的事情，而是揭示了一种内在的必然性，这就是"特里芬悖论"所指出的问题。布雷顿森林体系崩溃后在法定不可兑换的纸币本位制下，对于大国经济体来说，固定汇率制越加不可能，这是因为决定汇率的因素是很多的，如两国或多国之间的劳动生产率不同的变化、通货膨胀率大小、利率差异、国际收支变动、外储多少、增长率快慢、对外汇市场预期、财政赤字状况、政府干预和投机资本攻击以及一些偶然性事件等。这些因素无论哪一种发生变化都可能使汇率发生变化，怎么可能固定呢！有人还希望重建布雷顿森林体系，那只是与客观现实不相符合的一种美好的主观愿望。

在纸币本位制下浮动汇率制能够释放风险，固定汇率制则不能。直观地判断，似乎固定汇率很安全，浮动汇率才有风险，但这是一种错觉。在黄金本位制下用黄金换回财富是确凿无疑的事实。但是纸币只是借据，持有纸币是抛弃财富的结果，用纸币重新换回财富仅仅是一种可能性，这种可能性转变为现实性要冒"惊险一跃"的风险，在这里就是实际汇率变动以及币值变动的风险。在浮动汇率制下，微观企业可能会因名义汇率的变动产生风险，但这种风险只涉及进出口企业，并可以通过汇率避险工具稀释和消解。在固定汇率制下，央行的干预把企业应该承担的风险遮蔽了，但风险本身并没有消除，而且还会累积并转移为国家风险，让整个社会承担。在这种情况下，出口企业的盈利包括就业工人的工资收入远远抵偿不了13亿人的福利损失。中国持有美债的风险还不仅仅局限在福利方面，有可能发展为经济殖民地风险、政治风险或战争风险。（鄢杰，《中国持有美国国债的风险及对策探讨》《马克思主义研究》，2014 年第 10 期）

汇率稳定，交易成本才会小，所以央行在追求币值稳定的同时也追求汇率稳定，是可以理解的，但是，汇率的天性就是不稳定，要它稳定是做不到的。汇率与币值两者不仅不可能同时稳定，也不可能错时稳定。如果千方百计要保持汇率稳定，则币值就不会稳定；币值不稳定，汇率也不可能稳定。如果货币政策正确，只有币值能够做到稳定。名义汇率浮动，实际汇率才能在物价水平不变的情况下具有弹性，国际贸易才能按照实际汇率进行。实际汇率是决定国际贸易的决定性因素。依据实际汇率交易，一国才有可能实现内外部均衡。按照巴拉萨—萨缪尔森效应，如果名义汇率背离了实际汇率，如被低估，则名义汇率要升值；如不升值，则要发生通胀以纠正之。固定汇率制常常导致名义汇率长期被低估或高估，只有在浮动汇率制下汇率富有弹性，两者才能自动相一致。

在固定汇率制下，宏观经济的四大政策目标即经济增长、充分就业、物价稳定和国际收支平衡中前两者与后两者特别是与第三者物价稳定相互矛盾，不能统一，只有在浮动汇率制下，四大目标才能在长期中保持统一。这是因为在浮动汇率制下，名义汇率的变动保证了国际贸易能够以实际汇率为基础进行，从而有可能使物价稳定和国际收支平衡；在物价稳定和国际收支平衡的条件下，经济增长、充分就业能够摆脱短期措施即货币政策的刺激而依靠长期手段即技术进步和劳动生产率的提高实现。

（二）

按照汇率制度选择理论，中国应该选择浮动汇率制。

蒙代尔认为，如果一国适合单独组成一个货币区，则该国宜采取独立浮动汇率制度；如果一国适合与其他贸易伙伴国组成一个货币区，则该货币区内宜采用固定汇率制度，对外则选择浮动汇率制。判断一国与其他国家是否适合组成一个货币区的标准，主要是生产要素流动性的强弱。因为生产要素与汇率弹性有替代关系，生产要素流动可以替代汇率变动调整国际收支不平衡。即中国与他国之间如与美国等国之间的生产要素流动性强，那么两国或多国之间就适宜组成一个货币区，实行固定汇率制。显然，中国作为一个独立大国，无论从历史上看还是从现实看，与周边国家的要素流动性几乎为零，与远隔重洋的其他国家如美国更加缺少这种流动性。改革开放以来虽然有大量留学生滞留美国等发达国家，但只是单向流动，而且占人口的比重极低。与此相反，中国国内各行政区域之间劳动力的流动却越来越频繁，节假日大量人口返乡探亲就是很好的证明。这种情况说明中国自己就是一个最优的货币区，宜对外选择浮动汇率制。

罗伯特·赫勒认为，一国汇率制度选择主要受经济因素决定。如果一国经济规模大、经济开放程度低、进出口商品多样化、贸易地域分布分散化、同国际金融市场联系密切、资本流动较为可观和频繁，或国内通货膨胀与其他主要国家不一致，则倾向于实行浮动汇率制。赫勒所开出的这些条件中，除"经济开放程度低"外其他各项都与中国的实际情况相符合。关于"经济开放程度低"问题，赫勒在这里是指小规模经济体如果开放程度过高难以抵御外部冲击，不宜实行浮动汇率制。对于中国这个大经济体可能情况恰恰相反，开放程度越高，资本流动越频繁，政府对资本流动的管制就应该越少，越加适合采用浮动汇率制。退一步说，如果开放程度低才适合浮动汇率制，对中国来说也不能成为问题，因为开放程度中对外开放与对内开放是可以相互替代的，如果对内开放程度高，对外开放程度就会走低。中国作为大国，地域辽阔，人口众多，经济发展水平参差不齐，地区之间、城乡之间经济结构不平衡，生产力格局呈现多层次性，各地经济的互补性强，可贸易度高，本身就是一个能够循环的系统，可以通过提高对内开放程度以优化地区和城乡结构，促进从东到西的全面发展。美国作为发达国家外贸依存度不到20%，中国在40%以上，有些年份达60%。因此，从中国经济的发展看，实行浮动汇率制也是符合赫勒条件的。

（三）

独立浮动汇率制度符合自由市场经济的真谛，选择它市场在资源配置中便能发挥决定性作用。

自由市场经济是以产权为基础、竞争为灵魂、自由为特征的，但在固定汇率制下市场的这些本质属性不同程度地消失了。只有实行独立浮动汇率制度，产权才能明晰，竞争才能充分，自由才会出现。

　　一是在固定汇率制下，央行持有的外汇产权难以做到明晰。央行用基础货币购汇，所购外汇由央行持有，但非央行所有，它的产权属于所有持人民币的人。央行行使对它的所有权，即保管、处置、经营权时，其产权属性是模糊的，对经营后果是不需要负责任的，也就是说在委托人与代理人之间权责关系不明确，信息也是不对称的，代理者很可能出现道德风险，给所有者造成利益损失，如前文指出的近4万亿美元外储产生的巨额成本。在浮动汇率制下，央行退出或基本退出外汇交易，外汇主要由企业或自然人持有并交易，即藏汇于民，这样才使其产权清晰，同时也改变了外汇的需求机制和供给机制，使外汇交易真正反映它的主人的意志，从而保证在交易中取得最大收益。

　　二是在固定汇率制下，央行垄断了外汇交易，外汇市场缺少公平竞争。从1994年汇率并轨以来，一开始是实行强制结汇制，不允许企业留汇，后来虽然取消了强制结汇制，但央行出的价格最高，企业也就无意留汇，这样做实际上是排斥了企业参与外汇市场交易的机会，使外汇市场失去了竞争。浮动汇率制下央行不再托底，汇率价格由众多分散决策的企业或自然人决定，市场的竞争性才能充分表现出来。外汇市场具有了竞争性，才是真正的市场，其价格反映的才是市场供求的正确信号。

　　三是在固定汇率制下，外汇市场无自由可谈。这种情况表现在两个方面，一是长期将外汇集中在央行手中，使企业失去了拥有外汇并进行交易的自由权利；二是当汇率价格被央行压低时，一部分失去效率本该退出的企业却滞留在市场上，一部分有效率本该参与贸易的企业被排挤出市场，市场形成了逆向淘汰机制，使滞留在市场上的企业不需要努力便能够盈利，被挤出市场的企业即使再努力也不能达到目的，无论哪类企业都被市场之外一种异己的力量控制着，失去了自由选择的权利。独立浮动汇率制度最显著的一个标志是排除了央行对汇率的日常干预，生产者可以根据自己的具体情况自由地对生产什么、生产多少、怎样生产以及如何交易等问题进行决策。

一国货币汇率是由市场供求关系决定还是由央行决定，实际上分属于两种不同的经济体制，前者为市场经济体制，后者为计划经济体制。市场经济与计划经济的根本区别是决策由谁来做出，由政府统一做出的便是计划经济，由千百万市场主体分散做出的就是市场经济。我们既然建立了市场经济体制，既然决定要让市场在资源配置中起决定性作用，那就应该实行浮动汇率制，排除央行的干预，由市场决定汇率价格。

只有市场决定汇率价格，经济结构才能趋于优化。一个国家宏观的经济结构优化有赖于每一个微观企业的效率提高和结构优化。当每一个市场主体在市场竞争规律的作用下，按照机会成本和比较优势原理自由自主地做出自己的选择，其结果必定是优化的社会经济结构。经济结构的调整是市场的职责而非政府的职责，因为市场配置资源的过程就是结构调整的过程。在这里，自由贸易制度起着至关重要的作用。如果由政府调整经济结构，则往往主观与客观相脱离，违背经济规律，不计成本，顾此失彼，功半事倍，导致一个劣化结构。苏联在20世纪60年代就提出了调结构的问题，30年后到90年代初解体的时候仍然没有调整好。我国是在"九五计划"中提出调结构转方式任务的，但过去了20年，由于政府主导，效果难显。

汇率是贸易品部门与非贸易品部门之间的相对价格，人民币升值会引导更多资源流向非贸易品部门，促进经济结构优化调整（谭小芬和姜嫱嫱：《人民币汇率升值的产业结构调整效应》，《宏观经济研究》2012年第3期）。我国目前存在的以投资拉动和出口带动为特征的经济结构与央行长期主导的低汇率政策不无关系。低汇率政策导致的后果一是将中国一个人均收入较低的穷国的储蓄以出口投资和债券再投资的形式大量投放到美国等发达国家。二是一些劳动密集型和耗能污染严重的企业不用技术改造节能减排产业升级仍然可以靠出口盈利，相反由于进口价格高，一些先进适用的技术不能及时进口，企业产业升级的步伐被延缓。三是把进口与出口的关系整个弄颠倒了。低汇率有利于出口不利于进口，而进口比出口更重要，出口的东西仅仅能够换回纸币，进口的东西才能够满足人们的需要。出口只是手段，进口才是目的。斯密说过，一国国民为一定量进口付出尽可能少的出口，得到的好处也就多。斯密关于出口是进口的成本的思想非常重要，我们再也不能走为出口而出口的老路。只有实行浮动汇率制，相对压低进口成本，消费在"三驾马车"中的占比才能提高，经济结构才能优化，发展方式才能转型。

五、不可能三角理论、索罗斯的对冲基金投机与金融危机

（一）

不可能三角理论或称三元悖论、三难选择，是美国麻省理工学院教授克鲁格曼 1999 年在蒙代尔－佛莱明模型的基础上，结合对亚洲金融危机的实证分析提出来的，其主要内容是一个国家或地区不能同时拥有独立的货币政策、固定汇率与资本自由流动三个选项，而只能拥有其中的两个，即：（1）如果实行独立的货币政策和固定汇率组合，则不能再实行资本自由流动；（2）如果实行独立的货币政策和资本自由流动，则不能再实行固定汇率制；或者（3），实行资本自由流动与固定汇率制度，则必定要舍去独立的货币政策。"不能拥有全部"，如果一个国家或地区同时选择了这三项宏观经济政策，便造成了制度缺陷，给国际投机资金留下了可乘之机。

20 世纪 90 年代接连发生的欧洲货币危机、墨西哥债务危机和

亚洲金融危机等，都是因为同时选择了固定汇率、资本自由流动以及独立的货币政策这三个选项而给国际投机者造成了投机机会所导致的。

国际最大的投机资本是乔治·索罗斯（George Soros）长期控制的美国量子公司门下的对冲基金。对冲基金（Hedge Fund），也称避险基金或套期保值基金，意为"风险对冲过的基金"。经过几十年的演变，对冲基金已失去其初始的风险对冲的内涵，Hedge Fund 的称谓亦徒有虚名。对冲基金已成为一种新的投资模式的代名词，即基于最新的投资理论和极其复杂的金融市场操作技巧，充分利用各种金融衍生品的杠杆效应，承担高风险，追求高收益的投资模式。索罗斯这个"金融大鳄"被人们视为金融危机的肇事者，从1992年做空英国货币一举成名，然后又在1994年和1997年分别做空了墨西哥货币和东南亚诸国货币，一手导演了欧洲货币危机、墨西哥金融危机和亚洲金融危机，以及1998年的俄罗斯金融危机、巴西金融危机等。或者更进一步说，90年代以来世界上发生的金融危机大多与他相关。

每一次金融危机之后，该国财富缩水，而索罗斯从这些国家的经济废墟上踩过，赚得盆满钵满。

索罗斯等人操控国际投机资本或称国际游资，是一种没有固定投资领域、以追逐高额短期利润而在货币市场、外汇市场、黄金市场、证券市场、金融衍生品市场或特定商品市场之间频繁移动的短期资本。如上所述，如果一国或一地区"拥有了全部"，就为国际投机资本的攻击造成了基础性条件。一旦该国出现持续的经常账户逆差并伴随通货膨胀或经济萧条，政府关于保持货币汇率稳定的承诺就失去了可靠性。因为在经济衰退的情况下，货币贬值的压力很大，流动资本很可能逃离。如果政府为了保持所承诺的汇率稳定而抛售外汇储备，外汇储备会很快耗尽，于是，固定汇率制崩溃，汇率大幅度贬值，经济危机便爆发了。投机者们凭着其敏锐的感觉和丰富的经验，能够对各种市场做出较为准确的预期，最善于攻击各国的金融制度漏洞。

现在，对冲基金大多采用立体式投机策略，其方式有多种。

对冲基金采用的一种方式是在即期外汇市场上进行投机性交易。具体方法是预期某种货币会贬值时，便通过借贷、出售非货币资产、卖空股票或从离岸市场融资等手段提前大量持有该货币，然后在即期外汇市场上大量抛售该货币并引起恐慌性的跟风抛售，促使其迅速贬值。待该货币贬值后，再用外汇在即期现货市场上购买该货币，偿还此前的借款和股票等，从中赚取巨额利润。假如 A 国货币未贬值时与美元的比值是 1:1，此时如果投机者拥有 100 万 A 国货币，便可以兑换 100 万美元。当 A 国货币贬值后，例如由 1:1 贬值为 10:1，用美元兑换 A 国货币时，只需 10 万美元便可以兑换到 100 万 A 国货币，投机者从中赚取了 90 万美元利润。

采用的另一种方式是在远期外汇市场上进行投机性交易。投机者如果预期某种货币的远期汇率会贬值，则会向银行购买大量远期合约，约定在未来的某个时刻用贬值的"软币"购买升值的"硬币"。签约银行为了规避由远期合约带来的不平衡货币头寸，将通过对冲远期合约弥补头寸，即在现货市场上售出本币（即投机者预期贬值的"软币"），购买外币。银行这样做时，本币供给增加，贬值压力加大。投机者可在本币贬值之前用外币购买本币，再以贬值后的本币交割空头远期合约；或签订与空头远期合约到期日相同、金额相同的多头远期合约作对冲。

采用的第三种方式是在外汇期货、期权市场上进行投机。具体方法是，投机者购入空头"软币"的期货，或认沽期权，当预期的"软币"在外汇期货、期权的即期和远期市场上被打压贬值，期货价格下跌，期权溢价，投机者可以进行对冲交易，即抛售空头"软币"，以赚取外汇差价。

第四种方式是利用货币当局在固定汇率制下对货币汇率的不变

承诺进行投机。实行固定汇率制的国家，其政府或央行对社会有汇率保持不变的义务。当投机者抛售本币使其贬值时央行是通过两种措施保持本币汇率不变的：一种是抛售外汇储备购买本币，维持本币的供求关系不变；另一种是在外汇储备有限时提高本币利率，使投机者借用本币的成本加大，促使其减少或放弃对本币的投机利用，同时也利用高利率吸引外资。如果投机者预测到央行的外汇储备不足于抵挡攻击而将要提高本币利率时，他们则可以采取三种方法投机：一是在货币市场上，购买利率掉期合约，利用前后不同水平的利率，支付固定利率，收取浮动利率，获取利差收益。二是利用央行提高利率会引起股市下跌的机会，在股市上提前从股票托管机构借入股票并抛售，利率提高股票价格下跌后，再在低价位补回股票，即先在高位上卖然后在低位上买，赚取差价。三是在股指期货市场上，提前购买空头股票指数期货或认沽期权，并通过对冲交易赚取利润。

索罗斯等投机者一般采用的是立体投机的策略，即利用三个或者三个以上的金融工具之间的相关性进行金融投机，在各个市场上同时发难。

在经济全球化和金融自由化迅速发展的情况下，许多发展中国家的金融体制尚不健全，政府也缺乏有效的调控和管制手段，特别是有些国家既要利用国外资本进行国内投资，又要享受固定汇率制带来的交易成本低的好处，还不愿意放弃本国货币的主权，希望利用货币政策调控经济，必然导致金融危机。这是导致金融危机的最主要的制度原因。

金融危机和动荡已成为一种世界性现象。据 IMF 的统计资料，自 1980 年以来，该组织 181 个成员中有 133 个成员发生过重大金融危机，52 个国家的大多数银行多次失去支付能力。因此，研究金融危机发生的原因，防止出现制度漏洞后被国际游资偷咬一口而发生金融崩溃，对于保持经济持续、稳定、健康发展，意义十分重大。

（二）

我们首先分析欧洲货币危机。欧洲货币危机也叫英国货币危机。

1990 年，英国加入了欧洲货币体系（或称欧洲汇率体系，简称 ERM）。在 1992 年 2 月 7 日，欧盟 12 个成员国签订了《马斯特里赫特条约》，即《欧洲联盟条约》，简称《马约》。《马约》规定欧盟各成员国都必须使本国的汇率水平盯住德国马克，也就是在该体系内实行固定汇率制度，该体系内的国家与体系外的其他国家的货币实行浮动汇率制度，即联合浮动汇率制度。该体系内各国之间的货币汇率只在一个很小的区间波动，例如，德国马克和荷兰盾之间上下波动的界限是 2.25%，其余成员国间汇率的波动界限为 5%。按照《马约》规定，英镑和意大利里拉要与德国马克的汇率保持在一个相对比较高的水平上，这种被高估的英镑和里拉超出了本国实际的经济水平，存在着很大贬值空间。德国与英国和意大利经济的这种差别以及由这种差别带来的汇率水平悬殊问题是欧洲货币体系中的一大矛盾，这种矛盾成为欧洲货币危机的一大隐患。

毫无疑问，在欧洲货币体系内部，各成员国之间实行的是资本账户自由流动制度。在固定汇率加资本自由流动条件下，各成员国应该放弃本国货币主权，即丧失独立的货币政策权力，但是，情况并非如此，各国依然拥有自己的货币主权，可以独立行使自己的货币政策。各成员国拥有自己独立的货币政策虽然可以根据本国经济走势采取相逆的对策，但却暴露了欧洲货币体系存在的一大漏洞。

在汇率固定、资本自由流动和独立的货币政策三个选项同时存在时，不同货币之间的利率差异会引起套利交易，投机者会卖出低利率货币，买进高利率货币，套取不同货币之间的利差收益。当一国面临严重的通货膨胀需要提高利率、紧缩货币时，如果大量的投机资金从利率低的国家涌入进来，就会导致该国的通货膨胀加剧，使紧缩的货币政策无效。如果要坚持本国的货币主权，只有两种选择：要么限制资本流动，要么放弃固定汇率。如果三者都要保留，那么，必定会遭到投机者的攻击，金融危机也就注定要发生。

欧洲货币体系中还存在的一个漏洞是"良币会驱逐劣币"。当良币驱逐劣币发展到一定阶段时，便会导致固定汇率崩溃。

货币是国家主权的体现，而汇率是国家主权信用的体现。如果某国的政治稳定，经济繁荣，实力雄厚，其货币的购买力稳定或会上升而不是下降，则该国货币的汇率就坚挺，有升值的预期，该货币将被人们视为一种"良币"。相反，哪些政治动荡、经济长期疲软下滑、实力脆弱的国家，其货币就会贬值，汇率就会下降，将被人们视为"劣币"。当良币供给充足时，在国际贸易中会出现良币驱逐劣币的情况。良币驱逐劣币的情况一旦发生，会进一步加大良币相对于劣币的升值压力。这种压力大到一定程度时，就会使两种货币之间的汇率波动超出规定的上限，从而使联系汇率制度崩溃。

历史上常常出现"劣币驱逐良币"的现象。这种情况发生在一个国家使用贵金属为货币的铸币时代。在贵金属为货币的时代，人们把贵金属铸造成有一定面值的货币，同时还有一种货币混合了低价值的金属，虽然面额与贵金属相同，但其实际价值不足，被人们成为"劣币"。例如面值一克黄金的货币，虽然重量是一克，但其中的黄金可能不足一克。在人们认可或国家强制流通的情况下，不足值的货币也可以与足值的货币同时流通，但在对外支付和作为储藏手段使用时，不足值的货币与足值的货币就不能同时使用了。这样一来，不足值的货币就只能担任流通手段的职能，在国内流通中使用，而足值的良币就越来越多地在对外贸易中使用，或在国内流通中退出，转为储藏，担负起储藏手段的职能。

在纸币流通时代，所以会出现"良币驱逐劣币"的现象，是因为纸币作为法定货币仅是"货币符号"，与黄金割断了联系，本身没有价值，它由本国政府担保仅能在本国内执行流通手段的职能。因此，在国际贸易中，那种能够在流通中方便交换到商品或服务且不贬值的货币便被人们接受，那种在以后的交易中不好使用、不能够方便且购买到相应商品或服务的货币，便被人们抛弃。在拉美地区的许多国家，本国货币与美元同时流通，由于本国货币价值贬值，被视为劣币而在流通中使用量减少，相反，美元作为良币广受人们欢迎，在个别国家美元完全代替了本国货币。

在说明了良币驱逐劣币的现象后，让我们再回到欧洲货币体系的问题上。1992 年欧洲十二国签署《马约》时，欧洲经济是冰火两重天，英国、意大利等欧洲各国经济普遍不景气，处于衰退时期，而统一后的德国正在经历通货膨胀。面对衰退和通胀，需要采取两种截然相反的货币政策，前者即英国和意大利需要降低利率，后者即德国却需要提高利率。随着时间的推移，英国实行高利率政策受到越来越大的压力，因为高利率政策使企业成本加大，不利于经济复苏，因此，它请求德国联邦银行降低利率。但德国联邦银行却担心降息会导致国内的通货膨胀，甚至会引发经济崩溃，拒绝了英国降息的请求。

1992 年，美元利率处于 60 年代以来的最低水平，而德国为了应对国内通货膨胀不得不在 7 月 16 日把利率提高到 30 年来的最高水平，使美元与德国马克利差相差 6.5%，造成了德国马克对美元的升值。德国货币的升值，必然造成美元（外资）的流入。

由于欧洲货币体系内部十二国的货币实行的是固定汇率制度，德国马克升值，其他成员国的货币也应该升值，但是，其他成员国的国内经济不支持高汇率与高利率政策，相对德国马克只能不断贬值，而这种贬值必定威胁到欧洲对内固定对外联合浮动的货币机制。为了捍卫联合浮动汇率机制，欧共体十二国财长和央行行长于 7 月 28 日召开会议，并发表声明保证不改变固定汇率机制。

欧共体十二国不改变固定汇率制的决心解除了国际投机者的后顾之忧，于是大量游资进入德国购买高利率德国马克，同时抛弃其他成员国货币，放心大胆地套取不同货币的利差收益。

国际投机者最先攻倒的是芬兰马克。为什么要首先攻击芬兰马克呢？原因是芬兰国力弱小。当德国马克的利率提高、人们纷纷把手中的芬兰马克兑换成德国马克时，为了维持芬兰马克与德国马克的汇率比价，芬兰央行便采取对冲操作，即抛售德国马克购买本国马克。但芬兰央行储备的德国马克有限，很快就抛售殆尽。9月8日，芬兰央行无力再维持芬兰马克与德国马克的比价，宣布实行自由浮动汇率制度。固定汇率制度的放弃意味着货币危机的爆发。

　　德国央行不愿意降低利率救助芬兰马克的事实，使投机者更加坚定了投机的信心。

　　意大利里拉一向被认为是"软货币"，因此，第二个受到攻击的便是该货币。投机者攻击意大利里拉与攻击其他货币一样，办法有二，一是在市场上大量买入里拉，然后在高位上卖出，使里拉供大于求，遭受贬值。当里拉贬值后，他们再把便宜了的里拉买回偿还借款。二是使用外汇期权，以当前较高的市场价格签订里拉认沽期权，在里拉贬值后再卖出期权。采取这两种办法都可以大赚一笔。

　　意大利政府与芬兰政府一样，为了维持欧洲对内固定对外联合浮动的汇率体系，要采取措施保证本国货币与德国马克的比值不变。于是，意大利不顾本国经济的衰退现实，从9月7日到9日，连续两次将贴现率从12%提高到15%。由于意大利经济十分脆弱，利率提高后反而引起人们的担心，导致里拉继续贬值。9月13日，经欧共体调整，里拉实际贬值7%，但投机者继续抛售里拉。意大利政府用尽400亿德国马克购买里拉，但也不能维持里拉的汇率稳定。9月17日，里拉被迫实行自由浮动，攻击者获得全胜。

　　在击败芬兰马克和意大利里拉之后，国际投机者一方面充实了子弹，实力加强了，另一方面信心也得到了鼓舞，更加坚信了自己的判断和力量以及欧洲货币体系存在的问题，在这种情况下，他们集中全力攻击英镑。

1992 年年初，1 英镑兑 2.95 马克。尽管英国政府和德国政府不断释放出维持英镑汇率不变的信息，但在国际游资的攻击下，英镑还是不断下挫。8 月下旬，1 英镑兑德国马克的比率降低到 2.80。按照欧洲货币机制规定，1 英镑兑德国马克的汇率不得低于 2.778。8 月 28 日，英格兰银行买进了 33 亿英镑，以显示维持英镑的决心。9 月初，英国宣布将从国际货币基金组织借入 75 亿英镑的外汇，全部用于维持英镑汇率的稳定。但聪明的索罗斯从英、德领导人的谈话中还是得出了"德国人为了自己的利益不可能救英国"的结论，并立即发起了总攻。他抛售了 70 亿美元的英镑，买入 60 亿美元的德国马克。同时，他预测到德国股市会随着德国马克的升值而下降，英国股市会随着英镑的贬值而上涨，抛空了德国股票，并买入了 5 亿美元的英国股票。在索罗斯的身后有大量的投机资本，索罗斯的行动引发了跟风盘，英镑被大量抛售。9 月 15 日，英镑兑马克下跌到 1:2.78。

第二天，英国破天荒地连续两次提高利率，由 10% 到 12% 再到 15%，并在半天内抛售了 40% 的外汇储备以买进英镑，试图使英镑不跌破 2.778 的底线。尽管如此，还是没有阻挡住英镑的崩盘，英镑跌到了 2.64 马克。突破了 2.778 马克的底线，标志着英格兰银行被以索罗斯为代表的对冲基金打垮了，英国宣布退出欧洲货币体系，实行浮动汇率制。

在攻克英镑之后，国际投机者迅速扫荡了瑞典克朗、挪威克朗、葡萄牙埃斯库多等欧洲货币体系的外围货币，西班牙比塞塔、爱尔兰磅等货币也纷纷贬值，现在只剩下德国马克和法国法郎了。

1992 年 9 月 18 日，在索罗斯对冲基金的攻击下，法国法郎与德国马克的比价跌到了欧洲货币体系规定的最低线，法兰西银行被迫关门半小时。在随后的几天里，法国动用了黄金以外的一半外汇储备购买了 510 亿法郎，并提高了利率。进入 1993 年后又先后两次购买了 250 亿和 1000 多亿法郎。1993 年 1 月份德国出兵相救了，先是买入了 100 亿法郎，然后在 2 月份降低了本国利率，7 月份当国际投机者再次发动攻击时第二次降低了利率，并借给欧洲货币体系成员国 2000 亿法国法郎。

此时，各成员国已耗费了巨额外汇储备，各种手段已经用尽。1993 年 8 月 3 日，欧盟 12 国财长和中央银行行长在布鲁塞尔达成协议：在中心汇率的基础上，将法国法郎、比利时法郎、丹麦克朗、西班牙比塞塔、葡萄牙埃斯库多、爱尔兰镑 6 种货币的浮动幅度扩大到上下各 15%，德国马克、荷兰盾、卢森堡法郎 3 种货币维持上下各 2.5% 的浮动幅度。对内固定对外联合浮动汇率制实际上已经崩溃，转为有管理的浮动汇率制度。

国际投机资本对欧共体各成员国发动的货币战争，主要手段是抛售各国货币而买进德国马克，在资本自由流动、固定汇率和各国独立行使的货币政策这种不可能三角现实地存在的情况下，促成了投机资本的成功。如果欧共体成员国放弃本国货币主权，即采用统一的货币政策，而不是各行其是，大家都实行同一个利率，投机资本便不需要也不会放弃低利率货币而购买高利率的德国马克。或者各成员国实行资本项目不可自由兑换，禁止资本的大进大出，投机资本便无门可进，也无门可出。还有，如果不实行固定汇率制，各国之间也实行浮动汇率制，当投机资本来的时候本国货币升值，投机资本去的时候本国货币贬值，汇率与利率都有极大的浮动空间，并且两者没有直接的相关性，投机资本也不可能得逞。

（三）

下面我们分析 1997 年 7 月发生的亚洲金融危机。

亚洲金融危机是从东南亚开始的，首先被攻击的是泰国泰铢。为什么东南亚国家会遭受投机者的攻击？为什么首先被攻倒的是泰铢？追究起来，原因是多方面的。

其中最大的原因是泰国以及东南亚大部分国家和地区像欧洲货

币体系中的那些国家一样"拥有了全部"，即不同程度地选择了固定汇率制、资本自由流动和独立的货币政策这个"不可能三角"中的全部选项，妄图使"不可能"变为"可能"，犯了宏观经济政策的禁忌，这就为索罗斯等人的对冲基金攻击创造了条件。

泰国20世纪90年代初期就取消了对资本流动的管制，开放了资本项目，实现了泰铢的全球可自由兑换。在东南亚国家中，泰国的金融开放程度最高。1993年3月，泰国政府批准在曼谷开设了期权金融中心，并随之放宽了外国银行在泰国设立支行的限制，允许外国资本在曼谷期权金融中心进行交易。1995年，泰国政府宣布泰国将在2000年前完全实现资本自由输出入。在当时，泰国并不具备实行资本项目完全开放的条件，因为泰国实行的是固定汇率制，泰铢与美元挂钩。在固定汇率制下，汇率不是在市场供求关系中决定的，不是市场汇率，不能真实反映实际汇率水平，其汇率起不到调节进出口和金融资产流动的作用。

自1984年以来，泰国实行的是盯住美元的汇率制度，汇率稳定程度在东南亚各国中最高，汇率浮动被限制在0.15%～0.16%之间，缺乏弹性。这种固定汇率制虽然给泰国带来了一些好处，如降低了汇率的不确定性，减少了对外交易成本，便于大量引进外资，促进了经济繁荣，累积了较多外储，泰国外汇储备在1996年曾达到370多亿美元，成为世界外汇储备12强之一，等等，但也产生了诸多致命弊端。

第一，较窄的汇率浮动幅度使外汇政策失去了灵活性，该升值时不能升值，该贬值时又不能及时贬值，不仅使经济失去了竞争力，当投机资金攻击时只能依靠抛售外汇平抑，别无他法，一旦外储被耗尽，便不得不放弃固定汇率制，使危机爆发。90年代美国经济复苏，美元升值，泰铢也被迫跟随升值，导致出口减少，贸易赤字、经常项目赤字上升。二是形成了国外物价与国内物价的传导机制，当国际市场发生通货膨胀时，由于汇率固定，进口物品的价格便带动了国内物价上升。三是使利率政策失效，为外资套利套汇创造了条件，当汇率被高估时最易成为投机者猎取的目标。

第二，泰国以及东南亚许多国家始于80年代的经济快速增长是建立在出口导向战略基础上的，进入90年代后出口导向战略实施的条件遭到了破坏：一是发展到一定阶段时工资增加，生产成本提高，竞争力减弱，出口受到抑制；二是各国发展战略雷同，大家都采取依靠出口拉动经济的战略，必然造成相互之间的挤压，在相互挤压时使用低价格销售，使竞争趋于恶化；三是在发展中长期依赖于大量的要素投入，或者仅靠资源的廉价利用，缺乏技术进步做支撑，产品不能够及时升级换代，整个经济缺乏效率；四是经济结构单一，主要依靠的是劳动密集型的电子和服装产品，经济呈现为"虚胖无力型"。这些因素叠加在一起，必然使经济减速放缓。1991—1995年，泰国的出口平均年增长率为18.17%。随着经济增长，劳动力成本上升，劳动力的素质却提高缓慢，使得劳动生产率提高缓慢，经济的基础不固，当经济出现"头疼脑热"时，便被投机者看空，也使投资者感到危机而丧失信心，造成大量资本逃离。

第三，经常项目赤字，利率居高不下，以及短期资本大量涌入与外债结构严重失衡，使金融风险加大。泰国长期维持偏低的外汇储备水平，储备存量常常仅有300亿美元左右，只相当于3~4个月的进口用汇量。进入90年代之后，泰国在出口下降的同时，进口急剧增加，使贸易赤字剧增，外汇储备更不可能增加。1996年出口增长率下降为0.1%，经常项目赤字累计达到162亿美元，占GDP的8.3%，比墨西哥1994年发生金融危机之前的7.2%还高。偏低的外汇储备使泰国央行干预外汇市场的能力有限，难以击退投机者的攻击。同时，长期维持存款的高利率政策，平均利率达15%，超过国际资本市场平均利率水平的2倍。印尼盾和菲律宾比索虽然利率比泰铢高，但这两个国家的货币汇率偏向于"有管理"，官方操控和管制较多，投机的难度大。更加严重的问题是，在外汇短缺的情况下，为了筹措发展资金，泰国过分依赖于外债，甚至依靠借外债维持经济增长，外债总额由 1992 年的 396 亿美元上升到 1996 年的 930 亿美元，相当于 GDP 的 50%，平均每一个人负有外债 1560 美元。在外债中，一年之内的短期外债占 45% 左右。将近一半的短期外债说明，如果外资断流，或者出口增长不能满足到期要偿付的短期外债，债务危机即刻发生。也就是说，包括泰国在内的一些国家，濒临难以还债的边缘。

第四，尽管泰铢当时已成为地区通货，是东南亚最强的货币，但该国金融资产配置不合理，贷款过多地投向房地产和股市，使呆账、坏账迅猛增加。在泰国经济高速增长中，房地产价格和股票价格上升很快，成为人们赚取高额利润的主要投资场所，金融机构也大规模向这两个领域放贷，贷款中包括大量外资。1996 年年底，有近 30% 的国外贷款和 80% 的外国直接投资投放到了房地产和证券市场上。危机爆发前，各类金融机构投向房地产市场的贷款占贷款总额约 50%，金融类股票占全国股票市场的三分之一。大量资源投向房地产市场，使房地产市场供过于求，形成了大量呆账、坏账。1997 年 6 月，银行呆账累积到 300 多亿美元，泰国股市 set 指数则由 1996 年初的 1300 多点跌至 500 点，跌幅达 60% 以上。当房市和股市的泡沫破灭时，人们的信心丧失，挤兑风潮频发，金融体系动荡不安。

第五，风险意识淡薄，风险防范缺位，政府监管不力。从亚洲金融危机的过程来看，投机者是有备而来的，不达目的决不罢休。投机者的胆量和信心来自于哪里呢？来自于对东南亚诸国金融制度缺陷的准确判断。

对东南亚的货币战争从 1996 年就初露端倪。国际货币基金组织的经济学家莫里斯·格尔茨但在英国《经济学家》杂志上预言：按 1994 年 12 月墨西哥金融危机中的危险信号衡量，东南亚各国货币正遭受四面八方的攻击，有可能出现 1994 年墨西哥那样的金融危机。如果东南亚发生金融动荡之类的危机，那么，泰国将首当其冲。1997年2月，国际货币基金组织的另一位官员布尔曼也指出"大量的热钱正在以创纪录的步伐注入亚洲等新兴国家"。但他们的意见没有引起人们的注意。

1997年2月，索罗斯带领国际游资对泰铢发动第一波攻击，手法仍然和袭击英镑一样，大量借入泰铢，在外汇市场上售出泰铢换回美元。这一次索罗斯向泰国银行借入150亿美元的远期泰铢合约，而后在现汇市场大规模抛售，引起泰国金融市场动荡。泰国中央银行动用20亿美元的外汇储备干预外汇市场，初步平息了这次风波。

3月4日，泰国中央银行要求流动资金出现问题的9家财务公司和1家住房贷款公司增加资本金82.5亿铢（约合3.17亿美元），并要求银行等金融机构将坏账准备金的比率从100%提高到115%～120%。央行此举旨在加强金融体系稳定，但索罗斯由此更进一步看出了破绽，也同时使公众对金融机构的信心下降。5、6日两天，10家财务公司的150亿泰铢（约合5.77亿美元）被提走，同时投资者大量抛售银行和财务公司的股票，造成股市连续下跌，汇市也出现了下跌压力。

进入5月份，投机者对泰铢发起了更加猛烈的进攻。5月7日，投机者通过经营离岸业务的外国银行建立了即期和远期外汇交易头寸，又从泰国本地银行借入泰铢，然后大量抛售泰铢，造成泰铢即期汇价大幅下跌，引起市场恐慌，引导其他投资者相继抛售泰铢，使泰铢兑美元贬值至26.94：1的水平。

从5月中下旬开始，泰国政府开始反击。第一是取得了日本、新加坡、中国香港、马来西亚、菲律宾、印度尼西亚等国家和地区中央银行不同形式的支持，动用120亿美元购买泰铢；第二是用行政命令严禁本地银行借款给索罗斯等投机者；第三是提高利率，将银行间隔夜拆息由10厘左右提升至1000甚至1500厘。在泰国政府的反击下，5月20日泰铢兑美元升至25.20。泰铢利率升高后使索罗斯损失了3亿美元的利息成本。

进入6月，投机者通过抛售美国国债筹集了大量资金后重新回到东南亚，在多种金融市场上对泰铢等货币发起攻击。6月中下旬，泰国财长辞职，引发了投资者对泰铢贬值的揣测，引起泰铢猛跌至28:1，股市也从年初的1200点跌至461.32，为近8年来最低。

泰国在耗尽仅有的300亿美元外汇储备后便再无还手之力。7月2日，泰国政府突然宣布放弃坚持了14年的盯住美元的汇率制度，实行有管理的浮动汇率制度，同时，将利率从10.5%提高到12.5%。但此时，泰铢继续下跌17%，创下新低，金融危机爆发。7月24日，泰铢跌至32.5兑1美元。泰国发生的金融危机沉重地打击了该国经济，造成物价飞涨，利率居高不下，企业外债增加，经营困难，失业率上升，经济陷入衰退中。

战败泰铢后，投机者继续攻击东南亚其他国家和地区的货币。东南亚诸国以及香港、台湾等地区，甚至包括东亚的日本、韩国等都相继发生了金融危机。索罗斯的对冲基金从这次危机中赚取了10亿美元。

正是从亚洲金融危机中，美国诺贝尔经济学奖获得者格鲁克曼提出了"三元悖论"，即"不可能三角理论"。

后 记

2014 年以我为课题负责人申报的山西省软科学研究项目《山西投资拉动增长向创新驱动发展转变的路径研究》获得了立项，从此刻起，探究山西乃至全国的转型发展之路便成为我工作和生活中的一项重大任务。除了深入研究山西及全国经济发展中存在的实际问题外，我采用的一种研究方法是对比法，即把我国的情况与发达国家和其他发展中国家的情况做比较，汲取发达国家的经验和发展中国家的教训，在对比中探寻问题的根源。随着研究的深入，我越来越发现转型发展不是一个简单的事情，不是政府一个角色手忙脚乱能够解决好的问题，而是一项系统工程，是一个多变量函数，它超越了经济的范畴，涉及一个国家的政治、文化、教育等各个方面。而且，转型发展只能建立在市场经济体制的基础上，只能放开手脚，让大众创业，万众创新，激发出市场主体的活力和智慧，并使政府职能转变，才能达到目的。有了这些基本认识之后，先是在《经济问题》上发表了《政府的职责：创建创新生态系统——论山西转型发展之路》一文，然后结合自己对人民币汇率、房地产市场以及市场经济体制等多方面研究，完成了该书的写作。

借此机会，再次感谢董小君教授和张树斌先生！

赵春荣

2015 年 11 月

Note

读书杞记

Note
读书杞记

Note

读书杞记

Note
读书杞记